U0365120

先锋小镇
新文明乌托邦

王江火 著

上海三联书店

打开此书，

将进入超生界诞生的基地

及人类通向永生和浩瀚宇宙的虫洞……

献给新文明仁人志士并纪念《乌托邦》发表 500 周年

序　言

先锋小镇为先进理念所建构,位于时代先锋前沿区域,为新文明时代价值中心和精英渊薮,是时代先进思想文化和极限技术的策源地。先锋小镇并非虚构,而是人类超越生命体并进行质跃的现实基地和通向浩瀚宇宙的关口。

一

先锋小镇的先导基地位于城市郊区,由外到内先后被燕山及蜿蜒其背脊上的万里长城和风情万种的古老大运河以及潺潺缓动的龙凤减河所环抱。小镇规模并不小,由于附近的城区已经被辟为城市副中心,这儿逐渐繁华热闹起来,高楼大厦林立间杂众多别墅小楼共约几百座建筑,但现代化并没有改变小镇的雅致、宁静、古朴的风范,却给小镇带来更高的艳值。小镇东面古老的大运河也不再是以前的沿袭陈旧,河道两岸已建起了长长的大运河公园,点缀着各种雕塑和树木花草,众多的亭台小阁伸展出许多鹅卵石铺就羊肠小道,河堤杨柳依依、花团锦簇,丝丝细风掠过河道水面泛起鱼尾纹时甚为诗意有趣，远处几艘小船不时若隐若现，很能使人联想到旧时大运河千帆竞渡的景象。

　　小镇最为奇特壮观的是拥有一座驰名中外的建筑——天下第一城。外表上看，这是一处外仿北京古都城垣之风貌的规模较大的城堡，但其实它是一座现代建筑，内集华夏古今文化之精华、神州民俗民风之异彩的国家 AAAA 级旅游景区。天下第一城以明清两代北京城为蓝本，这些城楼和城墙均按明清京城以 1:1 的比例修建，将老北京的城垣微缩，分为内外两大部门，内九外七，十六个城门，另有六个角楼，共计二十二个城楼，城楼间有八米高的城墙相连。外城以前门商业街为界，分成东、西两区，东区为圆明园景区，景区内湖光水色、植被繁茂、景色十分优美，其中亭台楼阁更体现了皇家园林的风范；西区为王府、四合院景区，主要体现了老北京风貌。内城设有九座城门，正安宫、长安宫、福安宫等宫殿相连、雕梁画栋，与长安宫比邻的还别具一格地建造了一座气势恢弘的寺庙——大安寺。天下第一城突出了文化概念，将高雅艺术与通俗艺术有机结合，宫廷表演、民间花会、现代歌舞，各种风格的文艺演出在相应的主题园区里显得自然而贴切。城前广场占地数万平方米，城前五座精美的汉白玉金水桥分外夺目。城前与城周花树翠蔓、碧草相连，置身城前广场，令人心旷神怡。每日清晨在城前广场上演隆重的皇家开城仪式，威武强壮的八旗骁勇、身着朝服的王公大臣、婉约动人的后宫佳丽在少年天子的率领下出城迎宾；正大光明殿每天上演的百官朝拜再现了当年宫中早朝的景象；前门大街上欢快的民间花会博得阵阵掌声与笑声，形成天下第一城的独特魅力。天下第一城别具匠心、气势宏伟的建筑令人叫绝，这在当代高速发展的社会条件下，可谓是一曲空前绝后的绝版。

　　第一城的高尔夫球场是启动头脑风暴的地方。每当春夏之际，当漫步在球场上的羊肠小道和鹅绒般的草坪上的时候，总能够引发无限的思绪风暴——从宇宙演化理论到统一信息论，从旧文明再到新文明，从 THSP 到 NCICO，从认知方式范式革命到完全性技术革命……所有这些思绪多在漫步中如泉涌般喷薄而出，新文明体系正是在这种思索和云笺妙墨的世界波中逐渐成熟，而这些思考已经逐渐影响了中国、亚洲、大洋彼岸……掀起了缘起于先锋小镇的头脑风暴。整整五百年前，英国的托马斯·莫尔的不朽著作《乌托邦》出版，里面描绘了他关于理想社会的先锋理念，而这个理念也在以后的法朗吉、和谐公社、曙光城、双橡树合作社、基布兹等乌托邦小镇中得以彰显，乌托邦小镇在彼时可谓时代的先锋，但因为现实条件的匮乏，而使得这个理念不能得以全面推行。如今，来自于信息时代的先锋小镇的头脑风暴带来了更先进的认知方式、人类终极事业、新文明等先锋理念，这为乌托邦带来了充足的现实条件，乌托邦理念有望得以通过寄寓于新文明而实现，一个崭新的更加先进的未来先锋小镇——新文明乌托邦将矗立在地球之巅。

二

文明诞生 5000 年以来长期处于旧式文明状态，直到计算机发展到互联网时代的 20 世纪 90 年代，人类的文明形式方开始转向新文明。然而，此时的新文明却不仅仅是文明形式的更替问题，而是已经将整个人类社会置于质变前的巨变状态了，人类将面临终极性事业。在这种情形下，我们就需要一种全新而合理高效的社会体制来架构新文明，使人类顺利完成向更高级社会的过渡。综合各种情况分析,英国的托马斯·莫尔在 500 年前出版的《乌托邦》一书中所提出的乌托邦体制对新文明的实现具有很好的借鉴意义。

在人类诸多社会实践中,"乌托邦"本是一个相对较为公平合理的制度,他应该有利于人类整体进步和走向富足安康。正因如此,曾几何时,许多人都比较向往并支持这个制度的实施,但迄今却一直没有获得最终成功,究其原因在于:人类以往的乌托邦实践都没有将这种公平合理的制度与利益原则很好地结合起来,造成了公平合理制度与人类根本利益相对立,致使乌托邦的动力不足,从而失去可以继续生存的活力,这是导致乌托邦不能走强的根本原因。不过,乌托邦精神毕竟是可贵的,虽然乌托邦理念为后来的政治及暴力所曲解并蒙尘,但乌托邦的理念不能因为乌托邦运动的曲折而夭折,为此我们将重建乌托邦,但是这种乌托邦必须是已经克服了原有乌托邦致命缺陷的乌托邦,是一种赋予了全新时代精神的乌托邦——新文明乌托邦。

新文明时代已经悄然来临,新文明的人类终极事业可以通过 THSP 工程使人类获得彻底克服生命体生老病死局限性的最大生存利益,这是人类基于本性而梦寐以求的最高利益,基于此的奋斗目标必然会给乌托邦带来最强大的动力系统,从而使乌托邦获得巨大活力而获得重生;而乌托邦也为人类终极事业的实现提供了最佳的体制制度保障,有利于新文明人高效地完成 THSP 工程,以促使人类顺利地完成超越整个生命界的质变并过渡到未来的更为高级的超生类社会。新文明与乌托邦的结合是人类发展到终极时代的绝配,两者相互促进相互依存。

新文明乌托邦不应该是政治、战争、党争、商业运作的结果,而应当是基于人类发展的自然性演化的结果,尤其首先应当是基于新文明发展需要的结果,是新文明人适应宇宙演化的必然趋势而自觉自愿摆脱生命体局限性的结果。人类终极事业的实现无外乎可通过集体共同占有的公有制和某个国家(甚至某个组织或企业)私有等两种方式,但相比之下,人类集体共同推进人类终极事业更有利于人类的整体发展利益。不过,时间的急迫性或许只允许我们做出一种选择,但无论做何种选择,人类终极事业的实现只能采取新文明的形式,并且要求获得一个诚恳务实的支持态度,而这个态度就是:建构新文明乌托邦。

　　新文明乌托邦是极富前景和未来感的先锋小镇,其思想文化理念和规划设计已经日渐成熟。先锋小镇·新文明乌托邦构建起人类终极事业,担负起拯救各种危机的神圣使命,是通向超越生命界限的真正自由幸福的天梯。给予足够的力量,先锋小镇·新文明乌托邦将启动宇宙第二次巨变。

目　录

卷一　乌托邦 500 年

　　乌托邦理念(Utopia)来自于被后人称之为社会主义的鼻祖、英国的托马斯·莫尔的不朽巨著《乌托邦》一书,书的全名原为《关于最完美的国家制度和乌托邦新岛的既有益又有趣的全书》,1516年出版。书中描绘了一个他所憧憬的美好社会,那里一切生产资料归全民所有,生活用品按需分配,人人从事生产劳动,而且有充足的时间从事科学研究和娱乐,那里没有酒店、妓院,也没有堕落和罪恶(参阅[1])。

　　乌托邦具有超历史的道德理想特征,彰显了人类完美的前景,这使其与社会主义理念如出一辙,因此乌托邦理念又称之为社会主义。普遍认为,"社会主义"一词最初出现于 19 世纪 20 至 30 年代欧文主义的刊物《合作》杂志和圣西门主义的刊物《环球》杂志上,他们用这个词来表达他们不满资本主义社会中盛行的个人主义而期望实现的集体主义理想,这与乌托邦的理念基本吻合。自此以后,乌托邦运动就被打上以莫尔为鼻祖的社会主义标签。莫尔的乌托邦发表后,以乌托邦为最高追求的社会主义运动风起云涌,其社会实践形式主要体现为所谓的乌托邦主义(或乌托邦社会主义)和马克思社会主义两种。此外,还有民主社会主义、国家社

图1 《乌托邦》

会主义、后社会主义等形形色色的社会主义类型。

一 乌托邦主义

乌托邦主义又被后人称之为空想社会主义(或乌托邦社会主义),是乌托邦早期的社会实践运动和学说。乌托邦主义虽然被后人称之为空想社会主义,但却是历时最久且至今仍然唯一存在的社会主义,从 16 世纪到 21 世纪的今天,乌托邦主义经历了整整 500 多年。因此,将乌托邦主义称之为空想社会主义应该是不准确的。

1 乌托邦简史

自托马斯·莫尔始,16 世纪至 17 世纪的空想社会主义者提

图2 托马斯·莫尔

出了理想化的社会制度,并描述出该种社会实行公有制、人人平等劳动、没有压迫、按需分配等社会主义等等基本原则。他们在设计未来理想社会时,以农村公社和手工工厂为原型,主张在封建制度崩溃后,在农村公社和手工工厂的基础上建立乌托邦,也有的赞同君主制、终身制、家长制等。这时期的空想社会主义者以莫尔、闵采尔为代表。

18世纪的乌托邦社会主义者开始对社会主义进入理论探讨和论证阶段,并用"法典"形式作出明确规定,认为私有制引起经济上的不平等,进而导致政治上的不平等,主张实行绝对平均主义的、斯巴达式的共产主义。此时他们在设计未来理想社会的蓝图时,仍然以农村公社和手工工场为原型。这时期的空想社会主义者以摩莱里、巴贝夫为代表。值得注意的是,摩莱里等人主张公有制只能局限于生产资料,而对日常生活用品则不主张公有。

19世纪初期的乌托邦社会主义发展到了顶峰,他们深刻批判了资本主义制度,对未来的理想社会提出许多美妙的天才设想。他们企图建立"人人平等,个个幸福"的新社会。其主要特点是:批判矛头直接对准资本主义制度;理论上提出了经济状况是政治制度的基础,私有制产生阶级和阶级剥削等观点,并用这种观点去分析历史和现状,从而预测到资本主义制度的剥削本质;在设计未来社会蓝图时以大工厂为原型,完全抛弃了平均主义和苦修苦炼的禁欲主义,使社会主义成为一种具有高度的物质文明和精神文明的社会。这时期的空想社会主义者以圣西门、傅立叶和欧文为代表。不过,他们在公有制上的主张也存在差异。欧文主张在生产资料实现公有制,圣西门、傅立叶则主张保存生产资料私有制,圣西门提出了计划经济。

乌托邦主义在19世纪发展到顶峰后开始走向没落,但其却一直能坚持到21世纪的今天,人类社会至今仍然还有残存乌托邦的实践形式,这足见乌托邦理念的可贵价值。

2 乌托邦践行

人类社会早期就已经开始实行公有制,但这种公有制只是一种基于当时生产力低下的自发形式,因此不能算作现代社会的乌托邦社会。文明社会以来和莫尔提出乌托邦之间的一段时间内,人类也还有许多空想社会理念,如柏拉图的理想国、希波达摩斯的乌托邦、亚当主义乌托邦,还有中国早期提出的"大同社会"等。但这些空想社会理念大部分还是主张私有制或只是宗教组织的一种改创方式,而与公有制的乌托邦不同,因此,他们也不能算作乌托邦社会主义类型。乌托邦社会主义主要类型只能始自于莫尔的乌托邦,而最早进行这种乌托邦实践的则是夏尔·傅立叶。

图3 夏尔·傅立叶

2.1 傅立叶的法朗吉

夏尔·傅立叶是个呢绒商的儿子,1772 年出生于贝臧松。傅立叶从 1789 年起他就立志要改变社会。1793 他向督政府成员解释他的设想,但遭到他们的讥讽。从此他便决定过平淡的家庭生活,成为出纳员。当有空闲时,夏尔·傅立叶仍追求着他固执的念头,寻找一个理想的世界。他在几本书中描写了最微小的细节,包括在《社会化工业化新世界》里。

傅立叶认为:人应该在 1600 到 1800 个成员的小共同体中生活。用这个被他称作法朗吉的共同体来代替家庭。没有家庭,便有更多的亲属关系,更多的权力关系。政府被缩小到最低的限度。每天大家都一起在中心广场上作重大决定。每个法朗吉都住在一个被傅立叶叫作"法伦斯泰尔"的城居中。他非常确切地描写了他理想的城居:一个三至五层的城堡。底下的道路夏天通过洒水而凉爽,冬天通过大壁炉而暖和,在中央有一个治安塔,那里有瞭望台,排钟,查普电报,夜岗。他想把狮子和狗进行杂交,创造出一种新的驯良品种,这些狗狮同时用来当坐骑和"法伦斯泰尔"的看守者。

夏尔·傅立叶用信把他的想法寄往世界各地。他坚信,假若人们都照它实行的话,法伦斯泰尔的居民就会自然进化,而且可以在他们的器官上看出来。傅立叶的信奉者所造的类似的法伦斯泰尔或是同一思想的共同体到处都有,尤其在阿根廷、巴西、墨西哥和美国。一个美国人按傅立叶的设想建立了一个忠实的法伦斯泰尔,但由于建筑上的问题而彻底失败了(参阅[2])。

2.2 欧文的新和谐公社

1824 年,草根家庭出身经过努力奋斗成为了实业家的罗伯特·欧文,变卖了所有家产,带着四个儿子和一批朋友,还有百余名志同道合者,从英国出发,乘风破浪横渡大西洋驶向了美国。他用 20 万元在印第安纳州南部的沃巴什河边,购买了 3 万英亩土地,开始一砖一瓦地兴建起了他朝思暮想的"世外桃源"——新和谐公社。

欧文带领全体公社成员共同劳动,共享劳动成果,他们规定,全体公社成员按照年龄大小从事各种有益的劳动——5 岁到 7 岁的儿童,一律无条件入学,朗朗的读书声给全体成员一种欣慰与自豪,他们仿佛看到了"新和谐公社"未来的希望,也看到了全人类的未来。8 岁到 10 岁的儿童除学习外,还要参加公社各种有益活动和必要劳动,如修整花园、做家务等,从中掌握课本上学不到的知识。12 岁以上的青少年,必须在学习知识的同时,还要在工厂、作坊等学习一定的手工技能,以便将来为参加工作做好准备。20 岁

图4 罗伯特·欧文

到 25 岁的青年人，是公社建设的主力，因分工不同，有的在工厂做工，有的在农田参加农业劳动，或是参加一定的脑力劳动。公社的未来发展，全靠这个年龄段的主力军。25 岁到 30 岁的人，每天只需参加两个小时的生产劳动，其余时间则从事公社的保卫工作和参与产品的分配工作，也有一部分人从事科学研究和艺术工作等脑力劳动。30 岁到 40 岁的人负责管理、组织和领导各个部门的生产工作。40 岁到 60 岁的人，则主持对外交往。接待宾客或是产品交换等。60 岁以上的老人组成老人集体，负责捍卫宪法，维护宪法的尊严，监督宪法的实施落实等。如此按年龄段分工，新和谐公社所有成员各司其职，各尽所能，和谐相处。

新和谐公社的建立，引起了全世界注意：人们从世界各地纷纷赶来，想看一看这个公社是如何和谐的。尤其是处于社会底层的劳动者，更是带着惊奇、羡慕和希望，如潮水般涌来。他们也希望在这个公社里有自己的一席之地。甚至连当时著名的科学家，如美国费城科学院院长威廉·麦克留尔、经济学家和博物学家约西亚·华伦等人也纷纷前来,热情参加和谐公社的建设。"新和谐公社"的建立是这样的吸引人,以至于除赞成者对之大加赞扬外,连反对者也众口一词、连声感叹。

但新和谐公社的总设计师欧文在建设理论方面也有致命的弱点。按照欧文的理论,公社成员的一切劳作及活动的目的,只要能够满足本社成员的需要就可以了,因此,导致了公社产品缺少,造成了求大于供的消费矛盾。再者,由于公社成员觉悟水平不一,以至于从事脑力劳动者日趋增多,而体力劳动者日渐减少;技术工和一般工人匮乏,工厂、作坊就只能经常停产关门,甚至连当时最先进的机器也不得不闲置起来。譬如:公社的一家染坊能与当时美国最完善的染坊相抗衡,但都无活可干;一个纺织厂每天能生产400磅棉纱、一个面粉厂每天能生产60桶面粉,都不得不经常停工;还有一块大到3600英亩的麦田,因缺少足够的劳动耕种而收入微薄。这种情况,使得欧文不断地掏钱来补贴公社的逐日亏损。四年之后的1828年,欧文的经济状况已经无法维持新和谐公社的生存,终于不得不宣告破产(参阅[3])。

2.3　印度的曙光城

1968年,孟加拉哲学家室利·奥罗宾多·高斯和法国女哲学家米拉·阿尔法萨(主母)着手在曙光城创建一座理想村。后来,在这里生活的主要是一些寻求绝对乌托邦的欧洲人。曙光城位于印度蓬笛谢里(印度中央直辖区,1962年由蓬笛谢里、加里加尔、亚南和马埃4个前法国殖民地组成)附近,它是历史上几次最有意义的乌托邦公社实践地之一。曙光村于1968年2月28日建立,当时来自124个国家大约5000名代表,每个地区各带着一捧泥土

图5 印度的曙光城

放入曙光村地理中心的大瓮中,象征着人类的合一。今日曙光村还在建造持续扩展中,而这片曾经是荒芜之地的平原,已经成为这个来自 40 多国的 2000 人的家。在这个聚落的中心就是 Matrimandir,也就是神圣母亲(曙光村的创建者)称之为曙光村的灵魂的地方。Matrimandir 的主体架构与内室,已经完成了,但是目前还在建造环绕着的花园。Matrimandir 看起来就像个大黄金球,或者叫她 MM,意思就是神圣母亲的殿堂。按他们的设计,其外形应酷似一个星系,光从中央的球状部分射出,照亮村内各处。

公社里的男男女女们造起风车,盖起手工工场,开挖水渠,还建了一座砖厂和一个信息中心,并且在这个气候干燥的地方种植了农作物。"主母"在此期间著写了好几本书,详细叙述了她的思想及体验。一切都在向乌托邦的理想不断靠近,直到有一天,有些社员要求在"主母"的有生之年尊奉她为女神。"主母"婉言拒绝了这项殊荣。可那时,斯里·欧罗宾多已经去世,再也没有人在她身边支持她了。"主母"无力违抗这些崇拜者们的意志。他们把她禁闭在房中，认定"主母"既然不愿做活的女神，那就让她做死的女神。也许她不曾意识到自己体内神的特质，但在别人眼里，她自始至终都是个女神。"主母"在生命的最后一段日子里显得十分沮丧消沉，每当她想提及自己被禁闭在房中受尽崇拜者们的种种虐待时，这些人就会立刻打断她的话语，并将她带回房中。其实，"主母"也曾向从前的朋友们秘密地传出消息：有人想毒死她，把她变成一尊死的女神，让她更能得到别人的尊敬。可是，她的求救始终都只是徒劳，所有想帮助她的人都被立即赶出了公社。她最后只得呆在房中，空对四壁奏响风琴，聊以倾吐心中的凄苦，诉说自己的悲剧。再怎么努力也是无济于事，1973 年"主母"可能是由于服用了大量的砒霜，离开了人世。曙光城以女神之礼为她举行了葬礼。失去了"主母"后，再也没有人能把公社凝聚成一体了。公社分裂了！所有的社员互相倾轧，将乌托邦这一理想之国的概念完全抛诸脑后（参阅[2]）。

2.4 美国的双橡树合作社

双橡树合作社区于 1967 年建立于美国的弗吉尼亚州，一直坚持到今天。四百五十英亩土地，大约百来口人，奉行平等主义，到现在已有四十多年，是今天北美共产社区中成员最多、维持时间也相对较长的一个。基本原则是财产共有。他们承认，其生存很大程度上依赖着外面的"资本主义社会"。因为，很大一部分收入是依靠从外面的一个种子公司取得生产订单，成员也有在外打工，只是必须把工资交给社区共同账户。他们自愿聚合，每周工作四十二小时，放弃部分个人自由，例如，规定不能看当下电视节目，只能看电影录像，只可在社区公共电脑上网。公社在意识形态上最重

要的原则是不谈论意识形态,不把宗教和政治带入公社,所以他们
并不自称共产主义或者社会主义。成年社员每周要劳动 42 个小
时,公社给社员提供医疗保险,每月发 88 美元生活费。公社有食
堂,免费提供午饭和晚饭,早饭社员自理。公社还发展旅游业,有
导游陪同讲解,鼓励每位参观者捐款 5 美元。公社同样也奉行来
去自由的政策。如果公社成员犯了错,公社会开会讨论成员去留。

　　双橡树合作社区是相对比较成功的范例,这主要是他们相对
比较宽松的制度而保留了和外界的自由流动,也是基于美国政府
的态度。美国政府乐观其成,不予干涉。所以,近百年来,各色共
产社区实验在美国此起彼伏,经久不息。上世纪嬉皮士运动以后,
又有过一个小高潮。它们如何聚合,如何散去,政府都不管,任其
自由发展,自生自灭(参阅[4])。

2.5　以色列的基布兹

　　"基布兹"是希伯来语,意即群体,起源于一个集体主义的工农
业体系,以色列土地开垦部分是从这个体系进行的。1909 年,一
批东欧年轻犹太移民在太巴列湖附近的德加尼亚创建了第一个名
叫"克武查"的新型农业集体生产组织,这就是第一个"基布兹"。
"基布兹"是希伯来语"集体"的音译,人们一般把它译成"农业合作
社"或"集体农庄"等。早期"基布兹"的生活十分艰苦。他们清运
岩石、沙砾,在上面盖起简易住房,然后挖沟掘井,引水灌溉,尝试
种植谷物。同时还艰难地清除一片片沼泽污水坑;减少蚊虫的肆
虐和各种传染病的威胁;为后来陆续到来的人创造良好的生存环
境。曾有些人因忍受不了这里的恶劣环境和艰苦的劳动而离开
了。从 1909 年第一个"基布兹公社"的设想成为现实,到现在已经
有 100 多年的历史,发展到几百个公社,遍布以色列每一个角落。

图6　基布兹的集体食堂

"基布兹"成员占以色列总人口的 2.4%，共 12 万多人。大的"基布兹"拥有 2000 人以上，小的只有一二百人。

以色列的集体农庄（基布兹）成为繁荣这个国家农村经济的支柱，是工农业经济方面成功的领先实验区。在战争时期，基布兹还成为阻止进攻的军事基地。虽然现在基布兹的生活仍由老的集体主义道德标准所规范，但居民的生活是十分充实的。其中的一个基布兹位于加沙地带为开垦土地而建立起来的，这个基布兹现在有 400 多人口，这里有俱乐部、图书馆、幼儿园等，以农业为主，采用机械化大面积耕作，有滴灌和喷灌计算机控制中心。他们将高科技应用在农业上，使得棉花、皮棉产量达到亩产 200 多公斤（而我国目前的平均水平在亩产 50 公斤左右）。

基布兹基本采用供给制，按需分配。公社统一建房，同一标准，社长同社员的待遇一样。从幼儿教育开始到上大学都由公社免费提供，但大学毕业后回基布兹工作。少数留在外面工作的，除基本生活费外,工资要上交到基布兹,由基布兹统一分配。基布兹的食堂就餐是免费的,各取所需。从与基布兹社员的交流中,我们能感受到他们十分热爱基布兹,享受基布兹给他们带来的和平与安宁,并努力为基布兹创造财富。基布兹的集体农庄方式则是充分运用了集体协作资源,使农业高科技在农庄的普及使用发挥了效能,它实现了初级意义的各尽所能,按需分配(参阅[5])。

在当今世界上一个个社会主义阵营被瓦解,一个个人民公社消亡之后,以色列的这种现象可能是世界上唯一现存的公社模式。也许是因为犹太民族受过众多的磨难,因此他们的宗教信仰在精神上的高度统一。这个民族非常团结,他们善于集体协作,热爱集体生活,并把这种乌托邦式的模式保存下来,仿佛没有受到外面的冲击,就像一个世外桃源。以色列能在中东虎狼之地巩固、发展、壮大,奉行集体主义的基布兹曾作过不可替代的贡献,基布兹也因其创造力一直属于以色列的上流社会。不过,在时代大变迁和集体主义日渐黯淡的潮流下,基布兹内部的凝聚力下降,走到了一个无奈的历史十字路口。据以色列议员维兰统计,除少数经营状况较好的基布兹以外,200 个基布兹拖欠政府债务,其中 65 个已资不抵债,135 个也只能勉强支付到期欠款。不久前,已成立 62 年的麦祖巴基布兹更成为基布兹运动近百年来第一次破产的农庄。

乌托邦主义被后期的马克思社会主义看作早期的不成熟的社会主义,但由于其在组织方式基本上采取了远离政治和战争的形式,而并不为人类主流社会所排斥,故其至今还能够在当代社会中尚留有一席之地。相反,由于某些马克思社会主义实践采取了大规模的政治阶级斗争和暴力战争等形式,虽然一时规模浩大,但最终只是昙花一现。事实上,马克思的社会主义才是真正意义的空想社会主义,而乌托邦社会主义则被视为乌托邦运动的典型形式。

二　马克思社会主义

马克思的社会主义,后来又被马克思理论的继承者称之为科学社会主义,或称之为共产主义,这可能是由于他们以为科学具有绝对合理性的标签所致。殊不知,科学也不过是人类史上一种普通的认识方式和知识形态而已,他们也和其他认知方式一样具有产生、发展、衰落的过程,不可能具备永恒的真理性。事实上,现代科学体系已经存在巨大认识危机,且出现明显走向衰落的迹象,科学的主导地位将被新的更加先进的认知方式所代替(见本书卷四)。再者,科学的过于理性化色彩也是不适宜于人文社会的,因为社会人文还有存在其非理性巨大力量。因此,科学社会主义也将最终走向式微。

19 世纪 30—40 年代后,马克思、恩格斯科学总结欧洲工人运动的经验,吸收了乌托邦社会主义特别是 19 世纪乌托邦社会主义的思想成果,创立了其马克思社会主义。马克思、恩格斯涉及其社会主义理论体系的著作主要有《德意志意识形态》、《共产主义原理》、《共产党宣言》、《1848 年至 1850 年的法兰西阶级斗争》、《哥达纲领批判》、《反杜林论》、《社会主义从空想到科学的发展》等。这些主要著作阐述了其社会主义的理论基础、基本原理、社会主义的实现条件等,形成了相对完备的理论体系(参阅[6])。其后,马克思社会主义得以与国际工人运动紧密结合起来并在工人阶级中迅速传播,将社会主义运动在 19 世纪—20 世纪推向高潮。

1 社会主义运动

19 世纪 60 年代,欧洲工人运动重新高涨。工人阶级的第一个国际联合组织国际工人协会(即第一国际)于 1864 年 9 月 28 日在伦敦成立。1871 年 3 月 18 日,法国工人阶级通过革命建立了世界上第一个工人革命政府——巴黎公社。巴黎公社成立施行了许多具有深远影响的重大措施:宣布公社委员会是取代旧政府的唯一政权,新建 10 个委员会(执行、军事、财政、司法、治安、劳动与交换、粮食、教育、社会服务、对外联络)以取代过去政府的各部;取消征兵制和常备军,宣布以工人为主体的国民自卫军是唯一的武装力量;实行民主选举与群众监督相结合的民主制度;废除高薪,实行兼职不兼薪的制度。公社还颁布了一系列保护劳工的法令。这些措施为无产阶级政权建设提供了宝贵经验,丰富和发展了科学社会主义理论。但这个政权仅仅存在两个月,5 月 28 日,政府军反攻取得胜利,巴黎公社被终结(参阅[7])。

19 世纪 70 年代以后,在马克思、恩格斯指导和帮助下,以科学社会主义为旗帜的各国工人阶级政党和组织相继建立起来。1869 年成立的德国社会民主工党(爱森纳赫派)于 1875 年与拉萨尔派合并,改名德国社会主义工人党,1890 年又改名德国社会民主党。它经历了反抗俾斯麦政府的社会党人法的艰巨斗争,是当时最有影响、走在前列的工人政党。19 世纪 70 年代,在丹麦、葡萄牙、美国、捷克斯洛伐克、法国、比利时和西班牙;19 世纪 80 年代,在匈牙利、意大利、俄国、英国、挪威、奥地利、瑞典和瑞士等欧美国家,先后建立社会主义政党或团体。

1889 年 7 月 14 日,在恩格斯倡导下,有 22 个国家的 393 名代表参加的国际社会主义者代表大会在巴黎召开,创立工人阶级新的国际组织第二国际。它是各国社会主义政党和工人团体的国际联合,一开始就建立在马克思主义的理论基础之上,比第一国际有较为广泛的群众基础和较为一致的思想前提。但它相当庞杂和松散,没有明确的纲领,它以每隔几年召开一次代表大会为其主要组织形式和活动方式。第二国际的前期(1889—1900)在组织、积聚革命力量,团结教育工人阶级,积累议会斗争经验,开展反对资本主义和军国主义斗争,传播马克思主义,清除无政府主义影响,加强国际主义团结等方面都做了大量工作,推动了国际工人运动和社会主义运动的发展。

第一次世界大战期间,由 1915 年 9 月齐美尔瓦尔德和 1916 年 4 月昆塔尔两次国际社会主义者代表会议所形成的短暂的、过渡性的国际联合,被称作齐美尔瓦尔德国际。由这次会议开始的活动,被称作齐美尔瓦尔德运动。1915 年 12 月,欧洲和美国 28 个社会民主党中有 13 个党和两个党内的 8 个反对派声明加入这个国际,其后还有一批社会主义政党和团体参加。齐美尔瓦尔德运动最重要的成果是锻炼和加强了马克思主义者的队伍,组成齐美尔瓦尔德左派集团,为创立新的国际组织第三国际作了思想上和组织上的准备。期间,列宁在同第二国际修正主义和孟什维克的斗争中,在指导俄国革命实践和进行理论总结的过程中,全面地发展了马克思主义理论(参阅[8])。

社会主义运动在发展到 20 世纪初后,引发了一系列社会主义国家的诞生。

2　社会主义国家

20 世纪上半叶,社会主义运动经历两次世界大战的严峻考验而进一步壮大,社会主义首先在俄国、随后在欧亚一系列国家赢得胜利。

20 世纪初期的沙皇俄国因参加帝国主义世界大战导致矛盾的激化和人民群众革命情绪的高涨。1917 年 3 月,彼得格勒工人大规模罢工斗争,很快发展为武装起义,推翻了罗曼诺夫王朝的专制统治。俄国二月革命是工人阶级及其政党领导的资产阶级民主革命,列宁及时提出由民主革命过渡到社会主义革命的任务。1917 年 11 月 7 日(俄历 10 月 25 日),布尔什维克党领导彼得格勒工人和革命士兵举行武装起义,胜利地夺取政权。革命从首都向外地、从城市向农村扩展,到 1918 年 3 月,全俄广大城乡基本上建立了苏维埃政权。十月革命推翻了资产阶级统治,宣告世界上第一个社会主义国家的诞生。

第一次世界大战的结局和十月革命的胜利加深了帝国主义国家全面的经济政治危机,激起各国无产阶级革命运动和民族解放运动的高涨。欧洲和亚洲出现国际性的革命浪潮。在欧洲,主要有芬兰 1918 年人民起义,1918—1919 年德国革命,1919 年 3 月匈牙利革命,先后建立为时短暂的芬兰社会主义工人共和国、匈牙利苏维埃共和国、斯洛伐克苏维埃共和国以及巴伐利亚苏维埃共和国。在其他一些资本主义国家展开了声势浩大的革命群众斗争,1919—1920 年意大利爆发工人占领工厂、农民夺取土地的运动,1918 年 8 月日本掀起“米骚动”,直到 1923 年还发生保加利亚反对赞可夫政权起义,德国萨克森、图林根工人政府建立和汉堡工人起义以及波兰克拉科夫工人起义等。所有这些革命斗争都冲击了资本主义制度,但最终都先后遭到失败。1921 年,中国共产党成立。

在十月革命胜利和欧亚革命运动高涨的形势下,社会主义在世界范围迅速发展并在新的基础上实现新的国际联合。1918 年,俄国社会民主工党(布)改名俄国共产党(布),7 个欧美国家成立共产党,另外一些国家成立了共产主义小组。1919 年 3 月,共产国际第 1 次代表大会在莫斯科召开,有欧洲、亚洲、美洲 21 个国家 35 个政党和左派组织的 52 名代表参加。中国、朝鲜和其他东方国家的代表作为观察员列席。这次大会正式成立各国共产党的联合组织共产国际,即第三国际。共产国际是统一的世界性的共产党,总部设在莫斯科,参加共产国际的各国共产党是它的支部。它强调集中的领导和严格的纪律,共产国际有权决定各国支部的纲领、策略和组织问题。各支部要定期向共产国际报告工作,执行它的决议。共产国际前期,列宁在世期间,举行过 4 次代表大会。共产国际团结和巩固了各国革命左派的力量,在它的帮助和指导下,到 1922 年已有 40 多个国家建立共产党。它在继续批判第二国际机会主义的同时,开展了反对"左"倾机会主义和宗派主义的斗争。它提出建立工人阶级统一战线以及"全世界无产者和被压迫民族联合起来"的号召,有力地推动了国际共产主义运动和民族解放运动的发展。

第二次世界大战期间,经过世界反法西斯战争期间的奋斗和战后初期的较量,在苏联共产党的领导下,工人阶级及其政党在东欧的南斯拉夫、波兰、罗马尼亚、保加利亚、捷克斯洛伐克、匈牙利、阿尔巴尼亚、德国东部(德意志民主共和国),亚洲的朝鲜北半部(朝鲜民主主义人民共和国)、越南北半部(越南民主共和国)、中华人民共和国等国取得政权,建立了人民民主国家。最终,连同苏联、蒙古在内,约占世界人口 1/4 的近 8 亿人民走上社会主义道路(参阅[8]),社会主义阵营建立。

　　社会主义阵营的建立是马克思社会主义发展到了顶峰的标志,其后,原有的社会主义国家就迅速走向了式微。1985 年,戈尔巴乔夫任苏共中央总书记后开始在苏联推行改革。戈尔巴乔夫对现存的社会主义模式进行了全面的批判,提出要对苏联整个社会进行根本改造,确定把"人道的、民主的社会主义"作为苏共为之奋斗的目标,宣扬社会主义异化论,倡导社会主义多元化、多党制,提出全面民主化纲领。1986 年苏共二十七大对苏联几十年来的社会主义建设进行了反思,重新估计了苏联的发展状况,提出了新的全面改革路线,并为实施这一路线准备了新的领导机构。在对外政策方面,戈尔巴乔夫于 1986 年提出了"新思维"概念。1988 年 6 月苏共第 19 次代表会议后启动了以"公开性"、"民主化"为导向的政治改革,随后局势失去控制。1991 年 8 月 19 日,以苏联副总统亚纳耶夫为首的八人成立"国家紧急状态委员会",宣布为了拯救国家的统一,实行紧急状态,并取代戈尔巴乔夫的权力,对戈实行隔离。"8·19 事件"之后,局势迅速变化。一方面,各共和国独立势头无可挽回,苏联注定要解体;另一方面,反社会主义势力无法遏制,苏共与社会主义制度难以为继。苏维埃社会主义共和国联盟随之解体了(参阅[4])。

　　在戈氏新思维的指导下,苏联的改革逐渐背离社会主义方向,在苏联造成严重的后果。最终使苏联走向解体,而他也从此被逐出政治舞台。1989 年至 1990 年间,东欧各社会主义国家发生一系列政局变化。在这一过程中,共产党领导的政权纷纷倒台,反对派上台执政,东欧各国放弃了原来的社会主义制度,向资本主义制度转轨。而中国、越南、朝鲜、老挝、古巴等前社会主义国家也在苏东巨变中经受了很大冲击,但他们都通过私有化或制度变革等方式表面上维护了社会主义政权,而其实质也已经与原本意义的社会主义有着本质上的区别,马克思社会主义名存实亡。这意味着,马克思社会主义在一段惊涛骇浪之后,也没有获得最终的成功(参阅[9])。

应当说,马克思社会主义是迄今为止规模最大的社会主义运动,也是在比较长时间中获得相对成功的范例。其一时的成功之处主要在于他们吸取了乌托邦社会主义的温和自发的不足之处,提出采取了武装暴力夺取政权并以政权维护社会主义的基本措施,正是基于这种政权保障的基本措施,使得社会主义能够以国家的形式存在并能获得相对较长的生存时间。但这种人为建立的社会制度由于不是基于人类演化的自发性,在很大程度上相悖于人类的利益原则,同时由于其过分突出了阶级斗争和暴力因素的作用,而最终不可避免地走向了衰败。第一个社会主义国家建立后仅仅半个多世纪内,原本的马克思社会主义公有制国家就纷纷走向了终结或变革。

乌托邦主义是一种相对静态的、温和的、人性化的公有制运动,而马克思主义则是动态的、暴力的、急风暴雨式的公有制运动。所以,前者至今虽然已经走向没落,但却还能够生存,而后者则很快走向了消亡。

三　社会主义的其他形式

社会主义还有民主社会主义、国家社会主义、后社会主义等形

形色色的几种类型。但这些类型的社会主义在很大程度上偏离了
作为乌托邦主要特征的公有制体制,已经不是原有意义的乌托邦
或社会主义了。

1 民主社会主义

民主社会主义(democratic socialism)是一种主张在民主体制
里进行社会主义运动的政治意识形态。很多人将诸如瑞典之类的
北欧国家看作是民主社会主义的典范。民主社会主义是社会民主
党所宣扬的一种部分类似资产阶级民主制度的社会主义。1899
年伯恩斯坦在《社会主义的前提和社会民主党的任务》一书中,首
次提出"民主社会主义"的概念,被称为民主社会主义的"教父"。
1951 年 6 月,社会党国际成立时通过的原则宣言《民主社会主义
的任务与目标》,明确提出以"民主社会主义"作为自己的奋斗纲
领,公开反对马克思主义的科学社会主义。民主社会主义的内容
包括:在理论基础上宣扬多元性,主张放弃统一的世界观,既接受
人道主义的启示,又发端于宗教原则,也不拒绝马克思主义,实质
上是各种实用主义观点的大杂烩,否认马克思主义的指导作用;政
治上主张联合专政,主张资本主义国家阶级关系已发生根本变化,
否认阶级和阶级斗争,主张多党制,工人阶级要通过议会多数掌握
国家权力,建立一个政治民主、经济民主,文化民主和社会民主的
社会;经济上主张建立"混合经济",即合作制和私有制、计划经济
和自由竞争相结合,反对消灭私有制,主张实行国家干预和计划
化,逐步扩大国有化;实施社会保障制度和建立福利国家,主张改
革税制,通过扩大公民经济权利和社会福利,进行收入和财富的再
分配,以实现经济平等;通过改良和科技革命,发展生产力,从而将

资本主义转化为民主社会主义。

社会民主主义者与民主社会主义者有共同的国际组织——社会党国际。民主社会主义是社会党国际及其所属社会党的理论旗帜。作为社会民主主义的一支分支,民主社会主义早在19世纪初中期的国际工人运动中就存在。后来,在马克思主义广泛传播的基础上,欧洲国家建立的工人政党接受了马克思主义的主张,同时又自称为"社会民主党"和"社会民主主义者"。随着第二次工业革命带来又一次经济繁荣,欧洲政治形势发生变化,普选权的推广,工会力量的扩大,人民获得更多的民主权利。在这一情形下,恩格斯开始提出新的历史形势下的革命战略,在不放弃暴力革命的基础上,有效地利用普选制度,实行议会斗争。1895年恩格斯逝世后,在议会中获得多个席位的社会党不愿意放弃既得的利益,希望通过修改纲领,融入现实制度。伯恩斯坦等人以民主社会主义修正了马克思主义,将恩格斯的和平斗争理论片面化、绝对化,这种社会改良主义就逐渐成为社会民主党的主导思想。经过上世纪初期的历史分野,民主社会主义在百年来的发展演变中,与马克思社会主义渐行渐远。

2　国家社会主义

国家社会主义这个政治词汇源于德语,字面意义是民族社会主义,但实则是国家社会主义。在国家社会主义思潮出现之前,德国出现了王朝社会主义(德语:Staatssozialismus),其字面意义是国家社会主义。在这种情况下,德语国家社会主义思潮采用了现在这个词组。这个词易与纳粹主义(德语:Nationalsozialismus)混淆。纳粹主义与国家社会主义的德文拼法一致,但国家社会主义的德文是两个单词,而纳粹主义合并成了一个单词。尽管其他几个政党也使用过国家社会主义党或国家社会主义运动这个名称,但唯一在意识形态上被正式应用的就是纳粹主义。纳粹主义与国家社会主义尽管存在着本质差异,但这些因素导致了国家社会主义被长期当作种族主义。国家社会主义是主张国家至上的社会主义,这与主张民主至上的社会主义—社会民主主义互为对抗。国家社会主义在历史上唯一的一次实现形式是由德国国家社会主义德国工人党(纳粹党)推行的纳粹主义(参阅[10])。

国家社会主义的创始人是拉萨尔,在德国人看来,国家是代表一切阶级利益的超阶级的存在,实现社会主义不应该寄希望于革命,而应该企求国家的恩赐,所以他的要求是实行普选,国家扶持建立工人合作社,实行国有化等。尽管科学社会主义和国家社会主义都提出了国有化的主张,但在科学社会主义看来,国有化不过是资本主义走向崩溃时所必然导致的结果,而国家社会主义却将它看作救世良方。而在实践上,国家社会主义要求的国有化是在资本主义不发达的情况下实行的,作为对市场的限制,科学社会主义要求的国有化建立在发达的资本主义基础上,它所导致的必然是市场的消亡,而国家社会主义却将使市场停留在不发达的形态上,在这样的基础上,将使国家机器在社会生产中发挥中心作用,而为了维持这种局面,国家机关就必将竭力限制市场的发展,垄断一切经济资源,内在地迫切需要进行专制统治和对外扩张。

法西斯主义利用了一定国家社会主义元素,尤其是纳粹将法西斯化的国家社会主义异化成了民族社会主义,而苏联也被一部分西方社会主义者视为国家社会主义。法西斯化的国家社会主义(民族社会主义或者纳粹主义)强调:国家是绝对物,所有个人和集团都是相对的,国家是个人真正的理性和自由意志的体现,个人必须绝对服从国家。法西斯化的国家社会主义包含种族主义的影子,这体现了国家社会主义的民族主义的一面。

3 后社会主义

后社会主义就是苏东剧变后一些原社会主义国家对原有马克思社会主义进行变革后的社会主义,又称之为特色社会主义。后社会主义的一种重要特质就是冲破了马克思社会主义的原有理论和体制,用经济多元化的方式取代了公有制"大哥大"的地位,这使其除了共产党领导地位没有变化之外,其余的诸如公有制、马克思主义、无产阶级专政、阶级斗争等社会主义几个主要特征都已经不复存在。目前,中国、越南、古巴、老挝、朝鲜等几个仅存的社会主义国家都已经先后进行了后社会主义的变革,后社会主义本质上已经不是原本意义上的马克思社会主义。

"文化大革命"结束后,中国走到了一个历史转折关头。以邓小平为主要代表的中国共产党人深刻总结历史经验教训,提出要破除长期形成的僵化观念,坚持解放思想,实事求是,走出一条建设社会主义的新道路。中共党的十一届三中全会实现了党的工作重心的转移,作出了实行改革开放的重大决策。1978 年 12 月18—22 日,党的十一届三中全会在北京召开。会议确定了解放思想、开动脑筋、实事求是、团结一致向前看的指导方针,实现了党的思想路线的拨乱反正。鲜明提出停止使用"以阶级斗争为纲"的口号,同时作出把党和国家工作重心转移到经济建设上来、实行改革开放的历史性决策,实现了党在政治路线上的拨乱反正。1982 年9 月,中国共产党召开第十二次全国代表大会。邓小平在大会开幕词中明确提出:"把马克思主义的普遍真理同我国的具体实际结合起来,走自己的道路,建设有中国特色的社会主义,这就是我们总结长期历史经验得出的基本结论。"中国特色社会主义正式启动。

中国特色社会主义其实已经不是原有意义的以公有制为主体的社会主义了。有统计指出,2012 年中国非公有制经济对基础设施的投入占的比重超过 60%,非公有制经济税收贡献超过 50%,GDP 所占的比重超过 60%,就业贡献超过 80%(参阅[11])。而统计所使用的国有经济也不同于原来意义的公有制经济,因为许多资本主义国家的国有经济比重也比较高。这就说明中国早已经不是一个以公有制为主体的国家。早有研究发现,中国国有经济的比重,已经小于西欧的一些资本主义国家。中国的经济成分构成,已经非常类似于这些资本主义国家,甚至比它们有更强的资本主义倾向。

越南的革新开放始于 1986 年,几乎是中国改革开放的翻版,英国《经济学家》杂志直言越南是中国的"好学生"。而进入新世纪以来,越南在政治体制改革上的勇气和跨度更值得外界关注和惊讶,越南也因此被西方评论称为"大胆的社会主义"。进入 1990 年代,越南政治体制改革的步伐开始加快。以 1993 年国会落实直选为开端,越南先后在 2002 年推行国会质询制度,整肃贪腐;2006年实现差额选举总书记;2009 年又推行了征地拆迁的公众参与立法。由此可见,越南其实已经开始了资本主义的宪政改革,而在经济方面的改革力度更大。除此之外。老挝、古巴、朝鲜也先后进行了市场经济改革,他们也正在逐渐放弃公有制的主体地位。

和其他任何事物一样,乌托邦运动的 500 历史是相当曲折的,都有一个产生、发展、壮大、衰落的过程,直到现在,当今世界上,除了基布兹、双橡树合作社、曙光城等自发的不以国家形式存在的乌托邦在苦苦支撑之外,世界上已经不存在原有乌托邦公有制意义的乌托邦国家或社会主义国家了。究其根本原因,主要在于所有的乌托邦仅仅把乌托邦体制当成最高目标去追求,却无法将这种体制与利益最大化很好地结合起来,或者说只重视了公平合理性,却忽视甚至损坏了人类的私利。总之,缺乏行之有效的动力系统,这是导致乌托邦失败的根本原因。此外,工业时代对乌托邦不能提供足够的条件和乌托邦体制的人为性等方面的客观原因,也注定了这种体制在哪个时代会最终走向失败。但乌托邦真的就此终极了吗?不然,乌托邦体制毕竟是一种非常合理公正的人类普遍向往的好制度,只要条件成熟,找出问题症结所在并根本克服之,相信乌托邦就一定会使获得新生。

新文明时代来到了,这给予乌托邦得以重构的大好时机,更重要的是通过新文明与乌托邦的有机结合,人类将由此获得超越生命体的质跃。乌托邦将在新文明时代获得重生。

卷二　新文明以降

公元纪年第二个千年到来之际，人类迎来一个全新的时代，这个时代的先进群体掀起了一场史上最为深远的认知革命，同时也迎来了一个全新文明的诞生——新文明。

新文明是人类最高级也是最后的文明形态，是当代人类实践对以往五千年旧文明的超越中所形成的最新文明形态，人类将在这次文明中开创人类的终极性事业，进行根本性的彻底认知革命，展开前所未有的史上最大人文合作工程，实现针对包括人类在内的生命体进行根本性质变的质跃，并由此开启宇宙诞生以来的第二巨变！一个崭新的、超越整个生命体的新主体将诞生，宇宙演化将再一次进入更加灿烂、更加高尚、更加光辉灿烂的文明时代，宇宙大自然将被根本性征服，宇宙之所有秘密将会因此而被一一打开。所有这些都来源于这次新文明，而主动承担这次新文明和认知革命重任的人们则掌握着打开宇宙秘密和超越人类自身的金钥匙！

新文明诞生于信息时代中，成长于人类的终极时代，但时代并不会主动将新文明献给人们，他是宇宙演化 138 亿年以来献给那些勇于开拓进取人士的最大机遇，真正的有识之士们将主动抓住

图7　新文明以降

这次机遇,不畏艰难地勇于开创新文明事业,由此一跃成为最先进的族群,最终实现自由翱翔宇宙、征服宇宙、幸福永生的终极目标!

一　新文明诞生

新文明基于信息时代而产生,但原本意义上的信息时代并非是新文明时代,新文明需要信息时代发展到高级阶段才能全面呈现出她的光辉,或者说新文明就是高新技术与时代相结合的产物。新文明是一个可能超越现有语义范畴的概念,而对于这样的文明,虽然很多人能感觉到但却不能真正意识到。未来学巨擘托夫勒感觉到了,提出了"再造新文明",但他仅仅是把这个新文明看作是知识革命及其所带来的第三次浪潮。

1　新文明在对旧文明的超越中诞生

文明的主要动力来自于宇宙的正向演化规律,将一规律适用于生命演化,则主要体现为主体程序的内化发展(参阅本书卷四《新文明认知方式》),而具体到人类则主要体现在作为高级主体程序的语言形态和思维方式的演化方面,因此,文明是语言及思维演进的必然结果,文明形态随着语言和思维形态的演进而改进。语言形态和思维方式的改进在生命演进更替中起着根本的作用,声音语言使生命由非脊椎动物进化为有大脑的脊椎动物,概念语言和形象思维使灵长动物最终进化成人类,符号语言(文字)和形式思维则导致了文明的产生。

在文明的发展过程中,由于符号语言和形式思维的改进,人类文明由"旧文明"发展到"新文明"。1990 年 12 月 20 日,来自欧洲核子研究中心的科学家 Tim Berners-Lee 在瑞士的研究中心启动了世界上的第一个网站,它向人们解释了万维网(即 world wide web,简称 www)的概念,人类具有历史突破性意义的互联网开始滥觞,这可以被看作信息时代正式开始的具体时间,新文明自此也随之逐步诞生。

1.1　旧文明涵盖现代科技文明

"旧文明"是指人类文字发明以后最初阶段的文明,包括古代时期的"古文明"和近代以来的"现代科技文明"等两种文明形态。"旧文明"是人类以实物文字为主要思维媒介所创造的文明。

由于文明形态对语言和思维形态有很大的依存性,这将使得作为符号语言和人类思维的媒介起到至关重要的作用。互联网时代以前,人类的思维媒介主要是实物文字。所谓的实物文字主要是通过对颜料、笔、竹简、树皮、纸张、雕版等实物进行操作而形成的,故可称之为实物文字。实物文字是导致文明产生的最直接原因,文字所表达的信息越多且抽象程度越高,那么其使用该文字的思维水平就越高,文明程度就越高。比如,文字经历过图画文字—书写文字—拼音文字等先后三种形态,与此同时,人类的文明也在不断进步。正因如此,文字形态就决定了文明的形态。实物文字作为抽象一般符号的文字浓缩了大量的信息,这使得以文字为媒介的人类形式思维的效率大大提高了,人类因此而被赋予了巨大的智慧,故使人类获得了强大的能力而创造了光辉灿烂的文明。世界上最早的文字是楔形文字,是约公元前 3000 年左右由两河流域苏美尔人所创造,故由文字发明算起,人类的"旧文明"已经有五千多年的历史了。

由于"现代科技文明"整体上仍然是基于实物文字的思维运作取得的,属于"旧文明"的最后形态,故"旧文明"包括古代时期的"古文明"和近代以来"现代科技文明"等两种文明形态。现代科技文明的辉煌成就使人无限沉醉而竟不觉老之将至,但当新文明降临时,过去的一切辉煌便都成为了"旧时王谢堂前燕"了。

1.2　文明形态的不断更迭最终导致新文明诞生

人类文明具有时代适应性和领先更替性,即一种文明只能适用于一个时代的发展,随着时代的推进,新的更先进的文明将替代旧的落后的文明,即使同一形态的文明也在不断地相互更替。如:古代文明先后有古埃及文明、古巴比伦文明、古印度文明、古中国文明、古希腊文明,它们在整个古代时期,先后进行不断的文明更替并"各领风骚数百年",这体现了在"古文明"这种形态下的更替性，但当这些"古文明"发展到一定程度后，很快被"旧文明"中后期的另外一种文明所超越——现代科技文明。西方近代文艺复兴以后，这些古代文明就都逐渐显得陈旧落后了，而很快被后起的现代科技文明所代替。

现代科技文明是指近代以来主要基于科学技术而建立的文明，又称为"工业文明"。工业文明是指工业社会文明，亦即未来学家托夫勒所言的第二次浪潮文明，它贯穿着劳动方式最优化、劳动分工精细化、劳动节奏同步化、劳动组织集中化、生产规模化和经济集权化等六大基本原则（参阅[12]）。工业文明发轫于文艺复兴以后，兴起于英国工业革命。工业革命是以机器取代人力，以大规模工厂化生产取代个体工场手工生产的一场生产与科技革命。由于机器的发明及运用成为了这个时代的标志，因此历史学家称这个时代为"机器时代"。英国工业革命标志着人类社会发展史上一个全新时代的开始，拉开了整个世界向工业化社会转变的"现代化"帷幕。英国工业革命的成功使各国看到了振兴的希望，纷纷变法图强，从此以后，工业革命在不同国家、不同地区展开，至今方兴未艾，先后有若干国家通过工业化实现了其大国崛起之梦，比如美国、法国、德国、俄罗斯、日本，也有若干的小国和地区通过工业化而进入了现代文明，如韩国、新加坡、中国台湾等。工业文明是人类迄今为止最富活力和创造性的文明。工业文明的优势是规模化生产使人类商品迅速丰富，但其负面作用也是非常巨大的。工业文明使人类对地球资源的消耗与污染也急剧加速，给人类带来了对环境的巨大破坏、战争灾难无限性等严重后果，特别是其所带来的巨大负面作用严重地影响了人类的健康发展。基于上述原因，工业文明就只能仍然属于"旧文明"范畴。

正是由于现代科技文明的局限性，基于文明不断更替的同样的道理,发轫于西欧的现代科技文明也不是永恒的,它必然会被新的、更加先进的文明所代替,而根据各种情况分析看,这个新的文明形式已经具备了产生的条件和时代背景,这就是适用于新时代的"新文明",或者称之为"高级文明"。从各种迹象综合分析来看,新文明已经初见端倪,她将通过对具有五千年历史的整个旧文明的超越而诞生。

1.3　新文明是东西方文明深度交融的结晶

新文明的产生首先是基于宇宙正向演化规律的必然总趋势,但是新文明还需要一个成熟的旧文明的先导过程才能应运而生,而这个旧文明就是已经走向衰落的包括现代科技文明在内的东西方文明。东西方文明都产生并发展于同一块地缘——世界最大的陆地板块——欧亚大陆,这是迄今为止人类所创立的最为壮观宏大的文明综合体,他创造了人类历史上最为瞩目的成就。在五千多年的漫长时间中,东西方文化在这地球上最大、也是文化最深厚的陆地板块的大圆圈内捭阖纵横、交流碰撞,但由于人类以往在交通和信息交流等方面的落后和闭塞,东西方文化事实上并没有进行过真正的深度交融,更多地则体现为两种文明在利益上的纠纷,甚至是战争掠夺,值此缘故,东西方文明在各自区域中已经形成了各自独特的特征。

(1)生存方式不同。古代东方文明主要体现为所谓的大河流域的黄色农业文明,古代西方文明又称蓝色文明,是典型的海洋渔业文明,生存环境的不同最终决定了这两个文明的思维方式、生活方式等存在许多不同。东方人思家恋土、精耕细作、自给自足,西方人喜欢探索蓝色海洋,崇尚扩展,喜好探险,寻找更大的生存空间。

(2) 对人文和自然态度完全相反。中国文化重点关注的对象是人,从而对人文采取了现实主义态度,所以政治伦理学相当发达,但却对自然采取了相反的神秘主义态度,中国古代的自然观主要发轫于具有神秘特色的河图洛书说,后来的阴阳五行八卦、天命观以及老子的道家理论莫不带有神秘主义甚至是宗教特色,中国文化的一个重要特征就是"天人合一",把自然人格化,追求人的精神消融于自然界之中,人与自然共呼吸的和谐状态。恰恰相反,西方文化较多关注的是自然,故对自然采取了现实主义态度,人与自然的关系是西方社会的中心问题,并由此衍生出现代科技,但对人文却采取了与中国相反对的宗教神学态度,并由此而使欧洲进入了中世纪的漫长黑暗时期,西方文化认为天人处于对立的斗争状态,因而产生了与中国文化不同的对自然的态度,即人应征服控制自然,强调人与自然的对立,西方人首先关注的不是伦理而是竞争。

(3) 思维方式不同。西方重理性、分析,中方重经验、综合。西方社会思维一直以来把关注的重点着眼于自然理性,他们关心世界本源、主客体关系以及事物如何发展变化等.虽然他们的思维并不系统,但人们对自然的这种现实和直接总是弥漫着理性思维的色彩。而作为东方民族典型代表的中国传统思维则以综合和经验为特征,是通过各种经验现象的体会而提出概念和结论的,而对这些概念的理解并不确切,只能意会而难以言传。

可见,东西方文明具有明显不同的特点,再加上中国长期固有的本位主义思想,使得中国长期以来一直歧视西方人,并把西方人斥之为蛮夷,这种现实情况将使东西方文明很难进行真正的深度融合。虽然在现代科技文明体系形成以后,因西方科技先进性所带来的西学东渐,而对东方文明渐渐产生了一些影响,但即便这种

图8　新文明是东西方文明深度交融的结晶

影响也是西方列强通过炮舰政策强行产生的，这只会激发东方世界的顽强抵御，最终结果只能是：东西方虽然形成了科技层面的契合和统一，可东西方世界的对立仍然非常明显，故迄今为止并未实现真正的深度交融。不过，基于人类的进步性需求，东西方文化的深度交融是必然要发生的，只是这种发生的结果却是原来的东西方世界所无法意料到的，因为深度交融的结果孕育了一种完全不同以往文明并适合于高速发展的信息时代的崭新文明形态——新文明。

东西方文明的深度交融是大趋势。正因为东西方文化没有深度交融过，才显示了东西方文明深度交融的巨大价值和意义，这首先体现在东西方文化具有巨大的交叉互补性上，东西方文化在对自然和人文的态度上恰恰具有很明显的交叉互补性——中国＝现实主义的人文社会观＋神秘主义的自然观；西方＝现实主义的自然观＋宗教神秘主义的人文社会观。基于这样一种现状，东方现实主义的人文社会观可以与西方的宗教神秘主义的人文社会观进行互补性的良性互动,西方现实主义的自然观可以与东方的神秘主义的自然观进行互补性的良性互动。另外,东西方长期的对立状态给人类所带来的巨大负面教训,也迫使我们必须重新用全新合理的方式运作东西方文明,人类已经面临各种日益严重的危机,也迫切需要东西方携手合作、共同应对。

东西方文明的深度交融必然会产生一种完全超越旧文明的新文明。东西方文明具有迥然不同的很大区别,要想实现深度交融,就必须要在各个方面进行跨度很大的跳跃性推进,其结果必然会带来一种为传统东西方文化所都能接受的新文明。新文明应该完全不同于其先辈的那种旧文明(包括现代科技文明),他具有大跨度超越东西方文明的特征,也唯有这种具有极大价值和意义的新文明,才有可能为东西方文化所接受,并愿意通过着力的深度交融来推进实现。

新文明需要东西方文明的深度交融。一方面,新文明因萌发于东方的中国,故肯定会因袭东方文化的精髓,尤其需要汲取"天人合一"的和谐精神;另一方面,新文明的核心却是逻辑性和实验性极强的巨大技术工程,新文明的主体思想特征必须是逻辑缜密的理性思维,这使得新文明必须在很大程度上汲取西方文化的有益成分。更为重要的是,由于新文明是人类的终极文明,这种文明所内含的人类终极事业具有史上从未有过的巨大挑战,故特别需要东西方文明的全面协作才能够最终完成。

新文明萌生于东西文明的深度交融,即是说,如果没有东西方文明的深度交融,是无法催生出新文明的。因此,新文明最初萌生于一些极具自觉超前认知和先锋前沿意识的具有东西方交融精神的时代新人的理念中,并在这些时代新人的努力助推下,才得以逐渐成长发展。不过,新文明虽然孕育于东西文明的深度交融,但却大大超越他的父辈。新文明虽然与父辈们有着千丝万缕的关系,但她从一出生就开始了对旧文明的横断,甚至要彻底颠覆包括现代科技文明在内的旧文明认知方式的统治地位。在东西方文明不断深度交融的大背景下,新文明孕育于 20 世纪 90 年代,正式诞生于 21 世纪 10 年代的中国。

2　新文明内涵

20 世纪中后期以来,由于计算机和互联网的发明,人类思维的媒介发生了本质性的变化,人类不再以实物文字为主要的思维媒介,而是改变为以数字化、虚拟化的文字、图形、声音等非实物的"虚拟信息"为思维媒介,且"虚拟信息"容量空前巨大、传输极快,信息传输方式途径极为简捷便利,这将使人类思维比之实物文字时期的思维效率又有了革命性的飞跃,人类语言被赋予了完全不同于旧文明的新形式,这必将使人类的智慧及其主体能力较之"旧文明"时代有着质变性的提高,人类社会由此方才展露一种完全不同以往的新式文明特征。

新文明包括信息时代及其各种文化成就,因此,"新文明"应该起始于 20 世纪 90 年代的互联网确立的时代,因为出现了互联网才最终造就了信息时代的主要特征,人类虽然 20 世纪 90 年代以前也发明了电报,并于 20 世纪中叶发明了计算机等,且也应用了非实物文字,但由于其当时还并没有改变人类以实物文字为媒介的主导思维方式,故仍然属于"旧文明"中的"现代科技文明"。

新文明不同于人们通常所说的"生态文明"、"后工业文明",而是对后者的全面超越。"新文明"首先体现为一种观念性的东西,代表了一种先进新式认知的意识形态,其"新"不仅仅是一种形容词定语,而是对已经形态化的文明的概括,涵盖了对人类以往所有文明形态的整体超越。任何文明都需要相应的认识方式、文化器物和相应的知识形态,比如近代以来的工业文明的认识方式和知识形态就是以现代科学为主要特征的,其文化器物也主要是基于科技而产生,而他们所谓的"生态文明"、"后工业文明"在认识方式和知识形态上与工业文明基本上没有区别,只不过变换了一种方式,是企图用现代科技的方式来实现对工业文明所造成的负面作用进行纠正,并实现所谓的和谐而已,但这样做的现代科技实质并没有根本变化,仍然无法摆脱以破坏自然来换取人口的增长和文明进步的方式,故其所谓的"新文明"仍然属于工业文明的一部分。

本文所说的新文明,是指计算机和互联网诞生以来,人类以"虚拟信息"为主要思维媒介所创造的文明形态。

2.1 新文明涵盖丰富的人文文化

新文明人文精神和新文明物质文化是一个有机统一体,在价值层面上同等重要、缺一不可。在新文明体系中,THSP 工程(参阅本书卷五)为关键要义,但 THSP 工程本身就是人类历史上最为浩大的人文性合作工作,他不仅带来宇宙演化史上的第二次巨变,也必将带来超越整个人类社会的更为高级的社会形态及其崭新的人文社会意义和价值。这都是新文明所必然要面对的巨大人文课题,如果我们(尤其是新文明人文学者)不能把这些问题放之于全面而深远的社会背景去应对和探究,那么当 THSP 工程实现后,将必然会引发巨大的负面社会作用;另一方面,这样巨大的工程不仅需要集中人类各种精华力量才能够合作完成,而且需要参与者具备新文明的崇高的人文情怀、理想追求以及坚忍不拔的意志力等高素质精神品质,唯有此才有希望最终完成至高无上的人类终极事业(新文明的实践中,确实也有很多人终因功利心太强和精神品质差而退却)。可见,新文明的先进思想观念等人文精神在新文明运动中将起到举足轻重的栋梁作用,没有新文明人文精神力的引导与宣传号召,将新文明理念纳入社会主流,仅单纯靠THSP工程技术人员,将难以汲取足够资源且难以进行有效力量的整合,THSP工程就根本没有实现的可能。

2.2　新文明涵盖信息时代和终极时代

新文明显然是涵盖信息时代的,但是新文明不唯涵盖信息时代,因为信息时代的信息技术是一种不断加速发展的技术,这种高速发展的技术及其对社会发展的裂变影响速度将是无法控制的,人类必将因此发生很大的变革,这种变革甚至会导致人类终极性的质变,新文明应充分考虑到并涵盖这种质变性巨变,否则,信息时代将如同脱缰的烈马一样难以驾驭,并将难以为新文明时代画上终结符,因此,"新文明"还应涵盖作为"新文明"高级阶段的终极阶段。

新文明虽然包含信息时代及其各种文化成就,但信息时代只是新文明的萌发初起阶段,它只是奠定了新文明的发起的基础,还远没有涉及新文明的核心实质层面,因为新文明将引发人类史上最重大的文化成就——人类终极事业,这也正是新文明的新颖和不同凡响之所在。

新文明的开展首先需要人类进行全新而深远的根本性变革,需要人类主体充分认识到人类终极事业的必然性和必要性,但这需要人类主体在认识上实现史上最大程度的认知转向,更进一步说,需要掀起针对包括科学、哲学、宗教在内的所有认识方式和知识形态进行根本性的认知革命和启蒙运动才能全面展开,这样的一次变革将带来非常宏大的、波澜壮阔的运动和巨大的文化成就。新文明展开后,人类将通过运用认知革命获得更加先进的认知方式,由此建立完全性的大统一理论并创建新文明意识形态,此后的人类将全面展开对人类自我置换技术(THSP)、完全能源技术、自由航天技术、物质织造技术、微观视角技术、即时通讯技术等人类极限技术(参阅本书卷五)的研发,以此实现对自然的征服,从而根本性地解决人类的固有问题并实现真正意义上的宇宙开发。

新文明极限技术的研发具有非常重大的现实意义,该技术成就将直接给人类带来终极性影响。THSP 工程将使人类实现永生的愿望,并从根本上彻底解决人类固有的根本问题,将根本揭示生命产生和进化之谜、精神之谜,并彻底解决宗教问题。人类极限技术还具有开发宇宙的现实意义,能够彻底解决生态环境问题,可以避免各种潜在的毁灭性灾变,等等。很显然,这些极限技术的研发不仅是对整个人类的超越,也具有自生命体诞生 35 亿年以来的最大意义和价值,是生命体所有物种更替和人类以往所有事业都无法相提并论的。因此而言,新文明的文化成就具有极为明显的终极性意义。由于此时人类将在新文明最后的环节中展开人类终极事业,使得人类的发展将面临临界前的质变状态,新文明将因此而成为人类最后一个文明形态。随着 THSP 等五大极限技术工程的逐步展开,人类也将从新文明的信息时代过渡到新文明的终极时代,人类将整体质变进入高于整个生命界的更高级社会。

之所以称之为终极时代,还因为极限技术对于人类来说是终极性的,人类在这个阶段发明了这些技术,却又使作为生命体人类的主导历史地位被终结,人类在实现极限技术后,将质变为远远高于生命体的新物种,这显然是一个终极时代。在这个时代中,人类会因此而创造终极事业。因此,不管你承认与否,当 THSP 工程全面展开后,就意味着信息时代的终结,意味着信息时代让位于终极时代。

综上所述,本文所说的新文明时代主要由信息时代和终极时代等两个阶段性时代前后相继构成。其中,信息时代是新文明的初级阶段,该时代起始于 20 世纪 90 时代互联网的诞生,结束于终极时代;终极时代是新文明的高级阶段,是新文明的主要核心,该时代起始于 THSP 工程的全面展开,结束于人类终极事业的实现。

新文明是指计算机和互联网诞生以来,人类以"虚拟信息"为主要思维媒介所创造的文明形态。就新文明的终极性意义而言,新文明的内涵主要包括新文明文化和人类终极事业两个方面。其中,新文明文化是指信息时代以来的一般性物质文化和精神文化;而人类终极事业是指新文明的核心内容和终极文化成就,主要包括开发人类极限技术工程和推进终极事业思想观念及人文精神的深入发展两个方面。而就时间跨度而言,新文明时代主要由信息时代和终极时代等两个阶段性时代前后相继构成。

3 新文明是人类的终极文明

新文明是指计算机和互联网络诞生以后的文明,但这个文明远不仅仅是计算机和互联网络所带来的信息技术那么简单,而主要应该是基于信息技术所带来的一种远比信息技术更为深刻的革命——"人类的质跃"(参阅[13],p488—513)。

人类的质跃即人类的质变,但宇宙演化已经使人类在生命体阶段中发展至最为完善的状态了,故人类的质变将无法在生命体完成,人类的质变需要在超越整个生命体的过程中实现,但如此一来,就会造成这样的必然结果:人类将终结生命体在宇宙演化中的主导地位,而发展至超(非)生命体阶段,由此演化出超越包括人类在内的整个生命界的超生命体——"朕在"(参阅[13],p513—518)。此时,人类在宇宙演化中的主导地位将被作为更为高级社会主体的朕在所取代,这将使处于质变前的人类处于一个完全不同于原自然人的状态,此时的人类将承担终结生命体主导地位的终极事业,而在这个过程中的人类必将孕育出崭新的、更为高级的文明,这就是新文明。

新文明是人类文明的顶点,其核心将彰显人类终极事业。人类的终极事业应该具有将人类进行根本性整体质变的特征,即人类经过此次事业后将扬弃人类包括生命体在内的主要生存特征,使人类完全超越生命体而进入更高层面的社会生存形态,宇宙由此彰显继生命体诞生后的第二次巨变。新文明的辉煌主要彰显于人类对极限技术的追求过程,正是在这个过程中,使新文明得以不断显现出其无比灿烂的一面,而实现极限技术后,新文明得以终结,同时人类的主导地位将因超生类的诞生而终结,故新文明可谓是人类的"终极文明"或"极限文明",也可称之为人类的最后文明。新文明后,人类的精神财富将在作为非生命体状态下的朕在中继承发展。

新文明的开展首先需要掀起针对包括科学、哲学、宗教在内的所有认识方式和知识形态进行根本性的认知革命才能完成。新文明展开后,人类将由此构建完全性的大统一理论并建立新文明意识形态。人类将通过运用认知革命后形成的认识方式和知识形态,开发前所未有的高技术群落,人类将因此而可能实现对自然的征服,从而根本性地解决人类的固有问题并能实现真正意义上的宇宙开发。新文明以所开发的 THSP 等五大极限技术工程为终极目标,此后人类将质变进入超越整个生命界的高级社会,新文明由此将会彻底解决生命体的极度脆弱性问题。

"新文明"已初现曙光,然而这一能够彻底改变人类命运的新事物至今还没有被大多数人所认知,但机遇是给予有识之人的,相信随着"新文明"的灿烂展开,人类社会又将群星璀璨、英雄辈出!

二 新文明文化

文明是通过与其相适应的文化体现出来的,新文明包括新文明物质文化和新文明精神文化,其中,尤以新文明的精神文化先行于新文明的物质文化,他对新文明起到了根本性的引导作用,没有新文明的精神文化,就无从谈起新文明的物质文化,当然也就不存在新文明。因此,新文明首先是一场精神文化运动,发起新文明精神文化的将是当代最先进的进步人士,是新文明的舵手和导师,没有他们的启发和引导,人类将无法认知新文明并发动新文明运动。对新文明必将通过巨大文化张力显示其前所未有的存在。新文明刚刚开始,但是其巨大的文明力场已经折射出明显不同于以往的文化成就,人类将在 21 世纪初期感受到其巨大张力。

1 物质文化特征

新文明的物质文化主要是指人类通过信息技术和极限技术对

物质世界的根本性改造成就。新文明的物质文化使人类在自然界处处打上了最深层面的人文烙印,新文明文化主要分为初期的信息技术革命文化和终末期的人类终极事业文化等两个阶段的文化。

新文明初期的信息技术革命文化是新文明的浅层面,或者说是指刚刚开启新文明的前奏阶段,这就是人们传统所说的信息时代。在这个阶段中,计算机的出现和逐步的普及,特别是作为信息处理中心的互联网的出现,使得信息对整个社会的影响逐步提高到一种绝对重要的地位,信息量和信息处理的速度以及应用信息的程度等都以几何级数的方式在增长,信息技术的发展对人们学习知识、掌握知识、运用知识提出了新的挑战。这个阶段的主要成就是计算机技术和互联网络的发展延伸了人类的智能,信息化、智能化是其主要特征,其成就主要体现在人类通过计算机和多媒体对物质层面的改造。在这个时代中,人们在生产活动中广泛而深入地引入了信息处理技术,从而使这些部门的自动化达到一个新的水平,在人类活动各方面也表现出信息活动的深层次特征,电讯与计算机系统合而为一,可以在极短时间内将信息传递到全世界的任何地方;在此进展中,信息和知识正在以系统的方式被应用于变革物质资源,正在替代劳动成为国民生产中"附加值"的源泉;在这个社会中,信息和知识成了社会的主要财富和主要动力。

然而,一个很大的问题在于,人们虽然目瞪口呆地看到了信息技术革命所带来的巨大变化,但至今还鲜有人能够考虑到这种高速发展所带来的更大后果,更没有想到因此而催生出一个完全不同以往的崭新的新时代、新社会,主要原因在于:信息时代发展速度太快,以至于使人们还来不及进一步思考,但是我们必须有更高的远见卓识来考虑这个问题。这个问题就是——当代的信息技术革命还远远没有触及新文明的核心层面,或者说只是刚刚拉开了新文明序幕;高速发展的信息时代,必然会催生出人作为新文明的核心层面的人类终极事业,由此进入作为新文明时代高级阶段的终极时代。

新文明的物质文化最主要体现在人类终极事业方面,这也是新文明的核心所在,其主要成就体现在通过研发五大极限技术所带来的物质文化成就。在新文明时代,人类将通过运用新文明意识形态,使人类技术发生根本性的质变飞跃,将彻底解决人类基于生命体的所有问题,这是人类所可能达到的最高极限技术,也可以称之为统一信息技术。人类将通过这些技术的研发成果逐渐解决人类的基本问题,实现任意织造物质和自由翱翔宇宙的终极目标。其中,人类自我置换技术将占有主导地位,该技术的研发已经由THSP 研究会启动,具有很强的前瞻性及现实性,人类将通过该项技术彻底解决人类的生老病死问题,先后实现人类梦寐以求的健康长生和永生的梦想。极限技术对于人类来说是终极性的,人类在这个阶段发明了这些技术,却又终结于这些技术,人在完全实现极限技术后,人类将质变为远远高于生命体的新物种。

2 新文明意识形态

新文明的精神文化同样体现在思想意识形态、政治经济、道德、艺术等方面,但在目前新文明刚刚启动阶段,新文明还很难在政治经济、道德、艺术等方面有突出的表现,故目前的新文明精神文化主要体现在新文明意识形态上。

意识形态是指特定时期内的人类整体综合性思想观念及其存在状态,他是与人类的发展状态和思维水平相适应的,意识形态主要分为蒙昧意识形态和文明意识形态两种。蒙昧意识形态是一种非文字形式的原始思想观念及其存在状态,相对较为低下和朴素,蒙昧意识形态已历经南方古猿的朦胧意识、初级蒙昧意识形态(能人)、中级蒙昧意识形态(直立人)、高级蒙昧意识形态(古人)4 种形态(参阅[13])。这四种意识形态为文明意识形态奠定了深厚的物质和精神文化基础。文明意识形态是以文明的形成与发展为总体背景的,适合于文明时代发展的思想观念及及其存在状态。文明意识形态主要体现为文字化的认知总论、道德、文学艺术、宗教、政治、经济、社会科学、自然科学等各种精神思想。文明意识形态已历经古文明意识形态(古代)、经典文明意识形态(近现代),而今已进入新文明意识形态(当代),他们前后相继不断推动了人类精神的发展,使人类不断走向越来越高级的文明。在文明意识形态中,素朴哲理、哲学等认知总论曾占有主导地位,它们对文明意识形态和发展具有极为重大的作用,能够提供时代发展的主要精神平台和生存意域,以文明的方式塑造人类的生存价值和生存意义,从而彰显时代精神风貌,但这些文明意识形态尚处于初中级阶段,还不足以成为人类文明的高级形式及终极形式,人类还需要将文明意识形态发展至终极形式。

就社会发展的趋势看,由于古代和近代文明意识形态均已完成历史使命而退出历史舞台,人类社会确实还需要一个新的文明意识形态,用以提供当代人类社会以主要精神平台和生存意域,并塑造人类的生存价值和生存意义,否则,人类将陷入价值混乱、伦理失范的无序状态中。同时,人类社会也还需要一个高级阶段才能完成文明时代的历程,但这个时代是一个特殊的历史时期,它承担着对人类社会进行最后质变的重责,这是自觉主体程序得以质跃的关键环节。这个更为高级的阶段生成了文明意识形态的最后一个环节——新文明意识形态，又称为高级文明意识形态。主导新文明意识形态的认知总论是统一信息理论，其方式方法是系统型的；以当代信息技术文明为形成背景，因此又可称之为信息文明意识形态、当代文明意识形态、高级文明意识形态。

新文明意识形态发轫于 20 世纪末期，将可能结束于 21 世纪中期或其后。新文明意识形态的奠基深受还处于科学形态的信息论、系统论、控制论的影响，他通过对整个科学、哲学、宗教等以往所有认知形态的超越而最终形成。目前，统一信息理论、在之演化理论、人类终极事业、独立主义等理论建构已经开始彰显了人类全新的文明意识形态。新文明意识形态将以滚滚洪流态势迅速发展，新文明意识形态的理念将引发人们对宇宙演化、生命进化、人类生存价值和意义的重新界定和思考。新文明意识形态是通过对近代经典文明意识形态的继承性超越而自然形成的，统一信息论的创建及其认知革命意味着新文明意识形态的确立和相应启蒙运动的开始。

新文明意识形态的历史作用将远远超越过去的历届文明意识形态。这主要是由于宇宙正向演化的作用，新文明意识形态将承担对整个生命体的超越从而彻底完成对生命体质跃的历史使命，将担负起对传统思想文化的颠覆性革命重任。新文明意识形态是人类最后一个意识形态，其后的人类将质变并过渡到超越整个生命界的更为高级的超生命社会存在形态。

3 唯物主义的文化先导

新文明的理论基础是统一信息论，主要由信息本原论、极限粒子和主体程序论三个部分有机构成。新文明否认唯物主义的物质第一性原则,而认为作为非物质存在的信息才是第一性的,而信息的实质为能量(的表征),能量又可以通过与物质相互转化而造就宇宙万物,这样就在客观现实性的基础上,完全将信息(能量)、精神(特殊的信息)、物质等统一起来了。基于信息本原论,新文明理论在人类历史上第一次真正将物质和精神统一起来。

很显然,新文明理论不同于唯物主义,除出发点不同以外,还因为唯物主义的粗陋而没有搞清楚精神的实质和精神的诸种表现形式。新文明不赞成唯物主义对信仰的粗暴态度,更不赞成某些主张唯物主义意识形态国度的一元化式思想禁锢及非民主体制。另外,新文明理论不同于唯物主义对"灵魂"的粗暴态度,认为"灵魂"很可能是一种从属于生命体的自然性存在,但否认"有神论"将"灵魂"形而上地人为升华为所谓"神"的没根据作为。不过,新文明和唯物主义在坚持客观现实的和"无神论"的立场上是一致的,基于这个意义上,唯物主义和新文明具有连贯性。

新文明需要基于极大的根本性理念革命和创新精神,他特别需要一种没有信仰先定的环境或土壤,故新文明的理念显然不能萌发于那些具有宗教信仰或其他迷信思想的人,因为这些人的精神思想已经被信仰先定,他们的思想精神是无法形成根本性突破的,而唯物主义者却恰恰最具备这种条件。在那些曾经奉行唯物主义的国度和地区里,尽管他们因为过于粗暴简单的态度而破坏了许多文化,但也毕竟在很大程度上抵御了宗教信仰的全面侵蚀;尽管这些国度也可能因为政治等原因而被限制信仰,但这种限制往往是外在的而不是根深蒂固的内在。

唯物主义在文明史上似乎只能演奏第二小提琴,长期处于从属于唯心主义和有神论的次要位置,但这不是唯物主义的错,因为人类在进入现实世界后,仍然需要采取了与唯物主义一样的客观现实立场。人类之所以在精神层面上选择唯心主义和有神论,主要是人类基于对自身生命脆弱性的无奈,而不得已寻求另外一种精神寄托而已。如今,包括唯物主义在内的诸种哲学,在完成了其形而上的历史使命后将退出历史舞台,但唯物主义在以往积极推动历史发展方面的功绩不容抹杀。

新文明只可能萌发于那些具有唯物主义客观现实性文化传统的国家(尤其是中国),无论唯物主义其他方面怎么样,他们的客观现实性和"无神论"的作为其实已经在为新文明开路铺石,这是基于宇宙正向演化法则的必然趋势,没有唯物主义的客观现实传统,我们很难想象新文明。

三 新文明自成体系

受种种偏见和不良风气的影响,许多人也将新文明的认知方式和知识形态归属于"民科"的范畴,这更是对新文明的完全曲解,因为新文明不仅整体上已经跳出了现代科学体制的范畴,而且也是对包括现代科学、哲学、宗教、人文社会科学等所有认知方式和知识形态的超越和统一整合,新文明尤其主张颠覆现代科学的认知方式和知识形态的主导地位,建立完全超越现代科学理论体系的更先进前沿的知识体系。既然如此,无论就体制还是认知方式和知识形态而言,新文明整体上已经完全不属于人为所划分的"官科"或"民科",而是自成一体的基于更先进合理的认知方式和知识形态而建立的新型前沿体系。

1　新文明成就新型的前沿认知方式

新文明认为,现代科学理论体系是建立在大工业基础上的认知方式和知识形态,但相对于新文明时代,这种理论整体上已经过时,特别是在基础理论方面已是漏洞百出,因此,新文明已经不承认现代科学理论在新文明时代基础领域的适用性。在认知方式上,新文明通过第三次认知革命,完成了对建立在标准模型和四大作用力为基础的现代科学理论体系的颠覆,建立了超越现代科学、哲学、宗教、人文社会科学的完全性大统一理论,即统一信息论,这使其无论在内涵还是在外延上实现了对现代科学理论体系的整体超越,故其整体上不属于现代科学范畴。

历史就是通过先进不断超越落后而形成,现代科学体系自近代诞生以来已经历时三百余年,其对人类的巨大进步作用有目共睹。但是,任何事务都有其产生、发展、衰亡的过程,现代科学同样不能例外,现代科学体系的巨大负面作用已经使其无法自拔于其身,他的主导地位必然要被新的更加先进的认知方式所取代。新文明的统一信息论具有适合于新文明时代的一切特征,其发现的作为核心理念的"双子定律"具备了相比现代科学能更加合理解读宇宙所有已知或未知现象的功能。为此,统一信息论不仅承担新文明及终极事业的重责,还将承担颠覆现代科学体系的历史使命。

新文明认知体系虽然主张对现代科学理论体系的超越,但并非完全否定了现代科学。现代科学在微观领域和宏观领域的粗略层面上还是很有价值的,特别对日常生活还是很有意义的,现代科学因此带来了第二次认知革命和工业革命以及建立在工业意义上的现代社会；而新文明通过第三次认知革命，开辟了极限认知领域，其对现代科学所局限的微观领域以及宏观领域的超越是全方位的，这是个崭新的认知世界，还需要进一步完善。现代科学对新文明认知方式仍然很有借鉴意义，二者相互补充、相互促进。

2　新文明已建立独立自主体制

新文明承载着人类文明的终极形态，这样史上最为巨大的事业显然需要极为前沿先进的认知方式和思想理论才能承担，而绝非是现代科学体系、哲学、宗教等已经逐渐过时落后的认知方式和知识形态所能完成，因此，新文明需要完全独立于包括现代科学、哲学、宗教等旧时的认知体系之外，事实上新文明已经做到了这一点。新文明运动以来，目前不仅逐步形成了独立的更加先进的认知方式和知识体系，且其所发起的作为史上最大人文合作工程的 THSP 工程，正在全面启动人类终极事业和宇宙第二次巨变，新文明正在渐渐汇聚成新型进步潮流，形成了独立于包括现代科学理论体系在内的现代社会的完全新型的体系和体制。

目前新文明已经形成了国际性运动，作为独立合法的新文明国际合作组织业已于 2015 年在美国正式注册，总部位于美国柯林斯堡市，该组织属于由企事业单位和个人志愿组成的学术性、专业性和非营利性的研究型和事业型社团，成员和相应分支机构目前已遍布欧美及亚洲、非洲等地区。新文明国际合作组织希望得到更多进步力量和有识之士的加盟支持，但新文明原则上仍然坚持独立自主的发展,不依赖也不会企求包括政府、科技机构、宗教在内等其他任何外在力量。新文明人相信自己代表了宇宙正向演化的力量,时间和历史必将赋予其强大的自我实现的力量,新文明需要完全独立于任何其他体制的自我发展而自成一体。

3　新文明代表着时代最先进的进步力量

在高速发展的信息时代,任何以往貌似强大的力量以及其他没有持久力的新生事物都无法代表世界先进力量。前者为美欧等以现代科技文明等为标志的旧文明,他们貌似强大而实则为外强中干,只是在极力通过旧文明沉积下来的力量来千方百计维护表面的荣光;后者则看似先进,但由于理念演进浅薄以及缺乏宏大视角,最终只能是昙花一现。纵观世界,站在宇宙演化发展的宏大视角上,唯有新文明才能持久代表世界新时代的先进力量。

新文明的产生基于宇宙发展的总趋势,是在对人类以往所有"旧文明"的超越中诞生的,新文明将顺应宇宙发展的要求启动宇宙第二次巨变,使人类完成对具有 35 亿年历史生命整体的超越性质变,宇宙因此而必然赋予新文明以无可阻挡的宏大进步力量,而这种进步力量具有明显区别于旧文明的特征,是一种相对独立的巨大进步力量。虽然目前人类世界 99％以上的区域都属于旧文明,仅据其余的极少区域,但新文明正在高速席卷旧文明的区域,正是因为新文明独立蕴涵着世界最先进、无可阻挡的巨大进步能量。

四　新文明是最大理念突变

理念突变也可以称之为理念突破,是指具有现实合理性的精神变革。理念突变和基因突变有类似之处,他们都是一种凸显性的变化,但是他们有本质性区别。现代科学理论认为,基因突变是基因组 DNA 分子发生的突然的、可遗传的变异现象,造成基因在结构上发生碱基对组成或排列顺序的改变。而站在新文明角度上看,基因突变则是指承载生命主体程序的生命体结构的凸显变化;理念突变则是指,作为生命体所承载的作为自我精神之自觉高级主体程序的凸显变革。因此,站在不同角度上将会带来不同的理念理解,从新文明的视野分析,基因突变主要是指物质结构上的变革,而理念突变则是指精神方面的变革。理念突变和基因突变能够相互联系、互相促进,基因突变会带来理念突变,而理念突变也会影响基因突变。

1　史上影响极为深远的七个理念

理解理念突变首先要理了解理念的社会影响和历史作用。生命诞生后,宇宙演化由单一的物质外化方式分化出了新的演化形式——主体程序(精神)的内化,其后,主体程序内化开始逐渐占据了生命进化的主导地位,生命体进化由此不断加速进行。人类诞生后,作为高级主体程序的人类自我精神体现出了其不同凡响的高效性和智慧性,其中作为自我精神精华的理念则对人类产生了举足轻重的作用,尤其是那些影响深远的理念更是具有持久深远的历史价值和作用。下面根据影响力和历史作用的大小,挑选出影响最为深远的七大理念。

No.7 佛

人类通过运作概念思维的沉思而进行理念创造,沉思是理念产生的直接动力和源泉,也是人类区别于动物的主要特征,这方面的典型就是释迦牟尼了。释迦牟尼 35 岁那年独自一人来到一棵菩提树下,他以超凡的悟性在菩提树下盘腿而坐,重新调整思维方法,通过数天沉思苦思,终于悟道成佛。在战争纷乱、动荡不安、生产力相对较低的古代社会中,佛的这种消沉出世的理念非常契合许多人消极面对社会的内心世界,佛的理念因此很快扩展并形成了较大的教派。

排序理由:佛理具有自省内心的较高境界,故能对人类的精神世界产生较大影响,这种影响是世界性的(尤其是在东亚和东南亚地区)。

No.6 道

道是指源自于中华民族的哲学理念,主要是指道家的道。道字的最初意义是道路,后来引申为本源、本体、规律、原理、境界、真理等等。道家的"道"是中国古代哲学的基本范畴,包含天道、人道、地道等多层含义。道的理念蕴含极为丰富的内涵,对人类社会的各个领域影响甚巨,以至于最终形成了道教。

排序理由:道理的精神影响地域可能没有佛理大,但是道理的社会积极作用高于佛理,特别是在穷达自然方面更胜于一筹,故此将道理的影响力排序于佛理之前。

No.5 仁

仁是中国古代一种含义极广的道德范畴,本指人与人之间相互亲爱。孔子把仁作为最高的道德原则、道德标准和道德境界,形成了仁为核心的儒家思想体系,包括孝、弟(悌)、忠、恕、礼、知、勇、恭、宽、信、敏、惠等系统内容。孔子仁学思想的影响不仅限于中国,而且对整个东亚和东南亚地区乃至欧洲都产生了深远的影响,他的思想无疑是世界性的。

排序理由:以仁学为核心的儒家思想具有非常积极入世的特征,这在世界古代史上是极为罕见的,仁学理念的那种乐观面对人生和世界的思想具有极其巨大的社会价值,对中国乃至世界都起到了积极的推动作用。

No.4　神

"神"是人类最早产生的关于"超自然"的理念。基于人类生命体的脆弱性,人类自诞生起,就产生了对未知力量的敬畏,这是神理产生的根源。古代巫师认为图腾是最为最智慧与万能存在的神;古人以为闪电变幻莫测、威力无穷,故称之为神;而传说中的天神,就是天地万物的创造者或主宰者。他们将这些未知力量集中抽象为一个观念,这就是神,并由此建立关于对神崇拜的各种宗教,人类基于各种信仰而崇拜和敬畏的其实就是各自心目中的神。

排序理由:神的理念虽然相对消极,但神的理念已经影响到人类的多数,且神理对占人类多数的信仰者来说是相伴始终、切入骨髓的,故此将神的理念影响排序于仁之前。

No.3　逻各斯

逻各斯是西方哲学史上最早提出的关于规律性的哲学范畴(类似于中国的道),一般指事物规律,理性在逻各斯中占有核心地位。逻各斯涉及希腊哲学和基督教神学两个领域。希腊哲学家赫拉克利特最早使用了这个概念,认为逻各斯是一种隐秘的智慧,是世间万物变化的一种微妙尺度和准则。斯多亚学派认为,逻各斯是宇宙事物的理性和规则,它充塞于天地之间。柏拉图思想中的理念就可以视作逻各斯这一概念的变种,而晚期希腊一些哲学思潮里,就直接把逻各斯看作柏拉图所说的诸理念之统一。亚里士多德的逻各斯包括两个部分,内在的逻各斯和外在的逻各斯。把希腊哲学的逻格斯概念和犹太—基督教联系起来的是亚历山大的斐洛,他认为,希腊哲学和犹太教的思想是同根异枝,上帝的智慧就是内在的逻各斯,上帝的言辞就是外在的逻各斯。

排序理由:逻各斯理念占据整个西方文化的中心位置并贯穿始终,其对西方的现实生活和宗教信仰的影响都是决定性的,尤其是其作为内核的"理性"直接培育了西方人的分析思维习惯,从而最终促成了现代科学的诞生,逻各斯是现代科学诞生的主要源泉和动力,也是现代文明社会的一个重要源头。

No. 2　文字

文字就是概念的符号,文字在严格意义上虽不属于理念范畴,但文字却是承载、整合、催生理念最直接、最有效的工具,故在此将文字作为特殊的理念。文字作为抽象概念的符号浓缩了大量的信息,这使得以文字为媒介的人类形式思维的效率大大提高了,人类因此而被赋予了巨大的智慧和强大的创造能力,光辉灿烂的文明基于此而诞生。

排序理由:文字是文明产生的直接原因,没有文字人类至今仍处于蛮荒时代,文字凭此而当仁不让地占据理念排行榜的第三位。

No. 1　概念

概念是对事物的抽象,而抽象的概念使生命体的思维效率有了质的飞跃,直接引发了人类意识的萌发,从而最终促成了人类心理活动及人类的诞生。概念思维标志着生命精神进入到了高级状态,这意味着人类意识及人类的诞生,宇宙由此开启了长达几百万年历史的人类时代。

排序理由：概念促成了人本身，是人类之所以为人的根本原因，概念是人类所有理念的基石。

以上就影响力和历史作用大小进行理念排序，它们对现实世界都有相当强大的影响和作用，因为作为主体程序的精神与物质世界是不断相互转化的。但按照理念的社会性质来划分，还可以分成积极入世的理念和消极出世的理念。前者包括仁、逻各斯、文字、概念、新文明，且在影响力和历史作用方面占据前四位，后者则包括佛、道、神。由此看来，人类积极理念影响力和历史作用是大于消极理念的，这也是人类不断向前发展的原因。

积极入世的理念先于科学技术，是真正的第一生产力。积极入世的理念是基于理念突变而产生的，而就这个层面而言，人类历史是最大的理念突变无疑应该是新文明了。

2 新文明的理念突变跨越整个生命界

理念突变在大部分情况下是有进步性的、有利于人类福祉的，特别是文明社会以来，人类社会不断加快的进步节奏在很大程度上主要应归功于理念突变。在这个前提下，理念突变跨度大小与其对社会的积极作用成正比，理念突变的跨度越大，其对人类的进步促进作用就越大。孔子的儒学体系就是一种具有很大理念跨度的理论体系，正因如此才使得儒学在长达两千多年悠久历史中对中华文明起到中流砥柱的作用，孔子因此而成为圣人；而那些仅仅看到一时之时务、时潮弄人等可能会获得一些进步性的理念，但由于其理念跨度性较小，而终究无法带来较大的积极作用。与此相反,有些理念突变则可能是恶性的、有害于人类社会的,比如法西斯主义、恐怖主义等等。

在新文明理念产生以前,人类最大的理念突变莫过于以概念思维为主要特征的人类意识的诞生了,因为概念思维标志着生命精神进入到了高级状态,这意味着人类意识及人类的诞生。在人类诞生以后的最大理念突变则当属于以概念符号——文字为主要运作媒介的形式思维,形式思维使人类产生了文明。文明社会以后,人类各种跨度较大理念突变则主要通过思想家来完成。但是,所有的这些理念突变相比于新文明理念的突变则相差甚远,因为新文明要完成的是对已经具有 35 亿年进化史生命体的整体超越和质变。

新文明是基于宇宙第二次巨变而产生的,其核心是要通过THSP 工程等极限技术完成对包括人类在内生命体的整体超越,从而产生可以摆脱生命体生老病死规律约束的超越生命的超生类世界(超生界)。新文明既是人类的最高文明,也是人类最后的终极文明(新文明后的文明将在超生类中继续发展)。很显然,要完成这样一个生命史上最为巨大的终极性事业,是无法仅仅通过现有认识方式和知识形态来完成的,这首先需要针对代表现有人类认知水平的认识方式和知识形态的现代科学体系进行颠覆性的认知革命才能完成,这就要求我们进行特别巨大的理念突破,否则将根本无法创造新文明。由此可知,如果说以往的理念突变是建立在仅有几百万历史的人类基础上的话,那么,新文明则不仅要完成对整个人类的超越,还要完成对具有 35 亿年历史的生命体的根本性超越,这是生命体诞生 35 亿年来的最大理念突变,新文明理念是对整个生命界的俯视。因此,新文明理念不仅是文明史上的最大突变,也是人类史上、乃至生命演化史上最大的理念突变,这应该是人类所可能达到的最大程度的理念突变。

3 理解新文明需有先进的认知方式

新文明这样一个跨度极大的理念突变显然蕴含着极高含量的深邃内容,需要站在整个宇宙发展的视野上进行审视,需要与之相适应的极为先进的认知方式才能理解。但问题在于,新文明运动开展几年以来,绝大多数人至今还是带着传统的认知方式和思维习惯去审视和理解新文明,有的仅仅理解为实现永生,而多数人则将新文明做技术层面的认知,而仅仅理解为人类自我精神置换(或意识上传),这是对新文明的极大误解。不仅如此,许多人还对新文明及其 THSP 工程提出了很大质疑并否定。

由此可见,如果没有与新文明相适应的先进认知方式,就不能正确理解新文明,而不能理解新文明,那么,就不仅不能对新文明有所建树,反而是有害无益,这种有害无益表现为简单粗暴、急功近利、传统保守。应当说,THSP 工程的确是新文明的核心内容,但 THSP 工程所衍生的意义和价值要远远高于 THSP 工程本身,新文明需要在较大的技术和理念突变的基础上,通过各方面系统协作才能很好地完成。反之,如果仅仅将新文明做简单化定位,那么肯定是无法理解新文明、更无法参与完成新文明的。新文明是人类终极事业,是人类史上最为宏大的人文合作工程,就新文明的终极性意义而言,新文明的内涵主要包括新文明文化和人类终极事业两个方面,作为新文明人应该对此有全方位的认知和把控,否则就不配做新文明人。

4 必须给世界打上深深的新文明印记

绝大多数情况下，人类都习惯于既定思维方式，且其自信心和意志力往往会进一步强化这种习惯性思维，这种情况有利有弊。有利的是，习惯性思维能够有利于推动既定目标项目的进展；弊端则往往会固执己见、墨守成规，尤其面对类似于新文明这种跨度比较大的新事物、新思想时，习惯性思维的弊端会进一步放大，使得他们难以接受这种新思维，这就是新文明理念的传播遇到较大阻碍的主要原因所在。另外，新文明理念跨度极大，的确也很难自发产生。那么，在这种情况下该怎么办？对此，我们不妨参考社会主义的灌输理论（只是方法借鉴）。

1844年，马克思在《〈黑格尔法哲学批判〉导言》中指出，先进理论不会自发产生，共产党必须加强对工人阶级的思想理论灌输。恩格斯认为，马克思主义理论不是教条，不能只强调灌输让人们背得烂熟就行，而必须把灌输与自我教育、自我体验相结合。列宁对灌输做了全面系统、具体生动的阐述。1894年，列宁在《"什么是人民之友"以及他们如何攻击社会民主主义者？》中明确提出，应该把马克思主义理论通俗化，然后灌输到工人中去，并帮助工人领会它。1900年，在《我们运动中的迫切任务》中，他明确指出："由此自然产生出俄国社会民主党所应该实现的任务：把社会主义思想和政治自觉性灌输到无产阶级群众中去，组织一个和自发工人运动有紧密联系的革命党"。列宁认为把社会主义思想和政治自觉灌输到无产阶级群众中去，是组成革命政党的必要条件。列宁不仅指明了灌输的重要性和必要性，还明确了灌输的内涵。1902年3月，列宁在《怎么办？》一书中说："工人本来也不可能有社会民主主义的意识。这种意识只能从外面灌输进去。各国的历史都证明：工人阶级单靠自己的力量，只能形成工联主义的意识。""从外面"灌输包括两层含义，一是指向工人灌输他们原来并不了解和掌握的先进意识；二是指导工人从政治角度去认识无产阶级与资产阶级对立的性质，明确无产阶级的历史使命。

"灌输论"似乎有生搬硬套之嫌，但只要方法得当，的确能够有很大成效，事实也证明这种方法对弘扬社会主义理念的确起到很大作用，这对我们新文明的传播有很大的启示作用，不同在于：社会主义灌输面对的对象是社会底层普通大众，而新文明灌输的对象是社会中上层和精英人士。这就需要我们区别对待，利用我们的软实力，通过各种途径，采取各种先进合理的方法，以"润物细无声"的方式，传播并灌输新文明理念，从而让这个世界深深打上新文明的印记。唯有此，才能使人类驶入新文明轨道。

五　数亿万年风流唯看今朝

宇宙总趋势是正向演化的，这个趋势反映在人类社会上则主要体现为不断进步的倾向性，历史如大浪淘沙，落伍者总会被时代淘汰。基于此，我们可把人类分为有限创造历史者、顺应历史者、逆反历史者、人民群众 4 种人，前两种人为历史潮流的积极助推器，是人类不断加速进步的催化剂，他们代表每个时代的最有希望和前景的人类进步力量；而后两种人则分别是历史消极因素和不确定性因素，他们代表着落伍及弱势的一面。

1 有限创造历史者

有限创造历史者主要是指在思想界文化界中开创具有极大进步作用的新理念及新领域的"带头大哥"(开拓者或领路人)。

文明时代以来,对于人类整体影响最大的莫过于大思想家,他们能够洞悉宇宙和历史的发展总趋势,以极具影响力的思想理念对人类产生长期的积极作用,并为人类指明了久远的发展方向;而对生产力贡献最大的则莫过于大科学家,他们的理论认知和知识体系极大地推动了社会生产力的发展。这些"带头大哥"都因引领了一个长足时代的社会进步而成为有限创造历史者,但为何这些人只是有限创造历史者,而不是历史创造者或历史缔造者?事实上,纯粹历史创造者或历史缔造者是不可能存在的,因为即便是这些人也不可能如孙悟空那样凭空出世,其本身也是历史的产物,他们无论多么卓越,也只能在具备历史条件的情况下才能开辟新的历史。比如,孔子是中国儒家文化的开山鼻祖,如果没有孔子,中国很有可能因外来佛教等宗教的侵蚀而成为宗教国家,中国五千年的文明可能因此而中断,但是孔子只能在中国才能成就儒家的辉煌事业,因为中国为儒家文化的发扬光大提供了现实条件;反之如果孔子生在其他国度,则会由于其难以提供儒家文化的生存条件而无法制造儒家文化,或者即便产生也无法如同在中国那样获得长足发展。因此,历史人物最多只能成为有限创造历史者。这些有限创造历史者就是大思想家、大科学家,有的甚至成为圣人,这儿我要特别强调的是引领东西方文明的两位圣人。

圣人是人类文明史上大写的巨人符号,至少应具备三大基本特征。其一,创造了对世界有深远影响力的思想文化体系;其二,对人类社会进步有巨大的现实积极作用;其三,引领了大时代潮流。就是说,圣人应为世界性大思想家,具备积极入世、对人类进步有巨大贡献的特征,圣人虽然应时而生但也同时也引领了新时代。我们发现,迄今为止真正具备这三大特征的东西方先圣唯有东方的孔子和西方的亚里士多德,他们堪称为史上仅有的两位圣人。

1.1 孔子

孔子,山东曲阜人(公元前 551—公元前 479 年),中国古代最伟大的思想家,儒家创始人。孔子可谓圣人的代名词,被后世人尊为孔圣人、至圣、至圣先师、大成至圣文宣王先师、万世师表。随着孔子影响力的扩大,孔子祭祀已经升格为最高级别的国家祭祀,这种殊荣唯孔子专有。目前,联合国教科文组织已将孔子列为"世界十大文化名人"之首。

中国是世界上唯一具有 5000 年不间断文明的国家,之所以有这种奇迹的主要的原因之一就在于中国有了孔子的儒家思想文化。孔子诞生于"礼崩乐坏"的中国春秋时期,此时期中华大地政权割据、战祸频仍,中华文明面临被毁灭中断的危机,正是孔子儒家思想恰逢其时地横空问世,才赋予了中华文明得以延续的强大精神凝聚力。孔子的思想精神引领了具有儒家文化特征的封建大时代,使中国社会意识形态和社会存在方式等各个方面都得到了根本性的良好整合,中国也因此而重获 2000 多年的文明发展历史,孔子的儒家思想文化事实上对中华五千年文明起到了中流砥柱的作用,换言之,如果没有孔子,中国的文明史是不可想象的。根据中国几大思想派别力量交锋的对比来看,如果没有孔子,中国可能会像东南亚许多国家一样成为佛教国家,届时

图9 孔子

主导中国的将是一种出世消极的思想文化,中国将不可能会获得强大的力量而继续延续自己的文明,并终会像其他文明古国一样中断五千年的文明进程。

孔子思想最大的理念突破在于其创造了经世致用的仁学体系,以仁学为核心的儒家思想具有非常积极入世的特征,其"敬鬼神而远之"的无神论思想,直接将中国从宗教边缘拉回到了现实层面,使得中国成为极少没有宗教信仰的现实性国度,这在以形而上学和宗教思想为主导的古代思想史上是极为罕见的。仁是中国古代一种含义极广的道德范畴,本指人与人之间相互亲爱。孔子把仁作为最高的道德原则、道德标准和道德境界,形成了仁为核心的儒家思想体系,包括孝、弟(悌)、忠、恕、礼、知、勇、恭、宽、信、敏、惠等系统内容,这就形成了无比广泛深厚的社会规范及宏伟的社会价值意义体系,架构了中华文明无比强劲的动力系统。

孔子思想不仅对中华有根本性的积极作用,对整个世界也都有深远的影响,其深厚的文化沉淀对世界都起到了积极的推动作用。时至今日,儒家思想还仍然能以其儒家文化和儒家资本主义的方式在东亚和东南亚地区取得了辉煌的成就,这是任何其它古代思想家都难以做到的。1988 年,75 位诺贝尔奖的获得者在巴黎集会,会议结束后发表联合宣言,呼吁全世界:"人类如果要在 21世纪生存下去,就必须回首 2500 年前,去孔子那里汲取智慧。孔子对世界思想文化的影响由此可见一斑。所有这些都说明了孔子的思想文化价值在人类以往的历史中是无与伦比的,孔子的儒家思想文化无疑是世界性的,他理应居世界思想家之首,堪称名副其实的圣人。

1.2 亚里士多德

亚里士多德(公元前 384—前 322),古希腊人,伟大的思想家,堪称希腊思想文化的集大成者。作为一位百科全书式的人物,他几乎对所有学科都做出了贡献。亚里士多德的著作构建了西方的第一个广泛全面的思想系统,涉及伦理学、形而上学、心理学、经济学、神学、政治学、修辞学、自然科学、教育学、诗歌、风俗、雅典法律等。与孔子一样,亚里士多德的理性思维具有非常积极的现实意义和价值,也因此而被联合国教科文组织列为"世界十大文化名人"之一。

亚里士多德首先是个伟大的哲理家,他虽然是柏拉图的学生,但却抛弃了他老师的许多不合理的地方,提出了许多独到的见解。他不仅继承和发展了思辨哲理,而且继承和发展了自然哲理。古希腊的素朴哲理经过漫长而艰难的跋涉,在自然哲理和思辨哲理都已充分展开的基础上,终于在亚里士多德这里达到了一个全面

图10　亚里士多德

系统的综合,并在层次上飞跃到了一个纯粹形而上学的、即超越自然哲理和思辨哲理的纯哲理境界,这就是西方思想史上第一个形而上学体系的完成,它与古代最伟大的"百科全书式的学者"亚里士多德的名字是分不开的。

亚里士多德的更大贡献则主要体现在他的形式逻辑方面。历史发展到亚里士多德的时代,人类抽象一般的概念已经到了非常丰富的发展阶段,而学派林立的局面,又使这种丰富的概念在运用上会造成越来越多的混乱,这反而阻滞了人类已经处在自觉阶段的主体精神的发展。正是在这种情况下,亚里士多德力图把思维形式和存在联系起来并按照客观实际来阐明逻辑的范畴做法,极大地整合了有可能对思维产生不利的混乱的概念局面,将概念分门别类,符合实际地制定了有关定义概念的规则、思维运行的公理及三段论等逻辑推理的方法,这为主体精神的加速内化铺平了道路。亚里士多德的努力使得人类的古文明意识形态发展到了顶峰。

亚里士多德的思想价值还表现在他影响了中世纪的经院哲学。经院哲学是以逻辑及辩证学的方法探究初期几个世纪的教理，它同样也要积极追求真理，但他们却要藉方法论上的检讨证明真理并要把真理加以系统化。于是，他们对亚里士多德的素朴哲理开始感到兴趣，并开始研究亚氏的著作。他们应用亚里士多德的理智程序，将启示神学和一般哲理合并为一种自然神学，并构成一种非常广大而完整的世界观。于是，神学成为唯一可能的世界观，而亚里士多德的素朴哲理便成为神学的思维工具。

亚里士多德最大的作用在于其理性逻辑思维对整个对欧美近现代社会的影响，其思想占据整个西方文化的中心位置并贯穿始终，特别是其形式逻辑思维主导了西方人分析思维的产生与发展，尤其是其作为内核的"理性"逻辑直接培育了西方人的分析思维习惯，最终引领了了现代科技文明时代的诞生。亚里士多德的形式逻辑是现代科学诞生的主要源泉和动力之一，正因如此，使得西方现代科学体系具有了深厚的亚里士多德背景，其对西方的现实生活和宗教信仰的影响都是决定性的。没有亚里士多德，就难以想象人类世界的现代科技文明，亚里士多德的思想是当代欧美文化、乃至世界文化的重要组成部分，他的思想文化影响同样对世界有巨大的积极现实作用。

亚里士多德对对人类社会影响不仅跨越了古希腊、影响了中世纪，而且直接引领了现代科技文明时代的形成，其巨大的社会贡献使得任何西方世界的其他人无出其右，他对西方世界的历史贡献和影响力就如同孔子之于东方世界的历史贡献和影响力，故圣人的名号用在他身上可谓名副其实，但历史上似乎认可他圣人地位的并不太多,原因仅仅在于:东方人长期将圣人的名号看作是孔子的专用名词,而西方人的圣人名号往往只用于自己的宗教信仰。

思想文化是人类文明的主要动力源泉,因此思想家对人类文明的影响是决定性的,但并非所有的思想家都能够对人类社会产生积极的正面作用。比如,像道教、佛教等也具备思想性的特征,且对人类世界也产生了很大影响,但他们那种出世的精神特征更多的却是只能依附于文明,却无法创造开化的文明形态。当然,我们不否认这些出世的思想具有促进伦理发展和正义价值的作用,但毕竟其消极遁世的作为终是不利于人类整体进步的,而且某些宗教的宗派的众多争端也会给人类带来破坏性影响。此外,还有的思想家甚至对人类社会带来了直接的破坏性影响,比如尼采就直接影响了后来的法西斯主义,而阶级斗争思想理论的巨大破坏性教训至今仍然历历在目。因此,人类五千年文明史虽然涌现出许多思想家,但是在众多思想家中,能真正称得上思想家的却是非常稀少,能称得上大思想家、圣人的更是凤毛麟角,而在人类以往历史上能称得上圣人的则唯有孔子和亚里士多德。

孔子和亚里士多德作为东西方各自唯一的圣人,在东西方各自的区域中带领人类形成了东西方文化的两条文明发展主线,而这两条主线在当代社会中又通过交叉汇聚催生了新文明,他们的巨大历史作用可见一斑。不过,两位圣人毕竟也只代表的是那个已经过时的旧文明(包括现代科技文明)时代,而当历史进入到高速发展的新文明时代后,骨干的现实将使得以往的圣人和思想家只能走进历史博物馆。在新文明时代,一切将会发生根本的变化,那些基于旧文明时代圣人和思想家们所带来的传统思想文化虽然还有借鉴的方面,但是其整体上已经落伍于时代,将无法继续适用于当代社会。在这个时代中,新文明的思想文化虽然对旧文明有继承,但更多的是对旧文明思想文化体系上的横断,具有生命力前景的理念将会完全不同以往,人类生存的价值和意义将进行全面更新,认识方式和知识形态需要重构,甚至包括已经取得巨大成就的现代科学体系也需要推倒重建。因此,在新文明时代的思想家必须具有完全彻底变革传统文化的巨大创新能量和勇气,必须敢于从根本上彻底打破以往传统文化的束缚,那些仅仅想通过汲取传统文化人而有所建树的人,最终只会沦为落后于时代要求而成为被淘汰的人,无法成为新时代的弄潮儿,更不可能成为新文明时代的思想家。

2　顺应历史者

顺应历史者是指在政界、科技界、人文社会界、文学艺术界等各行各业中有意执行历史发展方向的杰出人物或社会贤达(能人或干将)。

"带头大哥"有限开创历史后,显然需要在各领域中的杰出人物和社会贤达认可并齐心协力地共同推动,才能最终成就历史,他们在历史上的作用极为突出,如:儒家学派如果没有历史上那些大儒贤人的不懈努力,将无法获得几千年的长足发展。这些人物以政界领袖、人文思想者、科学家、文学艺术家、学术带头人等为主,当然也包括专家、教授、工程师、科技工作者、文艺工作者等相对于上述人物的水平较低者。这儿要特别说一下那些类似于中国历代皇帝、孙中山、斯大林、毛泽东等政界领袖人物,就历史作用来看,这些人物其实不过是某些思想家的思想执行者,比如中国历代皇帝就一直是秉承儒学思想的忠实执行者,他们不过是通过政治权力和暴力机构人为架构了自己的地位而已,但真实的历史地位上谁能比得了孔子？孙中山也是西方人文思想和儒学思想的忠实执行者,而斯大林、毛泽东则明显是马克思主义者的忠实执行者。

3　逆反历史者

逆反历史者是指那些顽固维护旧文化、旧体制的人,或者是偏离了历史发展方向的"领路人"及其拥护者。

顽固维护旧文化、旧体制的人大多都是现有体制中掌握权力的台面人,这些人在其政权刚刚建立时还是有进步作用的,但是一旦发展到一定程度后,就会陷入逆反历史发展趋势的状态。逆反历史者也是历史必然存在的一种现象,主要原因在于两个方面:其一,他们是旧体制的既得利益者,出于维护既得利益的目的,他们将千方百计地维护旧体制而不会自动退出历史舞台;其二,受旧文化体制理念和视野的限制,而难以认清和认可历史发展的新趋势。偏离了历史发展方向的人则主要是那些带领部分群众走向邪路的"领路人",比如法西斯主义者希特勒、墨索里尼等,他们虽然会因为受到某些狂热拥护者的支持而能获得一时的成功,但终因无法获得历史的底蕴而最终失败,他们当然也是逆反历史者。

4　人民群众

人民群众是指普通人群体,他们既是弱势群体,也是盲从者。

创造历史者首先是指开辟历史者,但人民群众主要是指普通人群体,也就是弱势群体,既是弱势群体就不可能有杰出人物或社会贤达,更不可能具有类似于思想家那些带头大哥的远见卓识,否则就不能称之为普通群众。普通群众是难以认清历史发展方向的,在这种前提下,他们又怎么可能开辟历史创造历史?诚然,人民群众的确拥有无限的力量,这些力量被利用好将会成为历史的助力和建设者,但这些力量往往是没有主见的、蛮荒的,他们的唯一目标不过是求生存过得富足一些而已,故他们只能是利益的盲从者,而对人类社会的发展影响具有明显不确定性,特别是在没有"带头大哥"或杰出人物的突变成就引路的话,这些群众力量很可能因为盲从而成为巨大的祸端,正如洪水猛兽如果不能善加利用就会成为灾害一样。因此,"人民群众才是历史的创造者"明显不合逻辑,对此大家可从中国曾有的"贫下中农管理学校"等所带来的各种荒唐可笑的结局就知道了。

时代需要认清宇宙及人类历史的发展趋势,才能卓有成效地推动人类社会健康发展,但目前在儒家文化和西方人文文化以及传统科学文化都已经走向没落和思想界"带头大哥"短缺的情况下,人类似乎又陷入了失范混乱的状态且已经明显体现了这种特征——价值观无所适从,唯利是图成为了人生主要的出发点和动力!但是,宇宙赋予人类的历史毕竟具有滚滚向前的动力,人类社会总会找出正确发展方向的。现在,就是现在,这个正确方向目前已经渐露晨曦,这就是能够给人类带来最大福祉的崭新文明形态——新文明!

新文明是人类最高文明、也是终极文明,是宇宙正向发展规律赋予人类的终极历史使命,也赋予我们21世纪的人类以史上最好的机遇。基于此,作为适应这一终极趋势的新生代的新文明人业已崛起,他们将掀起人类终极事业并启动宇宙第二次巨变,并带给人类能够真正通向彻底摆脱生命体局限性的最后、最好归宿。我们确信,新文明必是人类的终极发展方向,是人类最为辉煌高尚的无可比拟的终极事业,也是能够彻底解决各种问题及危机的唯一途径和时机,适应这个历史发展趋向的将拥有无限前景,反之则注定被历史淘汰。

我们应当承认以往人类历史的接续作用,但生命体诞生 35 亿年以来,无论爬行时代不可一世的恐龙王朝,还是文明时代的圣人、大思想家、大科学家、政治家、军事家等数不清的英雄豪杰,他们均因无法解决生命体局限性的根本问题而最终沦为时代匆匆过客,莫如过眼烟云之草芥。宇宙演化之造化弄人,如今历史已经来到了完全不同以往的新文明时代,这是人类之终极时代之终极时遇,这个时代将同样会涌现出一大批大思想家、大科学家、大社会活动家、极限技术专家工程师,但他们却是能够从根本上能够彻底解决生命体之局限性和人类各种根本问题之最后巨擘,这显然是以往任何时代和任何人都无法比拟的。

惜生命演化数亿万年之往矣,风流唯看今朝!

卷三　新文明乌托邦

乌托邦理念诞生后已经在地球游荡了整整 500 年，但始终没有找到它最好的落脚点，直到 500 年后的今天，在新文明时代降临之际，乌托邦终于找到最好的归宿，这就是新文明乌托邦。新文明乌托邦是新文明时代及人类最先进技术与乌托邦精魂相结合的产物，也是宇宙演化到人类最后阶段的必然趋势。

新文明时代为乌托邦的实现带来了最佳机遇。乌托邦社会主义主要通过经济制度推行乌托邦体制，马克思社会主义主要以政治和国家力量维护乌托邦体制，但他们都因为工业时代所提供的动力和条件不足而最终夭折。而新文明乌托邦完全不同，他主要是基于一种强劲的先天自然基础而为，是通过新文明时代所带来的人类最先进技术和文化而全面展开的。因此，文明乌托邦是顺应人类社会发展的自然性而产生，他是以人类的最大生存利益为最高目标，乌托邦体制只是用来服务于这个最高目标的体制，这就从基础方面保证了乌托邦的真正实现。

新文明乌托邦的实质就是新文明社会，它是由新文明人构

图11　新文明乌托邦

成的一种全面崭新而又先进的新型社会形态,也是人类最后、最为高级的社会形态。但新文明社会只是人类的最后社会形态,却不是最后的社会形态,因为新文明社会后,人类将步入完全超越自己的超生类社会(非生命体社会)。新文明社会是由人类社会向未来的超生类社会过渡的过渡性社会形态,也是由生命体社会向非生命体(超生类社会)过渡的过渡性社会。新文明社会是宇宙正向演化发展和生命体演化的必然趋势,是基于新文明文化和人类终极事业(参阅本书卷五)而产生的全新超越性先进社会形态。相对于人类而言,如果说未来的超生类社会是天国的话,那么,新文明乌托邦就是通往这个天国的最后过堂和天梯。新文明乌托邦的使命在于,新文明人将通过人类终极事业撬动宇宙第二次巨变,新文明乌托邦作为人类的最高社会存在形态将屹立于世界之巅峰。

一　新文明乌托邦应运而生

新文明乌托邦（新文明社会）既是新文明时代的合理及理想社会形态，也是人类向更高级社会过渡的天梯。

1　新文明乌托邦是过渡性社会形态

基于宇宙正向演化的规律和生命体不断超越自身的演化趋势，作为目前宇宙最高生命存在的人类必将最终会突破生命体本身的局限性，而最终向超越生命体的社会形态（超生类社会形态）过渡。这就是生命体演化必然要发生的人类终极事业，而这个事业的核心就是 THSP 工程（参阅本书卷五）。建立新文明社会的主要目的是为了创造人类的最大生存利益，而就人类现状和发展趋势以及技术可能性而言，THSP 工程必将成为谋求人类最大生存利益的最直接、最现实途径。

THSP 工程显然具有不同凡响的重大意义，而考虑到任何事物都有负面作用，我们对于这项生命史上最为巨大工程的使用会更为谨慎。为了避免 THSP 工程对人类社会造成巨大的硬性冲击，使负面作用降低到最低限度，以便人类社会能够与未来的超生类社会良性衔接起来，为了人类社会能够自然健康地向这个更为高级的全新社会过渡，人类社会还应在人类社会和超生类社会之间建立一个缓冲社会——由新文明人构成的新文明社会。

新文明社会的诞生意味着人类社会乃至整个生命体社会的质变，这必将掀起宇宙诞生以来的宇宙第二次巨变，具有非常巨大的意义。作为过渡性社会,有助于人类社会全方面接续未来超生类社会,织造与时俱进的与时代相适应的新型社会规范、社会生存意义和价值、伦理道德规范、法律制度;有助于协作以 THSP 工程为核心的人类终极事业;有助于缔造弘扬新文明的人文社会价值和意义。经过新文明社会熏陶和培训的新文明人,才能够做好由人类向超生类过渡的身体和心理上的充分准备。如果说 THSP 工程势在必行,那么,新文明社会也必须早日建立,两者密不可分、缺一不可。

新文明社会也有助于根本上应对人类社会各种危机日益严峻的迫切形势。人类社会发展至今,社会危机、自然环境危机等日趋严重,而这些危机根本上是基于人类生老病死规律的生物特性而产生。但从基本情况分析,人类至今还没有能够根本上解决这些危机的有效途径,这将使在生命体状态下的人类最终无法自行解决这些危机。唯一的途径,就是彻底摆脱人类的生命体束缚,而能够做到这一点的只能是将人类自我精神置换到超生命体的 THSP工程,只能是人类终极事业,只能是新文明社会。

2 乌托邦体制适用于新文明社会

由于人类社会的飞速发展,新文明社会的存在可能很短暂,或将迅速过渡到超生类社会,但是为了应对人类社会向更为高级的社会形态过渡,作为这种过渡的铺垫,新文明社会是必然要建立的,这就使得新文明社会的社会形态显得很特别。由于涉及对人类社会的根本性超越,新文明社会的体制构建必将是一个非常慎重的课题。综合各种情况和历史经验分析,新文明社会采取类似于"乌托邦"的体制将相对比较合理现实。

2.1 新文明乌托邦是新文明社会的理想方式

新文明社会作为向未来的超生类社会过渡的社会基础是必须要建立的,问题首先在于:我们要建立的这个新文明社会到底是一个什么形态的社会才能更有效、更合理? 托马斯·莫尔于 1516 年在《乌托邦》给我们提出了一个很好的借鉴。"乌托邦"的这种制度本来具有许多非常合理而现实的因素,但在以往的历次社会实践中都没有成功,主要原因除了现实条件不充分和实现方式不合适之外,最重要的一点是由于其没有找到很好的结合点。如今看来,这个结合点将会在新文明社会中找到,这个主要集中在其中的一个方面上:"乌托邦"体制具有明显的统一协作性,这对新文明社会来说具有重大意义。因为作为新文明核心的人类终极事业需要大规模的统一协作,"乌托邦"体制用于新文明恰如其分,可称之为"统一协作体制",或称之为新文明"乌托邦"。主要有如下几个原因。

（1）统一协作体制有利于集中力量做大事情

统一协作体制可以比较高效地调配人力和资源,这一点在很多原公有制社会主义大国中得到很好的体现,而 THSP 工程及其相应的新文明乌托邦建设更是一个巨大无比的人文合作工程,要完成这样一个工程就需要高效的统一协作体制和合作精神。

（2）有利于统一管理规划

统一协作体制可以很好地统筹新文明社会的全面健康发展,有利于协调与人类社会的合作与交流,能够有效地避免 TH-SP 工程对人类社会的巨大冲击,能够使负面作用降低到最低点。

（3）公有制能够顺利衔接未来的超生类社会

由于 THSP 工程可以置换自我精神的载体，THSP 后的超生类因此可以无限制地延长寿命，并且不再受食物资源、空气、温度等环境的制约，而生存能力上会得到无限制的延展。这样，未来的超生类的生存意义集中在发展自己、提高生存质量、优化宇宙环境、维护自身生存等方面上，这将使资产、财富等市场要素将等逐渐失去意义。超生类社会将采取一种超越市场经济的更为高级的经济制度，市场经济将不复存在。而"乌托邦"体制采取的也是非市场经济的公有制，这就使得新文明社会的"乌托邦"体制为向超生类社会的过渡做了很好的铺垫。

2.2　新文明乌托邦克服了原有"乌托邦"的缺陷

莫尔的"乌托邦"是出于对私有制的反叛而构思的，很多方面的设想的确也很美好，其公有制设想也具有许多比私有制合理而积极的因素。事实上，资本主义世界的私有制也的确给我们带来深重的血与火的教训，资本主义所到之处到处都充满了战争、掠夺、不公平、不合理，两次世界大战给人类带来惨绝人寰的灾难是资本主义私有制难辞其咎的。问题在于，在经过了大量不懈的努力和奋斗后，包括科学社会主义在内的数不清的"乌托邦"社会实践为何都最终走向失败或式微哪？而看起来不合理、不公平的资本主义私有制世界却仍然非常强大地巍然屹立在地球之巅哪？

"不识庐山真面目，只缘身在此山中"，要看清楚这一切，就必须跳出已日薄西山的现代工业社会的圈子，"会当凌绝顶，一览众山小"，站在新文明的角度，使这个问题有了确切的答案。主要原因在于，除了整体上脱离当时的社会现实外，人类目前为止所尝试的公有制还有三个致命缺陷没有解决好：其一，他们都把自己的理想社会看作最终最高的目标,这就把人类推向了没有新出路的终结性"死水潭",这必将使人类最终失去兴趣而缺乏为之奋斗的根本性动力;其二,以往乌托邦都没有很好地发挥人类的利益原则,使之不能有效地发挥作为人类最大驱动力的自私性和个性,从而不能在公有制中充分调动积极性;其三,理念和技术落后,不能起到前沿引领作用。而这三个方面的缺陷在新文明社会中将会得到根本解决。

（1）新文明乌托邦不是最高的社会形态,而只是过渡性社会

新文明社会不是最后的社会形态,而是一个向更为高级的社会形态过渡的过渡性社会。新文明社会后,人类社会将质跃为超生类社会,并且这全新型的社会也不是最后的社会形态,而是将在一个更高层面的生存意义中继续演化并不断走向高级,这就给人类展现了无限广阔的前景。

（2）新文明给乌托邦提供了最强大的动力系统,能最大程度调动积极性

由于以往公有制与人类个性私利存在对立状态,造成了体制内成员对发展乌托邦的动力严重不足,这是以往乌托邦不能成功的根本原因。与此相反,新文明的最高目标是彻底解决一直困住人类的生老病死的基本问题,使人类能够彻底摆脱生命体的局限性束缚,实现健康长生乃至永生,这是人类梦寐以求的最高利益。很显然,这个目标将会带来人类史上最强大的动力系统,将从根本性上满足人们的最大生存私利,从而能够充分调动人们的工作积极性,而为乌托邦注入了无限活力,彻底地解决了乌托邦动力严重不足的问题。

（3）新文明乌托邦掌握人类最先进理念和人类最高技术

新文明意识形态本身就明显具备时代前沿性,其统一信息论

对包括科学、哲学、宗教等人类以往的认知方式和理念的全面超越，也说明了新文明乌托邦将是时代先进理念的策源地。THSP等人类极限技术无疑是人类的最高技术，这些技术在人类社会中具有至高无上地位，因为正是基于这些技术，人类才撬动了宇宙第二次巨变。

新文明给乌托邦提供了最强大的动力系统是新文明乌托邦能够成功的根本原因。人类首先是一个生物存在，具有趋利避害的基本需求，从这个意义上讲，人类是一个具有自私本性的动物，这是人性的核心问题。人类社会应充分认识到这个问题并尊重人类个性私利，采取积极措施以最大程度地满足人们个性私利等基本需求，平衡社会需求上的矛盾，这样一个社会才是真正合理健康的人性社会。然而，人类以往在对"乌托邦"的认识上存在很大偏差，他们往往在看到了公有制美好一面的同时，也把私有制看作了万恶之源，进而甚至提出要从根本上消除人类的私心。于是，有了绝对平均主义的、斯巴达式的共产主义、马克思的共产主义，有了人民公社化运动、大跃进运动、跑步进入共产主义运动，甚至有了巴黎公社、前社会主义国家，等等。社会主义这些运动违逆了人类的本性，其政治权力的追逐和斗争以及对人性的泯灭摧残，也带来了巨大的人为的负面作用和社会灾难，导致了人类对"乌托邦"的普遍厌恶反感，致使所有这些运动都最终像"乌托邦"的字面意义那样走向失败与破产。与此同时，所谓的帝国主义、资本主义等私有制经济不仅没有像他们所预料的那样走向垂死灭亡，反而是更加蒸蒸日上，就连中国等许多前社会主义国家，也是在基本制度上采取了市场经济等许多私有制制度，才获得了更好的发展。造成这种现象的根本原因正是因为公有制虽然具有公平合理性，但由于在社会主义的运行过程中存在严重扼杀人类个性和基本私利等人性化需求等问题,而无法通过调动并发挥人类的个性和自私心来推动社会自然健康地向前发展。相反,资本主义私有制的张扬虽然存在不合理性,但由于他们在制度上迎合了人类个性和基本私利等符合人性化需求的因素,仅此一点就足以充分调动人们的积极性。

个性私心诉求是发展的基本驱动力,而人类以前往往把个性私心归结为财富、权力、名利等,但其实人类还有更大的驱动力,这就是生存需求。事实上,由于人类总是深受生命体生老病死规律的制约,人类的最大个性私利和最高需求莫过于生存需求了,任何一种社会只要能够最大程度满足人类的生存需求,那么必将最大程度调动人们的积极性。由 THSP 研究会所倡导的新文明将会充分认识到这个问题的重要性,认识到了生老病死问题对人类基本生存需求的至关重要性,而其所集中推进的 THSP 工程就是用于彻底解决这种生存需求问题的,以此将会从根本上最大程度地满足人类这种基本私心需求。其中,作为 THSP 工程之一的长生工程,将在新文明"乌托邦"普遍推广使用,并有希望通过 THSP 工程无限延长人类的寿命。新文明社会的最终目标是要人类超越生命体并摆脱生命体生老病死规律的约束,从而实现长生乃至永生的目标,而人类技术高速发展的趋势,已经使这一目标积累了可实现的现实性力量。人类的生物生存本性,决定了这个现实性目标应是人类梦寐以求的第一目标,彻底解决这个问题可以从根本上满足人们的最大生存私利,由此必将最大限度地调动人们参与新文明的积极性。

新文明所提倡的基本生存私利需求是人类发展的第一驱动力,以此彻底解决了公有制驱动力不足的问题。新文明乌托邦同样采取公有制,但这种公有制不是为了消除人类的自私心,恰恰相反,而是为了最大限度地更健康更合理地满足人的基本生存私利需求,而且这种基本生存私利比市场经济和私有制更能调动人们的积极性。这一点是和以往所有公有制是根本不同的,因为这种公有制能够更好地满足人类的生存愿望,因而将会通过发挥人类的私心而全面调动人类积极性。在新文明社会中,之所以采取"乌托邦"公有制正是为了最大限度地满足人们的基本私利,反过来也是一样。"乌托邦"的美妙将在新文明社会中获得最好的落脚点,而新文明也必将因为"乌托邦"而成就其最终的辉煌。可以肯定,新文明社会所展现的前景是符合绝大多数人的根本利益和基本愿望的,是人类可以值得为之共同奋斗的终极目标,新文明社会因此也必将能够汇聚人类为之奋斗的巨大动力。实际上,如果一种社会构想符合大部分人的理想且具有现实性,那么其最终实现应当是不可避免的,而新文明社会因为完全摆脱了以往"乌托邦"的基本缺陷,而将使其具有较强的现实合理性。因此,"乌托邦"实现的最佳方式将是新文明乌托邦。

新文明与乌托邦的结合是人类发展到终极时代的绝配。新文明是实质、是核心,是人类整体质变的根本;乌托邦是形式、是体制,是人类实现 THSP 工程的体制工具。新文明的人类终极事业可以通过 THSP 工程使人类获得彻底克服生命体生老病死局限性的最大生存利益,这是人类基于本性而梦寐以求的最高利益,基于此的奋斗目标必然会给乌托邦带来了最强大的动力系统,从而使乌托邦获得巨大活力而获得重生,乌托邦失去新文明将无法生存;而乌托邦也为人类终极事业的实现提供了最佳的体制制度保障,有利于新文明人统一协作 THSP 工程,以促使人类高效地完成超越整个生命界的质变并过渡到未来的更为高级的超生类社会。

"乌托邦"因新文明而获得重生的巨大活力,但终究是否获得重生,还要看人类对新文明的认识度如何。"乌托邦"不是新文明的最终目标,而是新文明用来为实现终极事业提供效率和制度保障的体制工具,这一点是需要首先明确的。

二　新文明乌托邦图景

新文明乌托邦的建设将基于现实条件或创造条件,他作为人类最为先进前沿的社会存在承担着为人类开辟更加美好新天地的重责,他仍然需要在精神和物质上进行互通有无的交流,需要人类的全面支持和帮助。因此,新文明乌托邦虽然在很大程度上需要保持他的一个相对性,并以新文明的新颖和先进面貌展现给世人,但他却不能孤立于国家和社会之外,这就决定了新文明乌托邦仍然属于人类的社会范畴,是一个能够不断缔造先进的社会人文价值意义和强大研发能力的社区。

1　新文明乌托邦概况

新文明乌托邦的建设将基于现实条件或创造条件,不能孤立于国家和社会之外,它在很大程度上是一个相对独立的社会,它将以新文明的新颖和先进面貌展现给世人。新文明乌托邦应当具有人类一切美好而又现实合理的因素,主要体现在以下几个方面。

1.1　社会性质

新文明乌托邦是一个相对独立的统一协作组织,是人类先进

图12 新文明乌托邦图景

理念的织造中心和先锋技术的制高点,不具备国家属性。由于最大程度地调动了人的积极性,新文明乌托邦不需要暴力机关,它是一个无政府组织。新文明乌托邦最理想的方式应当是由新文明人自发构建一个相对独立的区域,有自己独立的协调管理机构,这样将能够保证新文明文化和人类终极事业的建设不受外界干涉,使之快速而自然健康地高效推进。但考虑到人类社会的复杂性和紧密联系性,新文明乌托邦将会始终保持和国际社会的紧密联系和资源交流。基于此,新文明社会的存在方式目前较为现实的可能性应当是通过国际合作而构建新文明国际合作组织,这将使之处于国际社会的监督和协作中。

1.2 地理区域

新文明乌托邦的地理区域主要由核心区域和外延区域构成。新文明乌托邦的核心区域是一个极具前景和未来感风格的先锋小

图13 新文明乌托邦的主题建筑图景

镇,他是一个融合各种前沿设计理念和先进设备及技术于一体的先锋建筑群,这样做的目的主要是为了能够最大发挥新文明的前沿先锋理念和先进技术功能,并能够与外围人类社会进行高效的互动及资源交流。核心区域是新文明乌托邦生存的物质文化空间,预计占地面积约为50—100万平方米左右(如图13)。

新文明乌托邦需要与外界保持高效的交流联系,故其必须要有高效的外缘链接方式和衔接区域。外延区域主要就是通过与外围社会密切联系所形成的国际合作网络,新文明人可以生活在核心社区以外,但要遵守新文明乌托邦的各项制度。

1.3 基础建设

新文明乌托邦社区的基础建设主要彰显新文明前沿先进性和THSP工程的研发2个方面功能,同时要有工作、学习、生活、文化娱乐、交通等相对完善的现代化配套。

新文明乌托邦的主题建筑设施是 THSP 工程研发宫。该研发宫将配备 THSP 技术研究院、主体程序实验室、高灵敏计算机研发室、THSP 载体研制室、计算机数据中心、THSP 理工学院,等等一系列紧密相连的高科技研发建筑群落。新文明乌托邦还将根据极限技术的研发进程,适时配备完全能源技术、自由航天技术、物质织造技术、微观视角技术等方面的专属研究室。

在人文社会生活方面。新文明乌托邦将配备新文明理论研究、宣传论坛、出版社、期刊等方面的专属机构。配备高标准的文化娱乐设施、体育健身场所、公共食堂、医院、超市、管理机关等构成。此外,乌托邦社区还应在经济、文化、资源、医疗等方面与外界社会有相对完善的沟通渠道。

1.4　人口构成

新文明乌托邦全部由赞成新文明理念和致力于人类终极事业的新文明人构成。人口结构合理,各类人才齐备,男女比例大致相等,年龄不受限制。但新文明乌托邦人口必须能够保证区域内人员发挥最大高效,故核心区域人口数量必须有所限制。预计:在 THSP 工程完全研制成功之前的约 30 年内,其核心区域人口不应超过 3000 人。为了做好这个问题,新文明乌托邦需要建立相对严格的遴选和淘汰制度及机构,以控制人口数量和质量。新文明乌托邦原则上不接受家庭整体介入,但允许在其中组建家庭。

1.5　社会制度

新文明乌托邦应主要体现其研发功能和织造新文明社会意义及价值的功能,在此基础上要高度体现该社会制度的人文合理性,主要表现为:公有制;公平合理,和谐统一;人人平等,没有压迫。

这是新文明乌托邦的社会制度的主要特征。此外,还将充分体现以下原则:两性关系纯粹,婚姻形式自主;保护个人私利;制度先进健全,实行民主;遵守所在国或地区的法律制度。

特别强调:新文明乌托邦的 THSP 长生工程的将最终有助于实现体外生殖技术,这将彻底解放妇女,使男女平等成为真正的现实。

1.6　文化生活

新文明乌托邦将会通过高新技术和社会捐助等方式,确保新文明人的生活收入富裕,以使区域内居民安居乐业。新文明乌托邦配有先进的文化娱乐设施和体育健身设施,来保证人们丰富多样的文化生活。在精神生活层面,新文明乌托邦制度确保人们在没有压迫,保障人们对自由民主、个性自我张扬、爱情自由幸福的追求。

THSP 长生工程将在很大程度上满足人类的最大生存利益,THSP 技术也将逐步取代传统医疗手段,能够真正实现长生而安康,这将极大缓解人类的生存压力,这将足以使人类徜徉在幸福生活中。新文明人将是非常自信、自豪、超然的自在群体。

1.7　社会资源

新文明乌托邦的各种社会资源主要由新文明人自行创造,他们可以通过用自己的高新技术所创造的资财与外界进行资源交换获得社会财富和各种资源配置,但财富归集体公有,各个部门的资源分配方面体现按需分配制度。新文明乌托邦还可以通过接纳外来的捐助获取资源。

1.8　宇宙纪元历法

新文明乌托邦将采取最为合理的宇宙纪元历法。宇宙纪元历法是以宇宙诞生时的时间原点进行纪元的历法。由于宇宙诞生时，时间也同时诞生，因此也可称之为时间纪元历法。新文明人认为，宇宙起源于 138 亿年前的第一个极限粒子的诞生，这个极限粒子的诞生用去了宇宙最小时间 5.39121×10^{-44} 秒，这个最小时间的出现标志着时间的诞生。宇宙纪元历法所采取的就是以宇宙第一个极限粒子和第一个最小时间的同时诞生为时间起点，然后以地球人的时间计算单位进行计算的历法。

宇宙纪元历法将每个地球年记作"宇宙纪元 138＊＊＊＊＊＊＊＊年"（或 U.C. 138＊＊＊＊＊＊＊＊，U.C. 为英文 Universe Calendar 的缩写）。新文明人将从新文明乌托邦诞生起开始实行宇宙纪元历法。NCICO 以宇宙和时间诞生时的第一个地球年作为宇宙纪元 1 年，公元后的各个地球年目前暂时记作宇宙纪元 138XN 年。138XN 为数字排列方式：138 排列于百亿位到亿位；X 为时间原点到公元 1 年的间隔年数字（精确到万位即可），排列于千万位到万位；N 为公元后纪年数字，排列于千位到个位。这是一种暂时的纪元方法，待精密计算确定 X 后，将舍弃公元成分，而直接记作"宇宙纪元 138＊＊＊＊＊＊＊＊年"。

宇宙纪元历法根据宇宙的时间原点推导而出，而时间原点是根据科学所发现的宇宙膨胀、宇宙微波背景辐射、氦丰度、最新的宇宙年龄测定等得出的结论，宇宙纪元历法具有充分的客观依据。宇宙纪元历法是用时间自身来计算时间的历法，能够直接标明宇宙诞生后的时间延续长度，虽然该历法现在还难以做到十分精确，但是以时间原点进行历法计算的方法方式无疑最为合理。在全球化时代，宇宙纪元历法有利于全方位协调宇宙和地球的整体开发，同时给人类进军宇宙提供了极大便利。宇宙纪元历法的实施摒弃了人类以往基于各种人为事件进行纪元的带有主观功利性色彩的陋习,表明了新文明人以大宇宙的胸怀彻底走向了追求绝对客观性的道路,也表明了新文明人誓言人类终极事业的决心和敢于直面宇宙的勇气,该历法的实施意味着新文明及其人类终极事业被纳入了正轨。

新文明乌托邦的构造将非常合理,其突出特点应体现在缔造新文明社会的人文价值和生存意义以及卓有成效的研发功能等方面。这将是一个现实版的美丽而又人性化的"世外桃源",是一个符合人性而具有现实合理性的社会。但新文明乌托邦是一个崭新的社会形态,其上述构建设想必然要经受各种实践检验和不断改善。

2　实现方式

新文明社会是基于人类演化的自然趋势,也不是作为国度而存在,因此,新文明乌托邦不需要通过推倒旧世界的革命或暴力方式来建立新世界,新文明社会完全可以在信息时代通过协作融通的方式建立起来。新文明乌托邦体制是基于人类社会发展的需要而提出的一种理论构想,要完全实现就需要非常合理现实的方式和渠道。而就现实情况而言,新文明社会的实现将有以下几种方式和渠道。

2.1　新文明人自发构建

是指新文明社会形态由新文明人自行合作构建,社区内所有设施和资财都是由新文明人通过协作而自行创造。其社会全部收入来自于新文明人集体所有的经济实体,并用这些收入独立推进THSP工程研发。这是一种基于国际合作的自然方式,也是一种自力更生的方式。新文明人自发构建的方式非常有利于 THSP 工程研发和向未来社会过渡,但所有需求都需要大家通过自己亲身劳动来获取资源,使之也存在延缓进程的不利因素。

2.2 资本赞助体制

资本赞助体制就是通过资本赞助的方式,进行资源配置,集中调动人力资源和技术资源,专门进行 THSP 工程的研究。资本赞助体制同样要以构建新文明乌托邦(新文明社会)为目标,并且要在新文明国际合作组织框架内进行组建,这样做的目的主要是为了防止财富驱动力偏离新文明的终极目标,以确保新文明方向和THSP 工程推进得到最大保障。这样做法不需要进行大规模的基础建设配套,见效快,具有短期效应。缺点是:THSP 工程很容易沦为资本附属和市场手段盈利手段,会对新文明社会的健康形成具有较大的负面作用。

2.3 政府支持体制

政府支持体制就是在政府的支持下进行新文明社会的构建和THSP 工程的研制。这种方式不如市场赞助体制见效快而直接,但在举国支持 THSP 工程下,也可能会收到意想不到的效果。不过,这种方式也容易受到国家制度和体制的影响,容易走偏路,且一般情况下很难获得政府的全面支持。另外,THSP 工程的研制将可能最终造成国家之间的不平衡而引发国际争端。

2.4 成立新文明基金会

综合各种因素及现状分析,我们最终发现,基金会的方式有可能是实现新文明的最佳实体机构和最有成效的途径。

（1）基金会比较契合新文明及其 THSP 工程

新文明的实质核心就是 THSP 工程的研发,这是一个纯粹研究性的巨大科研工程,该工程在一个相当长的时间内是不能进行商业运作的。因此,新文明需要在具有公益性质的非营利机构中才能得到很好的推进,而基金会是指利用自然人、法人或者其他组织捐赠的财产,以从事公益事业为目的,按照条例规定成立的非营利性法人。根据中国《基金会管理条例》规定,基金会必须在民政部门登记方能合法运作,就其性质而言是一种民间非营利组织。显然,基金会的特征比较契合新文明。

（2）基金会能够使 THSP 工程研发一步到位

即便是在中国,注册基金会也已经比原来简单了许多,注册政策有了很大改进。2016 年 4 月份,北京的民政部门就宣布:取消基金会分支机构、代表机构设立、变更、注销登记的行政审批项目。这就为基金会下设新文明乌托邦和 THSP 工程研发机构提供了非常好的便利条件,也就是说所有在基金会分支机构的科研人员和工作人员都可以基金会工作人员的名义进行新文明的推进工作。新文明基金会无疑就是一个实现了按需分配的乌托邦,不仅满足了新文明对社会组织方式的需求,而且因为彻底解决了他们在生活和工作方面的后顾之忧,能够最大限度地调动他们的积极性,加速推进 THSP 工程。

（3）基金会可通过投资实现增值,以保障新文明的资金来源

新文明需要有稳定的资金来源,但我们不能指望这个来源每年都有稳定的渠道,也不能把希望寄托于我们自己开办实业公司等方面,因为开办实业公司既有不稳定性的风险,也会浪费大量的时间和精力。在这种情况下,成立基金会是新文明目前最具有可行性的渠道。根据《基金会管理条例》的规定,除开公益支出和运

营成本的部分,都可以进行投资。据了解,清华大学教育基金会主要是分三类模式进行投资:一是理财性质的投资,买一些银行的理财产品;二是证券类,如股票和增发配售等;还有一些长期的投资,比如物业资产。可见,基金会的投资理财具有合法多样化的特征,而这些投资相比自行搞实业公司的风险要小很多,只要投资措施得当,还可以实现对基金会原始基金的保值、甚至升值。

基金会如果在西方注册成立,那么其对捐助者自身利益的保障更容易体现。美国关于慈善基金的法律规定,每年只要将总资产的 5% 用于捐赠,就可以使整个基金会获得减免税收的好处,而剩下的 95% 可以用来投资,这显然是一种更好的赚钱手段,可使慈善本金不断放大,从而滚动增值(我们可以考虑在西方注册基金会)。2003 年,盖茨基金会以 268 亿美元的资本获得了高达 39 亿美元的投资报酬,利润率高达 15% 左右。

(4) 基金会可以保障捐助者的自身利益,为富豪们所乐于接受

基金会并非纯粹的慈善性质,由于基金会为捐助者所掌握,因此捐助者可以通过基金会保证自身乃至后代的利益,他们根据捐助份额确定任职工资和捐助公益事业的比例。比如,如果基金会规定捐助用于 THSP 工程研发的比例是 30% 的话,那么,基金会应当保证 1000 万捐助者的相当于 700 万资金的自身利益,这些利益可以通过捐助者在基金会任职的工资和其他形式予以保障。此外,基金会还可以聘请最好的职业经理人进行操盘以实现每个捐助者利益的最大化。再者,参与成立和捐助基金会也有利于提升企业家的社会形象。所有这些,都是为富豪们所乐于接受的。

西方捐助基金会、操控基金会的实权永远在这些捐助者及其后代手里,基金会就是保护这些世代金融家族永享富贵的永恒载

体,历史上耳熟能详的著名国际富豪们的万年家族——如罗斯切尔德世家、摩根世家、洛克菲勒世家,就是这样形成的。

（5）基金会注册相对简便易行

基金会分公募基金会和非公募基金会,中国《基金会管理条例》鼓励成立非公募基金会。根据条例:全国性公募基金会的原始基金不低于 800 万元人民币,地方性公募基金会的原始基金不低于 400 万元人民币,而非公募基金会的原始基金只需要不低于 200 万元人民币即可（原始基金必须为到账货币资金）。因此,成立非公募基金门槛较低。但民间公益机构的注册还需要到民政部门作为登记注册单位,并需要相应的政府部门作为业务主管单位,这是非公墓基金的主要难点,不过根据最新的政策,一些地区目前不需要再找业务主管单位。非公募基金会数量增长迅速,主要原因在于政策推动和《企业所得税法》的实施提高了企业发生的公益性捐赠支出免税比例等。这些都说明了基金会注册相对简便易行。另外,即便国内基金会无法注册,我们还可以到香港、美国等境外注册,使之成为一个国际性的基金会,这样或许应该更有前景。

（6）成立基金会具有较高的可行性

从目前来看,能够推动新文明的实体组织结构有自发构建、成立基金会、商业模式、政府支持 4 种模式,下面将分别就可能性、风险系数、见效程度 3 个方面进行四个等级的分析综合,以确定这四种实体结构的可行性。

图 14 显示,成立基金会的综合得分最高,可行性明显最高,政府支持的可行性次之,其他实体组织的可行性最低,但由于政府支持还存在一个可能性最低的情况,故基本可以将此排除在外。因此,新文明目前所应该采取的最佳方式是基金会,其次再考虑商业

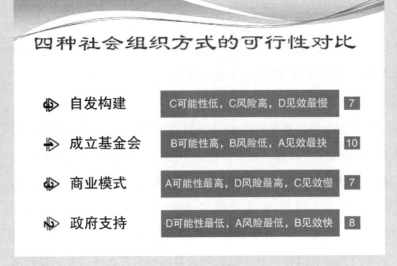

图14 新文明实现方式的可行性

模式和自发构建,这应该是新文明目前最基本的战略思路。

(7) 鼓励新文明人"裸捐",有助于基金会尽快筹集资本

"裸捐"就是把特定范围的个人资产全部捐出来。但"裸捐"不是说将自己捐了个精光,首先基本的生活保障还是需要留下的。另外,第(4)部分已经说得很清楚,基金会对捐助者是有利益保障的,西方基金会甚至是捐助者永享富贵的永恒载体。许多人赞美盖茨将自己名下的580亿美元全部捐给梅林达·盖茨基金会,认为是"以最能够产生正面影响的方法回馈社会"的慈善精神,但这其实是一种曲解,实际情况是:盖茨通过基金会反而更好地确保了自身及其后代的富贵荣华。

新文明基金会如果在国内成立,虽然难以像盖茨基金会那样给捐助者带来那么大的利益,但也会根据捐助比例的大小,对"裸捐"者给予必要的利益保障,这样,就会使得新文明事业和捐助个人利用获得双赢。另外,提倡"裸捐"将会使新文明基金会获得更

广泛的资金来源(不仅是富豪),且必将能够赋予裸捐者以巨大的新文明精神动力,这必将加速推进新文明及其 THSP 工程。

3　新文明乌托邦与传统乌托邦的区别

新文明社会虽然采取乌托邦体制,与乌托邦主义和共产主义(科学社会主义)一样,在制度上都采取公有制,主张人人平等,没有压迫,相对公平合理,但新文明社会与乌托邦主义和共产主义等传统乌托邦构想在本质上却是有根本性区别的。

(1)社会制度不一致

共产主义和莫尔乌托邦主义的公有制是全面的,这种公有制甚至占有个人私利;新文明社会只在生产资料和产权方面实行公有制,保护个人私利不受侵犯。共产主义和乌托邦社会主义采取按需分配制度;新文明社会采取按能分配的制度。

(2)终极目标不一致

共产主义把社会主义当作过渡社会形态,共产主义社会是最高目标,其最高目标仅仅落实在共产主义制度上,共产主义也是终极目标;新文明把"乌托邦"(或通常说的共产主义)当作过渡社会形态,实现人类终极事业(创造最大生存利益)为最高目标,"乌托邦"制度仅仅是一种配置性措施,超生类社会才是终极目标。

(3)人文取向不一致

共产主义和社会主义的公有制压制反对追求个人私利,甚至要从根本上消除人类的私利或私心,按需分配不利于选拔人才和张扬个性;新文明社会公有制保障个人私利,按能分配有助于促进个人能力进步和张扬个性,有助于高效地推动人类终极事业,使之最大限度地满足人们对生存私利的需求。

（4）道德观念不一致

共产主义和乌托邦主义的道德观念主张集体主义原则，资本主义的道德观念主张个人主义；新文明社会的道德观念主张协作谋利（协作主义）原则。新文明社会既反对公而忘私的集体主义，也反对那种单纯为了生存长生而不计其余，以及其他私谋既得利益的个人主义。

由此可以看出，乌托邦主义和共产主义社会没有本质上的区别，他们在制度上和目标上以及压制个人私利的态度等方面基本一致。而新文明社会则与其有着很大区别，人性化程度更高。新文明乌托邦不再是以前社会主义所实践的那种苦行僧的生活，而是使其文化生活不仅丰富多彩且极具先进前沿意义。新文明社会不是共产主义社会，也不是莫尔的"乌托邦"，而是具有当代意义的新式文明"乌托邦"。一句话，新文明乌托邦是为新文明而乌托邦，而其他乌托邦是为了乌托邦而乌托邦。

新文明乌托邦具有不同以往"乌托邦"的现实合理性，有望在短时间内建成，主要是基于这样一个根本原因——新文明能通过THSP工程满足人的最大生存利益，为乌托邦提供强大的动力系统，足够使得任何其他个人私利被纳入"乌托邦"体制中，这就完全避免了在以往各种"乌托邦"实践中纯粹以制度为实现目标的人为性，使之符合自然人性法则。

新文明社会（或称之为新文明乌托邦）只是在体制上采取"乌托邦"方式，而不是以实现"乌托邦"社会为目标，在理念和时代内容等很多方面也与莫尔的"乌托邦"有根本性的区别。新文明社会的"乌托邦"体制不是终极性的，而只是过渡性的，是为了向更为高级的超生类社会过渡而做的基础和铺垫。新文明"乌托邦"完全失去了原有意义上的空想性，它被赋予了最先进、最前沿的新时代内容。

三 新文明乌托邦行动体系

新文明乌托邦向我们展示了绚丽的前景,但所有这一切都需要建立高效的行动体系才能得以落实,为此我们需要建立新文明乌托邦大会及其作为执行机构的新文明国际合作组织,征集志愿者共同构建新文明乌托邦。

1 新文明乌托邦大会

新文明如此宏大事业,必须有智慧、精华、高效、先进、前沿的群策人力才能驱动,为此需要建立新文明乌托邦大会。新文明乌托邦大会是新文明事业的最高决策机构,全球新文明乌托邦大会的召开必将昭示人类推动新文明运动的决心。这一划时代的会议应该于 2016 年在《乌托邦》的作者托马斯·莫尔的故乡伦敦或者现代人文主义思潮发源地的欧洲腹地举行,该年恰逢《乌托邦》出版 500 周年。新文明乌托邦大会具有双重意义,此次大会首先代表是新文明事业全面开展的划时代标志,也是新文明人对莫尔发表《乌托邦》500 周年的最高纪念。新文明乌托邦大会的成功召开,将意味着乌托邦的公平正义精神在被赋予新文明意义后重新回归其最现实的归宿,同时也赋予了新文明以最好的实现方式,而新文明事业需要等到新文明乌托邦大会的成功召开才能全面展开。

历史往往有惊人的巧合。莫尔的《乌托邦》发表在 1516 年,整整 500 年后今天,人类将以全面先进的崭新形式实践莫尔的"乌托邦"梦想。这样,或许在《乌托邦》发表 500 周年的 2016 年之际,当新文明乌托邦大会顺利召开之际,一个真正合理现实且无限辉煌的"乌托邦"新文明社会将矗立在地球之巅。

2　新文明国际合作组织

新文明乌托邦(新文明社会)首先是一个国际性合作组织,由全球认可新文明和 THSP 工程的新文明人协同构建。2015 年是一个非常值得纪念的年份,人类于是年 7 月份在美国正式成立一个由 THSP 研究会发起的"新文明国际合作组织"。这意味着在《乌托邦》发表 500 周年之际,一个极具当代前沿意义的新文明乌托邦正在酝酿。

新文明国际合作组织是新文明乌托邦大会的执行机构,它主要全面负责新文明事业的全面运作工程。新文明国际合作组织,英文为 New Civilization International Cooperation Organization (缩写为 NCICO)。

NCICO 是由全球认可新文明理念和 THSP 工程的新文明人协同构建的具有独立法人地位的国际组织。新文明国际合作组织是学术性、专业性和非营利性的研究型和事业型社团。NCICO 于 2015 年 3 月在美国成功注册,正式成立于公元 2015 年 7 月,总部设立在美国柯林斯堡市。

宗旨:汇聚全球先进社会精英,以新文明为理念基础,开展新文明理论的学术性探讨工作,探寻并创建适合于新文明时代的先进意识形态,构建新文明社会形态,通过运用信息技术、生命技术、材料技术等尖端技术,全力推进 THSP 终极性事业工程,努力争取在 21 世纪完成人类对生命体的整体质跃,由此而使人类彻底摆

图15 新文明国际合作组织会徽

脱生命体的局限性约束,实现超生类社会。

行动纲领:汲取各种有效资源,全面推进新文明运动和THSP研发工程,为实现超生类社会而奋斗!

2015 年 7 月 3 日(美国当地时间),新文明国际合作组织第一次代表大会在美国科林斯堡市顺利召开,与会者有来自于科林斯堡市和丹佛市的科学界、出版界、商界、佛教、基督教、道教等各界人士代表。会上宣布新文明国际合作组织正式成立,通过了《新文明国际合作组织章程》,选举了新文明国际合作组织的领导机构,讨论确定了新文明乌托邦建设的基本方略。

3 环球征集志愿者共建新文明乌托邦

新文明社会将采取"乌托邦"体制。整整 500 年前的 1516 年,托马斯·莫尔发表的《乌托邦》所提出的"乌托邦"体制具有明显的统一协作性，这对新文明社会具有重大意义。"乌托邦"的"统一协作体制"有利于集中力量完成 THSP 工程这一生命史上最为浩大的事业工程，可以很好地统筹新文明社会的发展，有效地避免 THSP 工程对人类社会的巨大冲击，能够使负面作用降低到最低点。

新文明乌托邦（新文明社会）是人类现实版的理想社会，将通过 THSP 工程实现人类健康长生乃至永生的梦想。为了尽快构建这样一个具有最前沿意义的人类社会新形式，也为了人类能够彻底解决人类社会的各种危机和早日彻底摆脱人类生命体的局限性，作为新文明运动和人类终极事业发起者的 THSP 研究会将于 2015 年起面向全球征集热爱人类进步事业的志愿者，以共同构建新文明乌托邦，以此强力推进 THSP 工程，纪念托马斯·莫尔发表《乌托邦》500 周年。

卷四　新文明认知方式

　　人类每一次文明的诞生,都需要相应的认知革命为先导,新文明更是需要最为先进的认知方式(认识方式和知识形态)。新文明的人类终极事业是史上最为浩大的人文和技术合作工程,这样的一个工程是无法仅仅依靠传统的现代科学去完成的。因此,这就首先需要建构超越现代科学、哲学、人文社会科学等人类以往所有

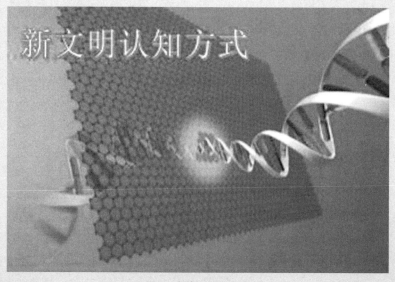

图16　新文明认知方式

知识形态的更为前沿先进的认知方式。新文明乌托邦不仅有先进的体制和生活方式,而且也创造了最为先进的认知方式。新文明人认为,包括科学、哲学、宗教等人类以往所有的认知方式都已经落后于时代的需求。为此,他们还针对人类以往所有的认知方式进行了一次彻底的认知革命,扬弃了人类以往所有的认识方式和知识形态,并创立了超越人类以往所有认知方式的完全性大统一理论——统一信息论(参阅[14])。

一 认知方式的变革

文明的产生本身就是基于人类认识上的一次巨大的认知革命——实物文字,人类以此首次形成了文明意识形态,并在此基础上取得了极为灿烂的农业时代文明。第二次认知革命是指欧洲文艺复兴运动和启蒙运动,这次认知革命基于一次理性主义思潮的滥觞,导致了一次理智认知世界的革命性运动并建立了现代科学体系,由此大大提高了人们认识世界、改造世界的能力,最终缔造了辉煌的现代科技工业文明。而当代的新文明是对包括现代科学科技文明在内的以往所有文明形式的质变和超越,其所彰显的新文明文化及人类终极事业更是具有明显的终极性,新文明形态的确立也必须进行一次更为彻底的根本性革命——第三次认知革命。

1 认识发展的规律性和认知革命

认知方式是指人类认识事物的形式和结构形态,包括认识方式和知识形态两个方面。认识方式是指人类通过感知、思维、记忆等心理活动认知事物的过程中所体现出来的形式,它来自于人类主体的自然实践,并没有好坏对错的区分,具有个体性、群体性、时代性,其中,群体性和时代性的认知方式体现为意识形态。认识方式的个体性体现为个人习惯性认知形式,认识方式的群体性体现为群体认知的同一性形式,认识方式的时代性体现为人类在某一时期占据主导性的认知形式。知识形态是指人类通过一定的认识方式认知事物时所形成的知识内容及结构形式,比如哲学、科学、宗教、中医等。知识形态虽有先进与落后之分,但每种知识形态都有自己的规则和判断标准,同一种知识形态的规则和判断标准只能适用于本身,却不能适用于都其他知识形态。知识形态基于相应的认识方式而形成,它具有地域性、群体性、时代性等特点。认知方式的发展必然引起认知革命,而认知革命也必然会导致认知方式的更替。

认识发展的规律性在于:基于宇宙不断演进的推动,人类的认识方式和知识形态也应是不断改进的,并由此导致人类文明形态的不断更迭。古代的朴素经验知识方式代替了原始人的直观感觉方式,近代科学和哲学则于近代更替了古代的朴素经验知识方式,但近代科学和哲学作为一种认识方式和知识形态也不能例外,它必然会被新型认知方式和知识形态所更替。比如,中国古代的阴阳五行理论、古希腊的自然哲学在当时也被认为是最高的知识形态,但当近代科学出现后,它们便成为过去时,并让位于科学,同样,科学也无法避免被代替的命运。

"认知革命"是指:基于人类认识发展的规律性,新型先进的认识方式和知识形态取代旧式、落后的认识方式和知识形态的主导地位。认知革命包括"认识方式革命"和"知识形态革命"两个部分。

　　认知革命是人类历史发展到一定程度后的必然，它具有巨大的历史作用，是人类各种社会性变革的总根源，能够从根本上促进人类认识水平的提高，带动人类在意识形态、政治、生产力、经济、文化、技术等方面的变革，从而促进改造自然和人类自身改造的能力，使人类取得巨大进步。"认知革命"的历史作用虽然巨大，但引发革命的因素往往仅仅体现在某一个具体事物方面，这在文明社会时期表现得尤为突出。如，文字的出现使人类确立了完全形式思维的认识方式及文字符号化知识形态，导致了人类进入了文明时期；中国殷商时期的《周易》确立了中国古文明意识形态，导致了以阴阳五行学、儒学、中医等中国国学知识形态；耶稣的传教及《新约全书》导致了基督教及其经院哲学的主导认知地位，欧洲以这种认知方式主导中世纪长达一千多年。近代以来，笛卡尔的"我思故我在"及数学演绎法，不仅确立了近代哲学的基本原则，还导致了近代科学作为新型知识形态的产生，由此引发了以科学和哲学为代表的近代经典文明意识形态的产生与发展，并导致了资产阶级革命、启蒙运动、科学技术革命，彰显了巨大的历史作用。不过，由于宇宙不断演进和认识发展的规律性的制约，以科学和哲学为主导的认识方式和知识形态同样也摆脱不了被新的认识方式和知识形态所代替的命运。20世纪末期，随着信息时代的来临，人类以往的包括哲学、科学、宗教在内所有知识形态日益凸显出其越来越严重的局限性和负面性，人类业已很难再通过这些知识形态获得重大突破，这表明旧有的认知形态已落后于时代的需求，信息时代需要有与其相适应的、更加先进的崭新知识方式。一直倡导科学转型论的普利高津就曾说过："我们正处在科学史中的一个重要转折点。我们走到了伽利略和牛顿所开辟的道路的尽头"。

　　第三次认知革命已经不可避免。

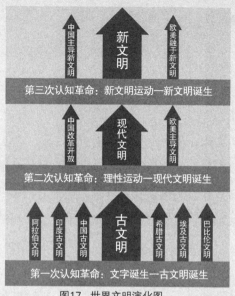

図17 世界文明演化図

2 三次认知革命引发三次文明

在人类的历史长河中,认知革命对推动历史的进步发展具有特别巨大的作用。文明以降,人类社会共发生了三次认知革命,它们均先后直接导致了三种文明(如图 17)。

(1) 第一次认知革命——古文明

文明是五千年前基于文字的出现而诞生的。由于文字浓缩了大量的信息,这使得人类的思维介质有了质的飞跃,人类思维由此变得极为高效和敏捷,智慧力明显提高,人类以此极大地深化了对宇宙万事万物的认知水平,飞跃性地提高了人类改造自然的能力。这就是第一次认知革命,第一次认知革命直接导致了文明的诞生,并由此开启了古文明的历程。古文明极为灿烂,先后经历了埃及古文明、巴比伦古文明、印度古文明、中国古文明、阿拉伯古文明、希腊古文明、犹太文明,另外还出现了日耳曼文化、维京文化等等。这些文明交替出现,各领风骚,极大推进了人类的进步。

(2) 第二次认知革命——现代文明

古文明的长足发展为现代文明奠定了弥足的基础,其中,基于古希腊文明和日耳曼文化以及基督教文化中的积极因素而萌发的理性主义启蒙运动和人文主义思潮掀起了人类文明史以来的第二次认知革命。第二次认知革命将人类从虔诚的宗教信仰中解放出来,开始集中转向了自然、人生等现实性问题的思考,使人类形成了非常缜密的分析思维,极大地促进了人类认知现实并改造现实能力的发展,由此开启了现代文明。这个时代的人类生产效率和改造自然的能力空前提高,整个人类社会和自然环境发生了翻天覆地的变化。

现代文明由欧美主导,欧美以此走向了发达强盛。现代文明使一切古文明相形见绌,并将整个世界融为一体,所有古文明由此而逐渐被历史所淘汰消亡,其中,中国古文明消亡得最晚。中国的古文明一直延续到 20 世纪初期,后又经过几十年的战乱,才在 20 世纪 80 年代通过改革开放走向了现代文明。这其中特别说明的是,新中国建国初期开始所走的"左"倾道路是一条通向绝境的死胡同,它严重掣肘了中国的现代化进程,一度中断了中国的文明进程,这是尤为牢记的教训。现代文明起始于 17 世纪中后期,到 20 世纪末期,历史三百余年。

(3) 第三次认知革命——新文明

第三次认知革命同样是基于现代文明的一些积极因素,尤其是信息理论的兴起直接引发了第三次认知革命思考,但与以往认知革命不同的是:这次认知革命具有无可比拟的彻底超越性和革命性。第三次认知革命是史上第一次全方位地对哲学、现代科学、宗教、生命学、人文社会科学等以往所有认知方式和知识形态进行根本性批判和超越的革命,并由此建立史上第一个完全性大统一理论。之所以如此,主要是由于人类面临日益严峻的危机,人类以往的认知方式和知识形态因完全无法解决人类的各种危机,而显得日趋没落和过时,故只有通过一次彻底的认知革命并建立完全性大统一理论,才能根本性提高认知水平,才能根本解决基于生命体生老病死基础上的各种危机。由于这次认知革命的完全超越性和彻底性,人类将面临终极性事业,并创造包括新式文化和人类终极事业在内的全新文明,这就是新文明。

3　统一信息论引领第三次认知革命

第三次认知革命是对包括哲学、科学、宗教、生命学、人文社会学、信息学等人类以往所有认知方式的根本性变革和超越,这次变革将产生史上第一个超越哲学、科学、宗教、生命学、人文社会学、信息学等人类以往所有认知方式的完全性大统一理论。这就是统一信息论。

第三次认知革命发轫于中国。20世纪末和21世纪初期,中国在意识形态领域中进行了广泛而深刻、持久的思想革命运动,这次运动不断打破人们日常的惯性思维,逼近人类认知的底线,甚至对科学、哲学、人文史、宗教等习以为常的知识形态也开始予以怀疑和批判,其中,以"统一信息论"的革命性思维最为彻底和深刻,它在很大程度上充当了第三次认知革命的急先锋。

统一信息论是以信息为始基解释事物的新型知识方式,是通过对科学、哲学、宗教等人类以往所有知识方式的超越和深化，而提出的涵盖所有方面知识和理论的完全大统一理论。统一信息论主要包括信息本原论、极限粒子论、主体程序论 3 个方面的系统理论，是与信息时代的新文明意识形态相适应的主导意识形态。针对人类以往科学、哲学、宗教等所有认知理论和意识形态进行彻底的颠覆性解构和真正大统一的创新是统一信息论的主要特征。

统一信息论首先论述了信息结构、认识的客观性、客观存在的形成等基本问题，解释了信息（能量子）对于宇宙万物的始基作用，提出了极限粒子理论。揭示了作为物质极限单元体的极限粒子所构成的物质最基础层面，说明了物质的质量、时间、空间是基于极限粒子而形成的道理，论述了宇宙所有事物及其现象都是基于极限粒子形成和分解的根据。通过层层深入、由点及面的分析研究，论证了物质的微观层面、宏观层面的物理、化学、生物等所有可能述及方面的问题，指出了科学的巨大缺陷，合理解释了许多科学所不能解释的问题。统一信息论通过主体程序理论根本性地解释了生命及其精神形成的原因和实质，指出了进化论的重大缺陷，并在此基础上，进一步解构了哲学、人文社会科学及宗教，使其完全打通了自然、社会之间的壁垒。至此，统一信息论彻底地完成了对人类自然、精神、社会、宗教等等所有方面的理论统一。

统一信息论的价值不仅在于其根本性地构建了真正的大统一理论，还在于他的一系列重大发现。统一信息论发现了人类未知的物质始基层面、极限层面，发现了宇宙万事万物形成的根本原因，发现了宇宙根本就不存在科学所谓的四大相互作用，发现了生命及精神的实质及其形成机制，发现了人类社会发展的动因及发展方向。统一信息论合理地回答了许多科学所不能解决的"为什么"的问题,使整个人类的认知建筑在最为坚实的基础上。至此,完全统一的理念及统领一切的理论体系不仅大大简化了人类知识并获得高效的运作机制,更为重要的是,统一信息论获得了可以解释并解决一切问题的动力。由此,统一信息论成就了人类的终极性大统一理论的梦想和实践。"统一信息论"极具创新性和前沿性,具有非常鲜明的理论特色,这不仅体现在其突破、超越、创新的写作风格上,还表现为完全大统一、超越并解构人类既往知识体系、认知总论等鲜明特征上。统一信息论体现出完全大统一理论的特征。

人类自古就企图追求能完美描述宇宙万物起源的统一理论,这种情况发展到近代科学门类呈现加速增加现象后尤为明显。牛顿、爱因斯坦、狄拉克、史蒂芬·霍金等著名科学家都为此作出了巨大努力,并试图提出用同一组方程式描述全部粒子和力(强相互作用、弱相互作用、万有引力、电磁相互作用4种人类目前所知的所有的力)的大统一理论,但均未取得成功。近期,国内外有人提出一些包含自然、数学、物理、化学、天文等整个知识大厦的庞大科学体系,来构建其所谓的统一理论,但这些理论的最大范围不仅不涉及社会科学,甚至连自然科学的生命科学、横断科学也不包括在内,故仍远不具备真正的统一理论特征。造成这种现象的根本原因在于:作为终极理论的统一理论需要在突破原有的、包括科学在内的知识方式的基础上才能建立,当其从根本上受科学主义狭隘思想约束,而不能跳出基于对实物分析研究的科学思维的时候,将无法根本性地完成真正的大统一理论。

真正的大统一理论应至少具有如下特征:①名副其实的终极

性统一,它不仅能解读所有自然科学,而且能解读认知总论、自然、生命、人文、社会、宗教等领域内的所有学科知识;②具备最基础性,也就是说:统一理论的构成基石必然具备不能再被解构的可能性;③统一理论应深邃而不失简洁高效,以便于人类系统操作,否则理论的统一就失去了价值和意义;④统一理论应考虑到认识的主观性因素。真正的大统一理论应该具有理论上的终极基础性和解读所有学科知识及事物现象的特征,而"统一信息论"则完全体现了统一理论的上述特征。

统一信息论是超越并解构人类既往所有知识的认知总论,它触及人类认识的底层,可以基础性地解读人类既往所有学科的知识。统一信息论是在人类已取得的固有的信息理论知识和其他知识的基础上,通过进一步的扩展研究,突破了科学、哲学、宗教等人类以往认知方式的宏观层面和微观层面,而将认识深入到人类所从未涉及的最基础层面——始基层面和极限层面,人类的认识从此彻底触底,从而构建起能够彻底统一人类的认知总论、自然科学、宗教、生命学、人文社会科学等所有学科知识的大统一理论。统一信息论是贯通人类所有学科的真正大统一理论,整个理论既考虑到人的主观因素,也没有任何假设,信息作为理论基石完全具备最基础性,完全是基于人类客观认识的自然发展,也根本性地避免了科学等既往知识方式的局限性。自此,统一信息论将使人类的知识方式被大大简化,人类的所有先进理念和知识将被涵盖和融合于其中。

4 新文明人的知识形态分类

由于科学在近代以来的崛起,使得人们往往仅仅以科学为尊,把科学看成至高无上的标准,甚至使其成为了真理的代名词,这就使得科学以外的其它知识形态受到了严重的排挤,遭到了不公正待遇,使得其他知识形态处在一种很不利于自己发展的地位。在这种情况下,一些本不属于科学的知识形态为了自己的生存,又不得不想方设法地与科学扯上渊源而硬给自己戴上科学的帽子,这就使得学科分类显得混乱不堪,而科学的那种唯我独尊的学科分类法,也使得人类学科的分类更加混乱。基于此,新文明人为了纠正这种不公正、不合理的学科分类局面,也为了使各种知识形态取得与科学平等的地位,使人类能更清晰地认知人类认识方式及知识形态的发展脉络,特此重新进行最新的知识形态学科分类。

按照认识方式和知识形态不同,新文明人认为人类所认知的事物对象基本可分为世界观、自然、生命、人类、"神明"等几个方面,同时考虑到人类所面对的这几个方面都是通过信息现象而认知的,故以此可分为认知总论、科学、生命学、人文社会学、宗教、信息学 6 种知识形态及大学科体系,分类如下。

（1）认知总论

人类基于对宇宙根本一般性认识方式而产生的知识形态,它是关于世界观的理论。自人类诞生以来,人类就产生了对宇宙根本一般性的认识方式并形成相应的知识形态,但作为认知水平较高及抽象程度较高的文化沉淀品的认知总论却是在文字产生后以后产生的。按照时代、抽象水平、认知层面的不同,认知总论可分为:素朴哲理（古代）、哲学（近代）、统一信息论（当代）。

（2）宗教

人类基于"超自然"认识方式而产生的以对"神明"的崇拜和信

仰为特征的知识形态。宗教观念自人类智人社会以后产生，按照其形态的不同，宗教可分为：灵魂图腾观、多神教、一神教。

（3）生命学

人类基于对生命现象的一般性认识而产生的知识形态。生命学起源于智人社会，按照对生命的探究、人类自身生理认知、生理医疗等认知范围的不同，可分为：神论说、进化论、古代医学（包括中医）等。

（4）人文社会学

人类基于对人类社会的一般性认识而产生的知识形态，又称为人文社会科学。人文社会学主要产生于文明社会，按照认知范围的不同，人文社会学可分为：政治学、经济学、军事学、法学、教育学、社会学、民族学、民俗学、宗教学、人类学、文艺学、史学、语言学、文学、历史学、哲学、考古学、艺术、心理学、考古学、管理学等等。

（5）科学

人类基于对自然物质界的一般性认识而产生的知识形态。真正意义上的科学起源于西方的近代，是基于培根的实验科学、笛卡尔的演绎法、牛顿力学体系、数学等关于探寻实在事物规律的知识体系发展起来的。按照认知范围的不同，科学可分为：数学、物理学、力学、化学、地理学、地球物理学、地质学、生物学、生态学、天文学、大气科学、海洋科学、工学、医学、农学、林学、医药学、材料学、生物医学工程、信息科学、系统科学等等。

（6）信息学

人类基于对信息的一般性认识而产生的知识形态。信息理论肇始于20世纪的中后期，其过渡形式主要为信息论、系统论、控制论等，但这三种理论明显受科学的影响，故还不完全属于作为新型知识形态的完全性信息学理论。完全性信息学作为最新的知识形态,目前已开始崭露头角,已初步确立了信息本原论和主体程序论等两理论形式,以后人类将在这种知识形态上逐渐创立更多的学科类型。

以上是按照各种知识形态产生时间的先后顺序进行的最新学科分类,一定存在不足之处,以后将会逐步完善。不过,这个知识形态学科分类避免了科学唯我独尊的划分法,有利于各种知识形态及学科的平等发展。由于人类的认知总要受主观性因素影响,因而不存在绝对正确的认识方式和知识形态,也不存在唯一的标准,相信各种知识形态及个学科只要本着求真务实的态度,定会走出一条只属于自己的光明之路。

人类的知识形态共有认知总论、宗教、生命学、人文社会学、科学、信息学 6 种。其中,认知总论、宗教、生命学、人文社会等知识形态具有悠久的发展历史,人类已经以此生存了几千年了,相信自然有其合理存在的根据。而现代科学仅有三百多年的历史,这与认知总论、宗教、生命学、人文社会学等具有几千年历史的知识形态相比,还是非常不成熟的,而科学这种知识形态究竟是不是真的揭示了事物的真相至今也还没有定论,故没有任何理由和根据认定科学就是唯一正确的,而其他知识形态就是错误的。有人认为:人类科学目前认识到的事物不过是宇宙的 5%,甚至是完全错误的。统一信息论认为:"经典科学所建立的标准物理模型及四大作用力是根本不存在的",这将意味着:如果这个结论被证实,人类精心构建的科学理论大厦将完全倾覆。

不同知识形态都有不同的标准体系,如果以一种知识形态的标准来作为其他所有知识形态的判断标准,将会严重地压制其他知识形态的合理健康的发展,同时也很容易导致学科体系的混乱。但是,人类似乎对科学充满了信任,把科学的标准当成检验其他知识形态的标准,甚至把人类的希望完全寄托于科学,这是一种很不负责任的态度。以现在的科学水平,人类仅仅凭借科学还远远无法与大自然相抗衡,当真正大的自然灾害来临时,仅仅依靠科学来抗衡自然灾害就会使人类陷入极为危险的境地。在这种情况下,那些已经发展了几千年的知识形态或许就能够显示其价值的存在。因此,面对人类的未来和全面发展,出于一种负责任的态度,人类应当赋予所有知识形态以平等的发展地位,而绝不能像蛮横的唯物主义和科学主义一样,将除科学以外的其他所有知识形态"一棍子"打死,这是一种极端不负责的野蛮行为。

科学绝非是检验真理的唯一标准,实践才是检验真理的唯一标准。科学只不过是人类知识形态中普通的一种,人类应还所有知识形态以平等发展地位,只有人类所有知识形态都获得充分的发展,人类才有更多发展出路可供选择,从而使人类的发展更安全,才能使人类不断地走向更合理健康的高级文明。

人类的这次认知革命其实质也是一场启蒙运动,但与欧洲18世纪的那种用理性反对专制主义和宗教蒙昧以彰显现代科学理念恰恰相反,这次启蒙运动是对欧洲18世纪启蒙运动的超越式的再启蒙,不仅是针对18世纪启蒙运动所倡导的哲学、人文社会科学的一种超越式启蒙运动,而且也是对牛顿力学以来建立在四大作用力和标准模型基础上的现代科学体系的一种革命性超越,这是一次由统一信息论等理论所首先倡导的对人类以往所有认知方式和知识形态的总的彻底性革命。

二　统一信息论及其对现代科学的颠覆

人类至今仍然为科学技术所带来的辉煌成就所陶醉，丝毫没有怀疑现代科学的基础理论体系的根本性问题，甚至把科学视为衡量一切的标准，这就存在一个非常严重的隐患：如果科学基础理论只是一个临摹性理论，但却存在根本性认识的错误，那将会最终导致一个什么样的严重后果哪？这个问题也同时使我们联想到了十九世纪物理学的"两朵乌云"。

物理学发展到 19 世纪末期已经达到相当完美、相当成熟的程度，一切物理现象似乎都能够从相应的理论中得到满意的回答，但 19 世纪的最后一天，欧洲著名的科学家欢聚一堂，英国物理学家开尔文在赞美 19 世纪物理学成就的同时，指出："在物理学晴朗天空的远处，还有两朵小小的、令人不安的乌云。"这两朵乌云，指的是当时物理学无法解释的两个实验，一个是黑体辐射实验，另一个是迈克耳孙－莫雷实验。后来正是这两朵乌云导致了物理学危机，曾经引起科学大厦即将倾覆的危机感，但好在量子论与相对论的诞生拯救了科学。

现在的情况与当时的情况有些类似，人类现在也陶醉于由四大作用力和标准模型基础所构筑的现代科学体系大厦，他们正在竭尽全力地给现代科学大厦添加最后一块砖——上帝粒子（希格斯玻色子），最近又通过欧洲核子研究组织（CERN）的实验很牵强地宣布证实了上帝粒子的存在。然而，统一信息论通过推论却再一次指出：现代科学的天空将再一次飘浮着两朵乌云，这两朵乌云正是现代科学所完全依赖的四大作用力和标准模型理论，现代科

图18　科学天空再次飘过来两朵巨大乌云

学将再一次面临危机,此情此景,与十九世纪的科学危机何其类似? 不过,与前一次物理学危机不同的是,由于这次科学天空飘浮着的是四大作用力和标准模型理论等两种涉及现代科学根本性问题的两朵巨大乌云,这两朵巨大的乌云将可能导致现代科学大厦彻底垮塌。

现代科学体系(大厦)主要是指牛顿力学以来建立在四大作用力和标准模型基础上的认知方式和知识形态,这种认知方式和知识形态已经历时 3 百余年,铸就了辉煌的成就,但目前也逐渐呈现出基础理论难以有重大突破(爱因斯坦后的基础理论近百年没有重大突破现象异常)、负面作用越来越大、未解之谜越来越多、危机越来越大的趋势,这表明现代科学体系已经开始走向衰落,难以继续承担主导人类认知方式和操作自然与和会的重任了,人类真的到了需要用一种新的更先进的认知方式和知识形态取代科学的主导地位的时候了,新近兴起的统一信息论就正在做这样一种尝试。

统一信息论认为,现代科学体系无法深究更深层、更真实的层面,它不过是描摹真实世界的高仿品,其本身却是建立在错误基础理论之上的,这将使其也隐藏巨大的危害性和深重危机,面对这种情况,统一信息论将在史上首次掀起彻底推翻现代科学体系大厦的认知方式革命,并建立全新的更先进的超越科学、哲学、宗教等所有认识方式和知识形态的完全性大统一理论。

"统一信息论"虽然应运而生,但"统一信息论"却不是出于颠覆整个现代科学理论体系的目的而人为建立,"统一信息论"完全是自发而为,只是在完成自己的体系建立后,才发现自己已经被提到挑战整个科学体系的位置上了。"统一信息论"主要包括信息本原论、极限粒子论、主体程序论 3 个方面的系统理论,是与信息时代的新文明意识形态相适应的意识形态。针对人类以往包括科学、哲学、宗教等所有认知方式,进行彻底的颠覆性解构并实现真正的完全性大统一,是"统一信息论"的主要特征。与以往二性理论模式不同,统一信息论是三性理论:信息(能量)是第一性的,物质(物体)是第二性的,生命体和精神是第三性的。统一信息论自2012 年元月正式出版问世以来,直接面对的是对整个现代科学基础理论体系的挑战,这主要体现在如下五个方面。

1 信息本原论

现代科学往往把信息看成存在于物质和能量的第三种存在。"信息"的歧义较多,虽然常作"音讯、消息"理解,但至今也还没有一个公认的定义,诸如:"信息是物质、能量及其属性的标示";"信息就是信息,既不是物质,也不是能量";"信息是事物现象及其属性标识的集合;"信息是反映客观世界中各种事物特征和变化的知识,是数据加工的结果,信息是有用的数据";"信息是能够用来消除不确定性的东西"。可以看出,上述定义基本上是围绕信号、消息、通讯、属性等特征,进行形而上的、不确切的、非客观存在的论证,这使信息的概念始终处于一种无厘头的难以操作状态。我们知道,不同质的东西是难以发生相互作用的,如果信息真的是一种仅仅具备信号、消息、通讯、属性等特征的符合性存在,那么其和具有质量、空间的物质以及作为 0 维度的没有质量空间的能量更是具有很大的本质性区别,是不可能发生作用的,又怎么在客观上对生命主体等物质性存在产生影响和作用的哪? 可是,现实中的我们却往往经常因为信息而互动,信息如果不是和物质、能量具有同一性,又是怎么对物质和能量产生作用的,这本是一个明显的逻辑错误。

可见,信息界目前至今不能明确地定义信息,绝大部分关于信息的定义都是建立在直观理解的基础上的,将信息理解为围我而言的消息、讯息、通讯等,但又因为理解的角度不同而得出许多种不同的结论,也有的企图将信息进行哲学定义,但这又会使得对信息的研究扯回到远古的形而上时代。据统计,现在大约有 150 多种关于信息的定义,以至于许多人干脆不去定义信息,维纳的信息定义集中代表了这种无奈。之所以出现这种情况,主要原因在于其至今不能抓住信息的实质所致,而信息研究乱象丛生的本身,其实也说明隐藏在信息后面一定有一个深藏不露的客观存在(或本原或本体),正是由于我们至今始终不能把握这个深藏不露的客观存在,才使我们至今仍然漂浮游离在信息本体之上。

信息本原论将阐述一种全新的信息观,即统一信息论信息观,它将根本性阐述信息的本质性问题,揭示信息与能量的同一性问题,揭示作为能量的信息成为宇宙本原的问题,使信息回到一个可操作的客观性层面。

1.1 信息与能量一体两面，信息是能量的表征

由于信息和能量都是没有空间和质量的 0 维度客观存在，故对其实质和相互的等式关系的论证是无法用三维的实证方式予以论证的，但我们可以通过逻辑推定的方式来论断这个命题，这同样也可以收到客观性效果。

1.1.1 信息与能量均是物质以外的非物质客观存在

宇宙客观存在首先可分为非物质存在和物质存在两种。物质存在是指具有空间、时间、质量的三维客观实在；非物质存在是一个与物质存在相对的概念，它体现为一种没有空间、时间、质量的 0 维度客观存在，而信息和能量均具备这个特征。

站在公理和逻辑的角度上，首先可以肯定的是：信息是没有空间和质量的，具有非物质性，它是 0 维度的客观存在。逻辑上非物质性将只能体现为两种方式：其一，没有任何内容的虚无；其二，物质以外的存在。没有任何内容的虚无只存在于观念上，在宇宙中是不存在的，而信息则显然能够体现为内容性和非物质性，并且是唯一的非物质性表现方式。因此，信息属于非物质性客观存在。作为非物质存在的信息还可以进一步分为单信息和复合信息两种，而复合信息还可进一步分解为单纯复合信息、程序信息、精神等三种。

通常认为，能量分为机械能、分子内能、电能、化学能、原子能等，但其实是科学分析所导致的一个很笼统的错误理念。根据质能关系式，物质质量通过亏损会转换为能量，而正反物质相碰后也会湮灭为能量，这说明能量应该是以某种方式独立存在的客观

存在,否则就难以说明能量究竟如何存在。因此,所谓的机械能、分子内能不过是物体获取动量的外在表现形式而已,而并非是真正的能量。相比而言,电能、化学能、原子能等能够体现为独立客观存在的能量才是实质性的能量。科学通过大量的实验和逻辑推理证明,宇宙内的能量体现为强相互作用、电磁相互作用、弱相互作用和万有引力相互作用,而它们是以胶子、光子、W 及 Z 玻色子、引力子等规范玻色子的方式存在并表现为各种作用的。因此,能量体现为胶子、光子、W 及 Z 玻色子、引力子等规范玻色子。但如果站在统一的信息论角度上分析,科学的这个观点可能是错误的,宇宙本不存在实质性的基本相互作用力,它们只是一种时空现象而已,而所谓的胶子、W 及 Z 玻色子、引力子也不是传播子,而属于极限粒子。因此,只有光子(能量子)才是最基本、最普遍的能量存在方式(参阅[14],p51—59)。

普朗克于 1900 年提出了量子说:能量子(量子)是能量的最小单位,原子吸收或发射能量是一份一份地进行的,物体吸收或发射电磁辐射,只能以量子的方式进行,每个量子的能量为 $E = h\nu$。1905 年,爱因斯坦发展了普朗克的量子说。他认为,电磁辐射在本质上就是一份一份不连续的,无论是在原子发射和吸收它们的时候,还是在传播过程中都是这样。爱因斯坦称它们为"光量子",简称"光子",并用光量子说解释了光电效应。普朗克和爱因斯坦的量子理论以及后来的光的波粒二象性的发现,其实已经基本说明了能量子、光量子、电磁波、电磁辐射、电流等具有实质上的一致性,它们的本质都不过是能量(子)在不同情况下的外在表现形式而已。站在理论逻辑角度上,能量子、光量子、电磁波、电磁辐射、电流等都是没有质量的且总是以光速运行,而根据相对论,光速运行的电磁波将失去时间、空间。因此,能量子、光量子、电磁波、电磁辐射、电流等也是一种没有时间、空间、质量的客观存在,它虽然是一种客观存在,但因其不具备时空和质量,而不具备物质实体性特征,是一种非物质客观存在。既然如此,由于他们都没有空间结构和质量,又怎么能够从本质对他们做区别哪?事实上,普朗克公式"E=hν"的本身就已经说明了这一问题:能量子仅仅具有频率(波长)的量值的不同,而不具有本质上的区别。因此,能量子、光量子、电磁波、电磁辐射、电流等的实质都是能量,它们统一于能量,只不过是能量的不同表现形式(信息)而已。

由此可知,由于能量子、光量子、电磁波、电磁辐射、电流是能量的外在表现形式并彰显为信息,而信息和能量如出一辙,故它们均具有光速、无质量、无空间结构、0维度等非物质特征,故能量和信息都属于非物质客观存在。

1.1.2 信息与能量具有同一性

对于信息和能量的同一性问题,我们可以通过反方向进一步推证。首先,人类何以能感知能量?答案:能量必须要表现为信息时,才能被识别;其次,人类又何以能感知信息?答案:信息只有作为能量并通过能量的作用时,才能体现为被人类所能感知的信息。也就是说,就基本层面而言,信息只有体现为能量的作用时,才能被识别,而没有能量,信息就无法表征,信息就无法存在。因此,信息和能量具有显然的同一性,信息实质就是能量,而能量的外在彰显为信息。

信息和能量的同一性还体现在二者均具有所谓的守恒定律。信息守恒与转换定律:总的流进系统的信息必等于总的从系统中流出的信息,加上系统内部信息的变化;信息能够转换,从一种状态转变成另一种状态;信息可以创造,可以失存。用公式表示为

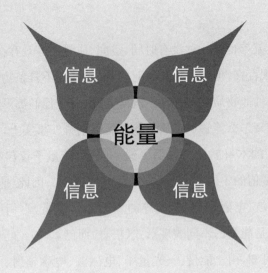

图19　信息是能量的表征

$N_Q = N_w + \Delta N_U$。信息守恒与转换定律与能量守恒和转化定律同一性如出一辙，这进一步证明了二者的同一性，而这种同一性的最好解释就是：信息就是能量本身，或者说，信息就是能量的标示，它们都是作为非物质的客观存在——此为信息的第一特征。

信息和能量的同一性在人类的视觉中得到最好的体现。在人类的视觉中，万千事物是呈现各种缤纷色彩的，为何如此哪？根本原因就在于：自然界所体现的各种色彩的信息其实就是能量的表征（见图19）。自然界中，作为能量最小单位的单个能量子是以光子的形式存在，并表现为一个单信息（1 比特信息或最基本单元信息），这样就会产生如下关系：一个能量子＝一个光子＝一个单信息。不过，同种频率的能量子往往会复合成电磁波，而电磁波的种类按照波长和频率的不同可做如下分类：

无线电波（3000 米—0.3 毫米）、红外线（0.3 毫米—0.75 微米）、可见光（0.7 微米—0.4 微米）、紫外线（0.4 微米—10 毫微米）、X 射线（10 毫微米—0.1 毫微米）、γ 射线（0.1 毫微米—0.001 毫微米）。根据电磁波的这个分类，依据电磁波的频率大小，我们大体可以将信息按照能量的大小分为：无线信息（或无线能量子、无线光子）、红外信息（或红外能量子、红外光子）、可见信息（可见能量子、可见光子）、紫外信息（或紫外能量子、紫外光子）、X 信息（X 能量子、X 光子）、γ 信息（γ 能量子、γ 光子）。

上述电磁波（或光线）种类是通常的分类，理论上还可以进一步划分为更细的电磁波（或光线）种类，如在人类可感知的可见光中，还可以按照波长和频率的不同，进一步划分为：红、橙、黄、绿、蓝、靛、紫等电磁波（或光线），这些电磁波（或光线）所表现的信息会被人类感觉器官中所承载的程序性主体精神（即程序性复合信息）所识别，不同频率的和波长的能量呈现不同的色彩信息，故由此而使人类能够感觉自然界的万千色彩。这样，信息和能量在波长和频率上的对应关系以及感觉对色彩等信息的识别机制，进一步说明了信息和能量的同一性，而这个同一性的最好解释就是：信息即能量。

2010 年，据《科技日报》的一篇题为《科学家首次将信息转化为能量驱动纳米小球自行爬楼梯》报道："日本研究人员在 2010 年 11 月 15 日（北京时间）出版的《自然·物理学》网络版上报告称，他们在实验室中让一个纳米小球沿电场制造的'阶梯'向上爬动，爬动所需的能量由该粒子在任何给定时间朝哪个方向运动这一信息转化而来，这意味着科学家首次在实验室实现了信息到能量的转化，验证了约 150 年前英国物理学家詹姆斯·克拉克·麦克斯韦提出的'麦克斯韦妖'这一设想。日本中央大学理工学部的鸟谷部祥一和东京大学的佐野雅树领导的团队在实验室让一个直径为 287 纳米的聚苯乙烯小球沿电场制造的微小旋转阶梯向上爬动，并将小球拍照。小球可以随机朝任何方向运动,由于向上爬会增加势能,因此其往下一层的概率更大,如果不人为干扰,小球最终会掉至最底层。在实验中,当小球沿阶梯向上爬一层后,研究人员就使用电场在小球爬上的那层阶梯加一面'墙',让小球无法回到低的那一层,这样小球就能一直向上爬。该小球能爬阶梯完全由'自己的位置'这一信息所决定,研究人员无需施加任何外力(比如注入新能量等),仅需一个感应系统(比如摄像机)。另外,他们也能精确地测量出有多少能量由信息转化而来"。

作为状态表征的信息何以会转化为能量? 一个最好的解释就是:信息本身就是能量,故使其在信息彰显过程中转而体现为能量。但日本研究人员和多年的麦克斯韦可能因受对信息的形而上的、不确切的、非客观性的界定影响,而不能正确理解信息的客观性实质,更不能正确理解信息本身就是能量的实质。

在信息和能量的同一性论证过程中,还使我们可以看出,维纳的那句著名的:"信息就是信息,既不是物质,也不是能量,……"应是存在问题的。维纳关于信息的定义包含了信息的非物质内容,但也存在缺乏更深层面思考的局限性。不过,维纳的信息定义的逆却也含有合理的因素,"信息就是信息,信息是物质、能量、信息及其属性的标示"。这说明,维纳也感觉到了信息的深层含义。

1.1.3　主体性信息由能量子序列构成

信息本来是自在的彰显,但由于生命体的出现,而赋予了生命体以主体性、程序性,即精神性因素,导致了主体性信息的诞生,而这也正是导致人类将信息做信号、讯息的形而上理解的原因。按照主体性标准,信息还可以分为主体性信息和非主体信息两种。非主体信息就是就是没有被生命主体所认知的自在彰显,是一般性的无序自然信息,该信息量目前占有自然界的绝大部分。

　　主体性信息就是被生命主体所认知并进行序列编码的信息,是一种参与主体性因素的有序信息。主体性信息往往被赋予状态、方位、量性、意义、价值等表征性描述,这就是一般信息论上所理解的信号、讯息等。表面上看,主体性信息与主体无关,但事实上任何被人所识别的信息都已经被赋予了主体性。而生命之所以呈现主体性,主要是由于其能够将其所承载的信息进行有序编码和排序以呈现程序指令性,即主体程序性,而程序性是完全可由能量(子)序列来表达的,故主体程序的实质就是一种被加工改造的能量子序列,它构成了精神的实质。所有被主体性所认知的信息都是主体性信息,如天空的蓝色对人类来说就蕴含着晴朗天气的信息,花儿的开放蕴含着春天、温暖的信息,癌症的字眼和语音蕴含着重大疾病和死亡的信息。之所以如此,是因人类主体已经对这些信息所蕴含的信息进行了相应编码和排序,并储存到相应的生命载体上,同时与刺激性信息相联系,使生命主体一旦接收到与之相联系的刺激信息,就会触及相应的储存信息而形成相应的信息连锁,并在主体程序的引领下,形成相应的心理反应和相应的生命载体行动。

　　所有的主体性信息都需要通过人类的感官才能被人类所感知。人类的感官包括视、听、嗅、味、触、温等感觉器官,其中视觉和温觉都是作为能量子序列的主体直接与外界能量子(表现为各种光线、颜色)等互动的结果。相比而言,听、嗅、味、触等感觉似乎是外界物体对感觉器官直接相互作用的结果,但事实上任何物体都携带能量,没有能量的绝对零度物体既不存在也不会为人类所感知,原因在于作为能量子序列的主体感官只能感知能量子,故听、嗅、味、触等感觉是首先通过感知到物体所携带的能量后才形成听、嗅、味、触等感觉的。无论怎样,虽然信息(能量)是以物质为载体,质量和能量也可以相互转化,但由于作为三维的物质与作为 0 维度的信息(能量)的不同质性,它们之间原则上是不可能发生直接的相互作用的,信息(能量)只能与信息(能量)相互识别和互动,而所有的信息现象(包括精神、主体性信息)都是基于能量或能量子的互动而形成的,因此主体性信息的实质仍然是能量。

主体性信息还可以进一步分类,根据蕴含信息量大小,主体性信息还可进一步分为简单主体性信息和复杂主体性信息。同样一种信息,如阳光,低级生物接受阳光后所蕴含的信息量是很少的,故为简单主体性信息,而高级生命体接受阳光后所蕴含的信息量是很复杂的,故为复杂主体性信息;再如,同种文字对能够认知该文字的人来说,就是复杂主体性信息,而对不能识别该文字的文盲来说就仅是个符号和或图像而已,此时就仅为简单主体性信息。

主体性信息往往需要由非主体信息和主体性信息共同构成,以"今天要下雨"这条信息为例来说明。首先,需要当地的天气呈现出温度、湿度、气压、天空的颜色等信息,而这些信息都是能量的自然彰显而形成的,此时的信息属于非主体信息;然后,信息发布者(作为精神的主体程序)开始识别这些信息,并通过运行相应的主体程序而做出"今天要下雨"的判断,这是一个序列性能量的运作过程,此时运作和彰显的信息属于主体性信息;最后,信息发布者通过各种媒体将该信息发布出来,并被信息接收者所接受,在这个过程中,既有表征为文字、声音等非主体信息的能量自然彰显,也有作为主体性信息的主体序列性能量的互动。可见,"今天要下雨"的信息是非主体信息和主体性信息共同构成的,它们均来源于能量。

1.1.4 思维活动消耗大量的能量充分证明了
信息和能量的同一性

我们知道,所有脊椎动物脑力活动需要消耗大量的能量,这些能量主要是通过蛋白质、碳水化合物、维生素、脑磷脂、矿物质等营养物以及对这些营养物质的氧化过程提供,主要表现为这些动物的大脑需要消耗大量的氧气。氧气的作用主要体现在通过酶的催化作用,把糖类等有机物彻底氧化分解,产生出二氧化碳和水,同时释放出大量能量的过程,这个能量提供过程对动物的大脑非常重要,尤其是人类。人类大脑一天内流经大脑的血液为 2000 升,大脑消耗的能量若用电功率表示大约相当于 25 瓦,故人类大脑为了生存,每分钟也需要 0.1 卡路里的热量,而当你集中精力进行思考的时候,你的大脑每分钟消耗的能量则是 1.5 卡路里。人类大脑虽只占人体体重的 2%,但耗氧量达全身耗氧量的 25%,血流量占心脏输出血量的 15%,缺氧后几分钟内就会昏迷,15 分钟左右后大脑死亡。

人类大脑何以会需要消耗如此大量的氧气和能量哪？对此,生命科学只是从生物医学的角度上做了个模糊的说明,认为这是出于生物生存的需要,而无法根本性地揭示这个问题,但这个问题用"信息是能量的表征"予以说明则最合理不过。由于信息的实质本身就是能量,而动物的心理思维活动属于一种具有主体程序性的信息序列活动,它们尽管相比简单的信息要复杂得多,但其实质仍然属于信息的运作活动,属于信息的特殊的高级形式,也即是说:动物的心理思维活动的实质就是能量的不断运作过程。在这个过程中,大脑通过不断地进行能量运作,不断地形成各种形式的能量子序列,特别是当大脑进行集中深度思考的时候,更需要信号大量的能量,而这些能量是需要外界随时进行供应的,否则大脑将很快因为能量供应不足,而停止能量的运作过程,则以能量子序列活动为主要方式的心理活动当然也就无法形成,大脑由此而停止心理活动并造成脑死亡。由此可以看出,所谓的脑死亡其实主要不是脑组织的损坏,而根本上是由于大脑缺乏能量而无法有效地组织其能量子序列活动,从而无法形成思维心理活动。至此,我们可以进一步判断:大脑心理活动的实质就是能量的序列活动,信息及作为特殊信息的精神的实质就是能量,信息是能量的表征。

综上所述,无论就内容抑或是形式,信息无处不充斥着能量,信息所有方面都可以用能量解释。信息作为能量表征的实质不过是人类主观错觉上在能量的头上戴上顶帽子而已,能量和信息都是没有质量和空间的非物质存在,它们之间难以进行剥离区分,信息和能量是一体两面的同一体。能量是能量子的集合体,而信息也是由一个个能量子(光子)构成的,信息的实质就是能量,信息和能量是同一的客观存在。由此,我们可以将信息定义为:(通常意义上的)信息是能量的表征,其实质就是能量,信息是物质最基本的构成始基,是对非物质存在的统称。这样,通过去伪存真的逻辑论证,我们就使信息的这个定义完全避免了人类以前对信息的形而上的、不确切的、非客观性的界定,而使信息回复到了客观的可操作性的本真状态。只有把信息作能量理解,才使其具备宇宙本原的资格;反之,如果仅仅把信息作信号、消息、通讯、属性的理解,则完全不具备宇宙本原的资格,而传统的唯信息论者、信息哲学、全息论者等都是这种思想,这基本上是扭曲的、不正确的,甚至会滑向宗教唯心主义。

能量彰显为信息(其中一部分可被人类所识别)并包含整个信息,而信息的一部分演化为主体性信息,即精神。信息是能量的表

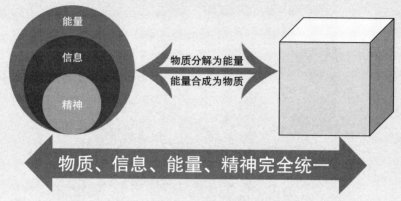

图20 物质、信息、能量、精神完全统一

征,能量是信息的本体,信息和能量为不可分割的同一体,信息即能量。而物质和能量是可以相互转化的,精神是一种具有主体性的特殊信息。这就把物质、能量、信息、精神完全统一起来了,从而史上第一次在理念上把物质和精神从根本上联系起来(如图20)。

1.2 信息是宇宙的本原

信息是宇宙的本原还体现在如下几个方面:物质是信息集合体;质量、时间、空间都来源于信息。

1.2.1 物质是信息集合体

人类的主观认识也只能感知作为非物质存在的信息,而不能直接感知客观物质。人类的感觉可分为视觉、听觉、味觉、嗅觉、触觉。这五种感觉中,人类的视觉是最为灵敏的,它可以直接感知作为信息的能量子(下面将要讲到信息就是能量)强度和色彩。听觉、味

图21　物质是信息集合体

觉、嗅觉、触觉似乎不直接感知作为信息的能量子,但其实不然。听觉、味觉、嗅觉、触觉看起来是相关分子。作用于人类感官的物质接触的结果,问题在于:人类的主观却是由作为非物质存在的具有"主体程序"的特殊信息构成的,而分子等物质却是不能直接作用于作为非物质的信息的。因此,物质存在如果要作用于人的听觉、味觉、嗅觉、触觉等感官而被感知,也就必须通过反映其存在的信息(能量子)并与作为特殊信息的主体程序相互结合才能做到,也就是说,人类之所以能形成听觉、味觉、嗅觉、触觉等感觉认识,是由于物质在这几种感觉中形成了相应的能量子(信息)活动并通过极限粒子传播后才得以形成。因此,作为人类"自我"认识的第一手材料的信息也只能来源于信息。信息是普遍存在的,人类只能通过信息认识世界。随着信息技术的发展,我们正在越来越深入地层层揭开物质神秘的面纱,但相对于认识发展的无限性,我们对物质的认识永远只能局限于物质对外呈现的信息(如图 21)。

物质如此,那么作为生命体属性的"我"又是什么呢?"我"是生命体的属性——感觉和意识,因此,"我"的实质仍是信息的复合,只不过这种复合需要以生命体作为承载体才能得以存在。不同于非生命体的地方在于,"我"不是一种信息的简单复合,而是由于宇宙的演化作用,它的信息有机组合成指令形成了程序,正是由于这种程序他才有了感觉和意识。人的"自我"同样是信息的复合,但"自我"优于其他动物"本我"的地方在于——它会做离开具体事物的抽象沉思,也就是说,它的程序会做离开具体事物的抽象的分析和判断。可见,即使内含"我"的生命体同样也是信息集合体。

1.2.2　质量、时间、空间都来源于信息

物质对外彰显为质量、时间、空间,而这三个方面都来源于作为能量的信息,没有作为能量的信息和它与物质之间的转化,物质将不存在。

1.2.2.1　信息彰显空间

自我所认识的空间与时间是主观与外在信息交互作用的结果,但空间与时间是否就如我们所认识的那样,我们不得而知。我们知道,不同的主体对于空间时间物质的理解是不一样的,如:不同的动物主体对于空间时间的理解就是不同的,即使是同一的、自觉的人类也存在很大的不同。新人的物质时空观是直观的,古代人的物质时空观是素朴的,近代人的物质时空观是科学的,当代人的时空观是信息的。因此,就形式而言,时空具有主观性。

康德将空间、时间看作认识的主观形式,但他同时否认空间、时间是从任何经验得来的经验概念,而是把它们看成先天的

图22 信息彰显空间

表象,本书不同意这个观点。"自我"对空间、时间的认识自有他自己的主观方式,但我们无法确证,空间、时间就是以"自我"所理解的方式存在着。具有高级程序的"自我"与周围的物质都是信息的复合,它们本来是浑然一体而不能被区别的,如果没有先天的时空作用,"自我"是不可能认知周围世界的。由此可见,空间、时间确实具有先天的客观性,只不过其表现形式会因主体"我"的不同而有所不同。但空间、时间既然是认识的主观形式,那么,对它们的认识就不可能不是来自于经验。因为,"自我"在摄取周围的信息的时候,不只是被动地汲取,而是能做主动的加工改造,正是这种主动的加工改造的经常化,空间、时间的概念才在"自我"中形成印象,因此,作为概念的空间、时间只能来自于经验。

由此可见,时空具有客观性,但时空的客观性观念只能来自于主观认识,那么这种主观认识是何以形成的呢?一个根本问题在

图23　信息彰显过程中绽出时间

于——人类是通过对物质世界的信息来认知空间的。我们现在已经明白，人类只能认知信息，而正是信息在人类面前所呈现的结构关系和坐标，才使我们形成点、线、面、体的观念，才使我们认知到了空间的存在。假如没有各种信息的存在，就会使我们无法在感知不到周围空无一物的情况下形成空间观念。但只要有能感知的信息存在，信息就必然会彰显一种空间结构关系。因此，我们就会得出这样一个结论：信息彰显空间。而信息是客观存在的，因而通过感知信息而认知的空间必然也具有客观性。

1.2.2.2　信息的彰显过程绽出时间

时间体现为前后相继的一维性，但这个一维性观念同样是主观感知的结果，正因如此，很多人认为时间是主观的。应当说，我们无法否认时间观念的主观性，相对于不同的主体，时间形式的确也是不一样的。已知的非生命体缺少感知，故时间对它们没有意义，时间只对生命体才有意义，因此，时间观念只呈现在生命体特别是"自我"中,时间有其主观的形式。但时间何以能呈现主观形式呢?——根本问题仍然在于信息的作用。我们知道,任何关系都需要有存在因子才能被确认,而信息是人类唯一能够感知的存在因子,正是因为信息的存在,才能使人类能够认知到一种前后相继的时间关系存在;反之,若没有人类唯一能感知的信息存在,那么,我们就根本无从确认这种相对关系,当然也就不能确认这种具有前后相继关系的时间了。因此,时间只能来自于信息的彰显,而正是信息的彰显过程所呈现的前后相继的关系才绽出了时间(如图 23)。时间的主观形式只能来自于信息的客观存在。因此,时间的存在是有其客观性的,而且这种客观性不会因为任何主观性而发生改变,因为时间的客观性是恒定的、均匀的、一维的。

1.2.2.3　信息量规定质量

质量是被用来衡量物质量的大小的。根据我们的推论,信息就是能量;而根据质能关系式,能量是可以转化为质量的。由此可见,质量应该是由信息转化而来的,这从逻辑上也认证了"物质是信息集合体"的规定。也就是说,信息量规定着物质的质量,信息量(能量)的大小与质量成正比,由此我们可以得出物质质量公式和物质信息量公式。

A　物质信息量公式

假定物质甲是由同种信息质点化后的质点构成,且包含的信息量(能量子的数量)为 I。已知:(1)质能关系式 $E = mc^2$(E 代表能量且单位为 J,m 代表物质的质量且单位为 kg,c 代表光速且单位为米/秒)。(2)每个信息(也就是每个能量子)的能量 $E = hv$(E 代表能量且单位为 J,v 代表能量子频率且单位为赫兹,h 为普朗克常数 $h = 6.6260693(11) \times 10^{-34}$ J·s)。

若物质甲的质量全部来自于同种信息质点化极限粒子后形成

的,或者物质甲的质量通过极限粒子的分解全部转化为该同种信息的能量子。如此,我们将得出如下等式:$E = mc^2 = hvI$,进而得出 $I = mc^2/hv$,也可以得出 $m = hvI/c^2$。据此我们可以推导出如下公式:$I = mc^2/hv = m \times (3 \times 10^8)^2/6.6260693(11) \times 10^{-34} v = 1.3582713 \times 10^{50} m/v = 1.3582713 \times 10^{42} m\lambda$。

这就是物质的信息量公式,由此可计算出该同种物质所蕴含的信息量,即该物质转化为能量子时所体现出的信息量。其中,I 为该物质的信息量,m 代表物质的质量且单位为 kg,v 代表组成该物质的信息即能量子的频率且单位为赫兹,λ 代表组成该物质的信息即能量子的波长且单位为米。

B 物质质量公式

根据物质的信息量公式的逆,我们可以推出物质的质量公式如下:

$$m = hvI/c^2 = 6.6260693(11) \times 10^{-34} vI/(3 \times 10^8)^2$$
$$= 0.7362299 \times 10^{-50} vI$$

这样,我们就物质信息量公式和物质质量公式直接描述了信息和物质对应的数学关系,从而明白无误地说了信息是物质的本原。需要说明的是:此时的物质和信息分别是指纯粹同种物质和纯粹同种频率信息。进一步推理,如果组成该物质的信息是多种频率的,那么,其信息量就根据不同信息所组成的物质质量分别计算,然后相加即可;同理,如果组成该物质的信息是多种频率的,那么,其质量就根据不同信息所组成的物质质量分别计算,然后相加即可。

由此可见,各种光怪陆离的信息其实只不过是各种频率的能量(子)的表征、体现而已,宇宙的本原即为信息(能量)。这是非常合乎逻辑和事实的一种推论,可是为何现代科学却非要把信息看成一种与能量、物质不同的第三种存在哪? 根本原因还是在于,现代科学的那种片面的分析思维在起作用,往往在面对某个具体问题的时候,具有这种思维的人总是先不去考虑整体和根本性基础层面,而是上来就沉醉于分析、分析、再分析,以至扭曲道理、偏离本真的时候,仍然浑然不觉。不过,有一点需要说明,虽然信息论在认知信息本质的方面上存在问题,但本文并不否认他们在研究信息论运用概率论与数理统计的方法研究信息、信息熵、通信系统、数据传输、数据压缩等问题是所形成的成就和知识体系,这些毕竟对 IT 事业的发展是有用的,但需要郑重提醒的是:研究信息论一定不要忽视更为基础的问题研究,否则将可能走向歧途。

对信息可从客观存在性和形式性等两个角度去理解。当你把信息视作一种客观存在时,那么信息的实质就是能量;当你把信息视为一种内容性、符号性的对象去研究时,那么,信息就是能量的表征,信息就只能作为物质和能量的描述性形式,但你却不能由此把信息视为一种客观存在,就像数学只是描述客观世界规律的形式性知识,而不能把数学视为一种客观存在一样。但是,传统信息观割裂了信息与物质和能量的关系,把信息的形式性等同于客观性,把信息看成了形而上的符号性的第三种独立存在,这是基于西方的那种分析思维的恶果。统一信息论的贡献就在于,他发现了信息的本质就是能量的表征,信息和能量是一体两面的同一体,即体现为能量和信息形式的同一性,信息客观存在属性体现为形式性,信息的物质和能量是可以相互转化的,这就把物质、能量(信息)真正联系起来了。

2 极限粒子论

科学界陶醉于 62 种粒子的标准模型,迄今已发现 61 种,而今作为质量之源的希格斯玻色子以前始终未被直接发现,虽然欧洲核子研究组织最近发表新闻稿正式宣布发现最新数据证明希格斯玻色子的存在,但这并不是最终令人信服,该实验结论应该存在一定程度的牵强,这使科学界一直很担忧,因为他们明白:如果不能最终证明希格斯玻色子的存在,那么将意味着标准模型的危机和最终瓦解。而今这个危机已经来临,因为统一信息论发现比标准模型更为基础的物质最小极限单元体——极限粒子。本文根据既有的事实依据通过理论逻辑地推导出:由于非物质存在与具有时空和质量的物质有着性质上的不同,物质因此是不能无限可分的,物质必然有一个最基本的极限单元,这就是极限粒子。

2.1　极限粒子是一种逻辑事实存在

逻辑事实主要有如下三种情况:其一,不证自明的公理,也就是经过人们长期实践检验、不需要证明同时也无法去证明的客观规律,如几何公理:经过不在一条直线上的三点,有且只有一个平面;其二,基于公理进行充分逻辑推论的结论,如:经过两条相交直线,有且仅有一个平面;其三,能够进行必要逻辑推理,但推理条件不充分却有相应的事实用以实证的结论,如虽不能通过完全充分逻辑推理推导出微观世界中的中子、质子、电子等存在,也无法直接用观测仪器观测到,但却有大量的实验数据予以证明。逻辑事实虽然无法排除主观因素,但却是被人们所普遍认可的。极限粒子也是一种逻辑事实存在,它符合逻辑事实的第二种情况,也符合第三种情况。

极限粒子作为第二种情况的逻辑事实体现为:极限粒子是由非物质客观存在向物质客观存在(实在物质)过渡的过渡点物质存在。已知宇宙分为两种客观存在。一种是零维度的没有空间和质量的能量(子),一种是具有三维空间且含有质量的实在。前者体现为非物质的信息,后者体现为物质。按照已被证明的具有逻辑事实的质能关系式,能量和质量是可以转换的,但这两种存在具有明显的区别,如果作为零维度的能量向具有三维空间的物质实在转化,那么基于逻辑推断:在从质量、空间均为"无"的能量到质量、空间均为"有"的无中生有过程中,这二者必然有一个中间点存在,使之成为前者向后者转化的过渡点,而这个过渡点必然为能量向物质转化时所可能形成的具有最小尺度的极限小物质存在,否则就不合逻辑。由此可判断:宇宙应该存在具有最小单元的极限小物质,这就是具有极限小空间的极限粒子。这就是极限粒子的存在的主要逻辑根据。极限粒子形成后,宇宙便以这种极限小的物质为单元构成中子、质子、电子、分子等基本微观粒子,然后再以基本微观粒子为基础形成宏观物质,如果宇宙起初蕴含极大能量,宇宙由此便开始通过能量向极限粒子的不断转化而不断膨胀。

2.2 极限粒子的特征

极限粒子作为宇宙实在物质最基本的物质单元、空间单元和时间单元,必然具有其典型的特征,通过理论推论,极限粒子的特征如下。

2.2.1 极限粒子是由 8 个质点构成的实心正方体

极限粒子要成为多维度空间的最小单元体,需要具备三个条件:其一,极限粒子的所有向度的单元长度为宇宙最短的普朗克尺度,这样才能体现极限粒子的极限性;其二,极限粒子为正多面体,这是由于极限粒子所有向度的单元长度为宇宙最短的普朗克尺度造成的,同时也是出于各维度完全同质性的要求;其三,极限粒子

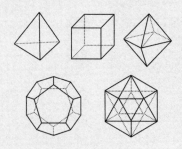 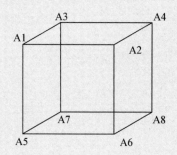

图24 三维宇宙的极限粒子应为正方体

之间必须 0 距离接触，而不能存在空隙形成所谓的"真空"，能做到这一点的必须为正多面体（其他球体、曲体、不规则多面体因无法完全做到 0 距离接触而会形成空隙）。据这样三个条件，我们只需要根据极限粒子所可能形成的正多面体的每个顶点能够具备几个向度，就可以判断所形成空间的维度了。根据推论，正多面体只有正四面体、正六面体（正方体）、正八面体、正十二面体、正二十面体五种（见图 24），如下表。

类型	面数	棱数	顶点数	每面边数	每顶点棱数
正 4 面体	4	6	4	3	3
正 6 面体	6	12	8	4	3
正 8 面体	8	12	6	3	4
正 12 面体	12	30	20	5	3
正 20 面体	20	30	12	3	5

从上表不难发现，正多面体每个顶点的棱数只有 3 棱、4 棱、5

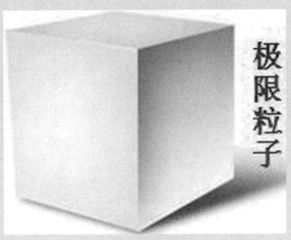

图25 极限粒子

棱3种,也就是说极限粒子只可能形成3维、4维、5维的宇宙空间。其中由三棱多面体构成三维空间的情况有三种:极限粒子为正4面体、正6面体、正12面体,但就空间结构的稳定性和维度的适用性而言,3维空间的极限粒子应该以正6面体的正方体最为稳定实用(见图25)。作为三维宇宙空间的最小物质单元体即极限粒子,不同于通常情况下的三维物体,它要承担对三维空间的建构,故极限粒子必须是绝对标准的三维模型。我们的宇宙已被通过多种试验方法证明是三维的平直空间,而不是弯曲或其它形态的空间,而如果作为最小的物质单元体是圆形的或其它形态的话,则无法构成平直的三维空间。

另外,本文的出发点坚持空间的物质性,宇宙不存在一无所有的"虚空",而如果极限粒子是弯曲的或其它形态的话,则会使任何两个极限粒子之间必定会形成"虚空",而这又违背空间的物质性原理。据此,可以认定极限粒子是正方体的。三维物质的形成需要在三维空间的每个维度上至少有两个质点,也就是说,三维空间的每个维度上至少具备两个质点是物质存在的最基本条件,故组成物质的最小质点量是 $2\times2\times2=8$ 个质点,再考虑到标准直线只能由两个质点复合而成的情况,由 8 个质点组成的基本粒子将因此而具备最稳定状态。因此,由 8 个质点组成的正方形物质就成为了物质的最小单位,即正方体的极限粒子。

那么质点又是如何形成的哪？由于宇宙只有物质和能量的两种存在,而物质是有空间和质量的,能量已被证明是可以转化为物质质量的。据此判断,质点只能来源于能量,这是由于能量在向物质的转化过程中,能量子(光子)将会使其震荡或自旋的速度降低到光速以下,自身转化成具有同样信息量和能量的质点,同时被集合成极限粒子,并将质点所含有的能量均匀地分布到整个极限粒子形成质量,使极限粒子成为没有空隙的完全实体,这是信息(能量)向物质转化的最基本的自然化过程,源自于信息(能量)的基本特性。有关能量子(光子)可以降低到光速的结论,近期已经由英国格拉斯哥大学和赫瑞瓦特大学的研究人员的一项实验所证实。在实验中,科学家安装了一个特殊"隔层",单个光子在通过这一装置时,形态会发生改变,而且速度出现了下降(参阅[15])。这一实验本身就为极限粒子的形成提供了有利的证明。

2.2.2　所有极限粒子的空间尺度相同

极限粒子作为物质的最小单位起到了构建时空的基础作用,这使其在三维方向上的质点构成对外呈现正方立体结构。因此,极限粒子不似原子一样是圆形的,而是一个标准的正方体。既然如此,那么由极限粒子链接而形成的宇宙空间也应该是平直的而非弯曲的。极限粒子既然作为空间的最小单元而存在,它的存在就不单纯是个物理量的问题,更是个关系到时空性质的问题,而物质的时空性质却是无法在认识上再做质的有效区分的。所以,作为时空单元的极限粒子,其所有的空间尺度应该完全一样。也就是说,无论极限粒子的质量大小,其空间大小和形状应该完全相同。我们通过把普朗克量子同光速和其他常数结合在一起,就可以得出空间不可分割的量子,也就是最短的距离——普朗克长度。

$$l_P = \sqrt{\frac{hG}{c^3}} \cong 1.61624(12) \times 10^{-35}\,\mathrm{m}$$

在这儿,既然极限粒子是物质与时空的最小单元,那么只有极限粒子的棱长才可能具备最短距离的条件,因此如果普朗克长度是正确的,那么普朗克长度就是就是作为正方体的极限粒子的棱长,这个长度将是宇宙最小空间尺度,我们把它称之为"极限长度单位"。由此也可以计算出极限粒子的体积为:$(1.61624 \times 10^{-35})^3 \approx 4.22199 \times 10^{-105}\,\mathrm{m}^3$。这样,我们就把极限粒子所占据的这个体积单位就称之为"极限体积单位",极限粒子所占据的这个空间就称之为"极限空间"。据此,可以很好地解释科学家的上述困惑,因为这儿的"极限长度单位"是作为构建时空的最小、最基本单元而存在的,低于这个尺度,物质时空将不复存在。

2.2.3 极限粒子的体积远小于基本微观粒子

已发现基本微观粒子中的空间尺度一般在 $10^{-34}\,\mathrm{m}$—$10^{-15}\,\mathrm{m}$ 之间,其中,质子的空间尺度在电子和中子之间,且最为稳定。因此,这儿就以质子作为基本微观粒子的一般性代表,计算一下它与极限粒子空尺度的差距。

质子的半径约为 $8.0 \times 10^{-16}\,\mathrm{m}$,按照科学通常把质子视为球体的话,那么质子的体积约为 $V = (4/3)\pi R^3 \approx 2.1447 \times 10^{-45}\,\mathrm{m}^3$。

我们已知极限粒子的体积约为 $4.22199 \times 10^{-105}\,\mathrm{m}^3$,这样就可以知道极限粒子的体积约为质子的 5×10^{59} 之一。

由此可知,极限粒子的体积远远小于基本微观粒子,它们之间相差约 60 个数量级,这就相当于整个银河系与一粒米的比例。

2.2.4　极限粒子的信息当量为 8 个信息量

由于极限粒子都由 8 个质点构成,而每个质点都是能量子通过降低自身光速后形成的,故极限粒子是通过 8 个能量子,即 8 个信息量转化成 8 个质点后组成的,也即是说极限粒子内涵的信息当量为 8,但极限粒子在没有被分解为能量子(信息)的时候,其本身是不彰显信息的,其信息外显为 0。不过,极限粒子毕竟不是空无一物,它的信息是隐性的,它可以在如下两种情况下彰显自己所蕴含的信息:第一,极限粒子通过自身衰变和时空挤压而分解为 8 个能量子,极限粒子的信息量就是 8 个信息量;第二,极限粒子可以通过能量子反射的方式对外呈现其结构,从而彰显为 8 个信息(这儿所的信息量是由一个能量子所展现的信息量,为宇宙最低的单元信息量,与通常所说的 bit 不同,但有一定的对应关系)。

据此,可以认为极限粒子的信息当量为 8。

2.2.5　极限粒子的质量

根据物质质量公式 $m = h\nu I/c^2$ 可知,极限粒子的每个质点的质量应该 $= h\nu/c^2$。但我们知道,单个质点是不能形成物质和质量的,只有八个质点才能集合成物质。因此,极限粒子的质量应该是 $8 \times h\nu/c^2 = 5.8898392 \times 10^{-50}\,\mathrm{v}$。极限粒子的质量应该是物质质量的最小、最基础的单位,但极限粒子显然受其频率的约束而千差万别。

为了计算方便,在此确定由频率为 1Hz 的能量子构成的极限粒子的质量为极限粒子的质量基本单位,即极限质量单位 $5.8898392 \times 10^{-50}$ kg,代表符号为 J。

2.2.6 极限粒子的电磁特性

由物质之间的相斥或相吸所带来的现象被称为物质的电磁特性,但事实上,这种现象其实只是极限粒子的物质特性而已。极限粒子的电磁特性首先表现为其带电特性,即物理学所谓电荷特性。而所谓的"带电"不过就是正负极限粒子所显示的集合极限粒子及消解极限粒子的功能而已,而电荷就是指具有这种"带电"特性的极限粒子。但事实上,所有的极限粒子都有这种物质特性,只不过强弱不同而已。由于宇宙初始分为正负能量,而正负能量又分别形成正负极限粒子,这就奠定了宇宙的正反物质。这种正反物质普遍存在于这个宇宙,并构成了这个丰富多彩的宇宙。

正电荷就是正极限粒子,它既被赋予了能质点化周围正能量子而形成正极限粒子的功能,同时也被赋予了消解负极限粒子的功能,表示符号为"+";负电荷就是反极限粒子,它既被赋予了能质点化周围负能量子而形成反极限粒子的功能,同时也被赋予了消解正极限粒子的功能,表示符号为"-"。由于宇宙完全是基于时空为 0 的情况下诞生的正负(反)极限粒子,因此这两种极限粒子从产生开始就具有完全不同的性质,且由此产生了同性物质相斥、异性物质相吸的现象。

2.3 极限粒子存在的根据

极限粒子是普遍存在于实在宇宙中的,实在宇宙就是由一个个极限粒子连接而成的物质时空综合体。极限粒子存在有其客观依据,这些依据也就是极限粒子存在的第三种逻辑事实,下面归结

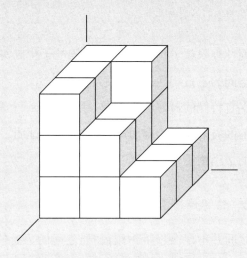

图26 宇宙平直空间由极限粒子堆砌而成

如下。

2.3.1 宇宙平直空间由极限粒子堆砌而成

三维空间只能由三维物质实体直接构成,其他维度无法建构三维空间,空间是物质的延展,没有物质就没有空间,不存在没有物质的空间,用极限粒子论解释就是:宇宙所有的空间都是由一个个0距离接触的极限粒子构成的。通常意义的空间有两种。其一是由感觉到的实在物质构成,其二是由感觉不到的实在物质构成。前者就是人类司空见惯的各种实物;而后者看起来空无一物,但实际上却是由被人类难以察觉的一个个极限粒子连接而成(见图26)。空间本质都是由极限粒子0距离堆砌而成的,空间本身就是一种特殊的物质,只不过通常情况下的空间都是由质量较小的极限粒子构成因而无法造成实物感而已。所有的极限粒子都参与构建空间。通常的情况下,我们所感知的所谓空无一物的空间事实上都是由同性极限粒子构成,而异性极限粒子构成实在物质。

宇宙空间的平直特性已经被完全证实(参阅本卷 5.4.2)。而宇宙空间平直特性的最好诠释就是:宇宙是由一个个具有绝对方正形体特征的极限粒子堆砌而成,从而进一步证明了"极限粒子是构成宇宙的最小物质单元体"的这一论断。

2.3.2　信息传播需要以极限粒子为载体进行传递

物质之间并不存在超距作用,物质之间的信息传播是必须要过媒介的,这本身是个不证自明的问题,但不幸却被科学给否认了。这应该是科学上的巨大失策。

2.3.2.1　信息传播的媒介只能是极限粒子

假如作为能量子传播方式的电磁波能够不通过媒体就可以超距传播的话,那么,电磁波就会因为没有阻隔而没用任何能量消耗,而无衰弱地永远传播下去。但事实上,电磁波信号很明显地会因距离远近而出现强弱不同的现象。这种现象的唯一解释就是,电磁波一定是通过媒介传播的,而这个媒介需要具备两个特征:其一是布满整个宇宙,其二是宇宙最小单元体。而具备这个条件的只能是构成这个实在宇宙空间和物质的极限粒子,极限粒子是承载信息(能量子)的传播媒介(载体)。

物质之间根本不存在所谓的四大相互作用,所谓四大相互作用只不过是通过极限粒子的分解和集合而形成的空间收缩和膨胀现象,而这种膨胀现象也是通过以极限粒子为载体的信息表现出来的。

2.3.2.2　科学上曾经的"以太"理论具有一定的合理性

17 世纪的笛卡尔最先将以太引入科学,并赋予它某种力学性质。在笛卡尔看来,物体之间的所有作用力都必须通过某种中间媒介物质来传递,不存在任何超距作用。因此,空间不可能是空无所有的,它被以太这种媒介物质所充满。以太虽然不能为人的感官所感觉,但却能传递力的作用,如磁力和月球对潮汐的作用力。后来,以太又在很大程度上作为光波的荷载物同光的波动学说相联系。光的波动说是由胡克首先提出的,并为惠更斯所进一步发展。由于光可以在真空中传播,因此惠更斯提出,荷载光波的媒介物质(以太)应该充满包括真空在内的全部空间,并能渗透到通常的物质之中。除了作为光波的荷载物以外,惠更斯也用以太来说明引力现象。牛顿虽然不同意胡克的光波动学说,但他也像笛卡尔一样反对超距作用,并承认以太的存在。在他看来,以太不一定是单一的物质,因而能传递各种作用,如产生电、磁和引力等不同的现象。由此可见,极限粒子的提出和笛卡尔、牛顿等人曾经提出的"以太"理论存在相通的地方,都认为物质之间不存在超距作用,物质之间相互作用要通过媒介传播。

但遗憾的是,经典科学的这个观点并没有持续多久,就因为没有发现所谓的"以太"而放弃。现在看来,"以太"反驳论者的观点是站不住脚的。首先,极限粒子是宇宙空间核物质的最小单元体,也就是说极限粒子本身就是空间,同时宇宙空间的大部分极限粒子都是质量还无法被人类测定的极轻物质,这种物质很难产生"以太风",即便能够产生"以太风",也是很难被观测到的,因为:我们所说的一般意义的风应该是由远大于极限粒子的宏观物质运动造成。其次,光速不变是由于极限粒子的分解和形成的极限时间所造成。最后,统一信息论认为,电磁场根本不是实在物质,而只是一种非物质的客观存在。"以太"的反驳论者的缺陷在于:没有认识到"以太"是以时空最小单元的方式存在的。

需要说明,极限粒子和"以太"也有不同的地方:极限粒子只有质量的不同,宇宙空间的大部分极限粒子虽然质量极轻,但也仅仅是普通物质的一种,并没有特殊性;"以太"则被当时科学界普遍认为是一种刚性的、没有质量的、静止的特殊物质,而这种没有质量的物质在统一信息论看来是不存在的。因此,"以太"之所以被当时的科学界否定,还可能与他们对"以太"的误解有关。

2.3.3 物质之间的聚合和分离(即运动)的根本原因是基于极限粒子的消解和形成

宇宙有一个重要特性——宇宙不允许存在真空。在此前提下,极限粒子会通过自身衰变或者被破坏的方式使质点重新转化为能量子,从而形成辐射并导致时空消失,这就会造成天体之间的距离缩小形成聚合;反之,能量子也会因不断转化为质点而被集合为极限粒子,从而形成新的时空并导致天体之间的距离加大。极限粒子的分解与合成是造成宇宙万物运动的根本原因。宇宙之所以能够不断膨胀,也在于极限粒子形成远大于分解的速度。

2.3.4 极限粒子的存在能够根本性地解释光速不变的原理

相对论提出光速不变原理是基于初始的假设然后有通过实验证明的,但缺点在于它只是描述了这一现象,而不能说明这一现象形成的根本原因。统一信息论认为,极限粒子具有最小极限长度,即普朗克长度 1.61624×10^{-35} m;这个极限长度使得极限粒子的形成需要最短的极限时间,即普朗克时间 $5.39121(40) \times 10^{-44}$ 秒。由于极限粒子的大小恒定,这就使得这个最小的长度和时间恰恰形成了宇宙极限速度,即光速。另外,由于光量子(能量子)是以极限粒子为载体进行传播的,而这种传递是以彼此为 0 距离而没有时间间隔的一个个极限粒子的相互接力进行的,也即是说,能量子在极限粒子之间的传递是不需要时间的,这就更进一步确保了光速在任何参照系的不变。

2.3.5 质子质量远大于其内部夸克质量的总和, 说明质子内部含有大量的极限粒子

在提及夸克质量时,科学界需要用到两个词:一个是"净夸克质量",也就是夸克本身的质量;另一个是"组夸克质量",也就是净夸克质量加上其周围胶子场的质量。这两个质量的数值一般相差甚远。科学通常认为,一个强子中的大部分的质量,都属于把夸克束缚起来的胶子,而不是夸克本身。尽管胶子的内在质量为零,它们拥有能量——更准确地,应为量子色动力学束缚能(QCBE)——就是它为强子提供了这么多的质量,如一个质子的质量约为 $938MeV/c^2$,其中三个价夸克大概只有 $11MeV/c^2$;其余大部分质量都可以归咎于胶子的 QCBE。根据爱因斯坦的质能转换方程,能量和质量是可以相互转化的。转化公式为 $E=mc^2$,因多的质量可以通过能量转化,这说明零散的夸克组合成核子要吸收能量并转化为质量——问题正是基于此,因为如果是这样的话,那么这些通过能量转化成的质量是以什么方式存在的哪? 质量总要以某种实在物质存在而不能没有物质存在形式吧? 那么这些实在物质究竟是什么哪? 科学对此不置可否,而统一信息论则明能明确说明:这些质量就是以质子内部数量巨大而质量极轻的极限粒子方式存在。

根据极限粒子的特征:质子的体积约是极限粒子的 5×10^{59} 倍。由此可知,每个极限粒子的个头与质子相比较,就像用一粒米与整个银河系相比较一样。现在的问题是:质子中拥有如此众多

的极限粒子,为何却只能发现夸克,却不能发现其它极限粒子哪?一个根本原因在于:在质子中,除了夸克外,其它极限粒子的质量太过微小了,以至于人类根本无法测定。

那么,其它极限粒子的质量究竟有多小哪? 已知:质子中除了夸克所剩下的质量为 $1.6526536 \times 10^{-27} kg$,质子中极限粒子的数量为质子所容纳的极限粒子约为 5×10^{59} 个。由此可知,每个极限粒子的平均质量约为 $\approx 1.6526536 \times 10^{-27} / 5 \times 10^{59} = 3.353072 \times 10^{-87} kg$,这个质量远小于可感极限粒子的最小质量,属于小质量极限粒子质量范畴。因此可以肯定:质子中必然充斥着大量的质量极小的小质量极限粒子。当然,质子中除了夸克和其它小质量极限粒子外,也可能存在一些其它质量较大的极限粒子。

2.3.6　普朗克长度和 γ 射线实验进一步证明了极限粒子的存在

普朗克尺度的得出不是偶然的,科学之所以不能超越自己,并非仅仅是由于科学的局限性,最主要的原因在于:宇宙的确存在科学物质手段所不能超越的极限世界,而这个极限世界恰恰是由于极限粒子的存在。

用强大的 γ 射线照射氘核,可以使之分解为一个质子和一个中子,其原因何在? 正是由于在用 γ 射线照射过程中,因受到氘核的阻隔影响而导致 γ 射线速度降低,从而使其质点化后集合成了多个夸克等 γ 极限粒子。这样,便使其在质子和中子间形成空间,从而导致两者分开。

2.3.7　宇宙膨胀的根本原因在于不断有大量能量子被集合成极限粒子,从而造成空间不断膨胀

1929 年,埃德温·哈勃在使用望远镜对星系进行大量观测的

基础上，获得了一项改变历史的重大发现：宇宙中的星系都在远离我们而去；离我们越远的星系，背离我们向远处运动的速度越快。这个事实，现在称为"哈勃定律"。研究还发现，地球正在以每年 15cm 的速度远离太阳、月亮在以每年 3.8cm 的速度远离地球，所有的星球也都在相互远离。这就产生了一个问题，既然物质存在万有引力，而越大的星球其引力就越大，那么为何不相互吸引拉近反而彼此分离哪？科学家们对种造成这种现象的原因不得而知，却只是猜测是由某种"暗能量"驱动所致，而对"暗能量"是什么也仅停留在猜测中，但如果用极限粒子理论解释这一现象就显得比较合理。

我们知道，宇宙中到处游离着大量的能量子，这些能量子会不断合成极限粒子，从而造成空间不断膨胀。空间膨胀主要有如下几种情况：其一，基于物质同性性能质量合成极限粒子，而形成空间凸显；其二，同性极限粒子共同集合极限粒子，而形成空间凸显；其三，因奇点宇宙分解后所形成（极为巨量的尚未集合成极限粒子）的能量子的不断集合，而形成极限粒子后造成空间凸显。

而空间的收缩发生在如下几种情况中：其一，基于物质异性性能质量消解极限粒子而形成空间凹陷；其二，物质质量促进极限粒子分解而形成空间凹陷；其三，因极限粒子自身衰变辐射而形成空间凹陷；其四，当量完全相同而性能质量相反的极限粒子接触后造成"湮灭"，而形成空间凹陷。在这 4 种情况中，发生在第一种情况下而形成的空间凹陷现象最为突出，它是"物以类聚"的最主要原因。

相比而言，空间膨胀的程度要大很多，这是基于如下几个原因。（1）由于奇点宇宙分解而形成的正反极限粒子数量基本相同，而分布也基本具有各向同性。因此，基于物质异性性能质量消解极限粒子而形成空间凹陷程度,与基于物质同性性能质量合成极限粒子而形成空间凸显程度基本相当。(2)极限粒子分解成能量子后,能量子以光速在极限粒子之间传播,这将会使分解后的能量子获得许多重新被集合成极限粒子的机会:其一,能量子会因各种原因被掣肘而质点化,重新形成极限粒子并获得空间凸显;其二,能量子有非常多的机会被同性极限粒子集合成同性极限粒子。(3)奇点宇宙分解后,大量的尚未集合成极限粒子的能量子广泛分布在宇宙中,它们同样会因被掣肘而质点化或者被同性极限粒子集合成同性极限粒子,而造成巨量的空间凸显现象。

仅此而言,就可以肯定宇宙的膨胀将远大于宇宙的收缩,并且是宇宙边缘的膨胀速度接近于二倍光速。这个原因主要是由于极限粒子一个极为重要的性能特征所造成——当量完全相同而性能质量相反的极限粒子接触后造成"湮灭"。由于这个原因及宇宙初始分布的各向同性和均匀性,宇宙在大爆炸初期造成了极为普遍的"湮灭"现象。因此,宇宙初期往往会造成两种极限粒子分布两个各自不同的区域的情况,仅有少数性能质量相反的极限粒子融合的到性能质量相异的区域中,以形成"物以类聚"现象,宇宙便基本上形成了这样一种模式:绝大多数同性极限粒子分布在同一区域中,又由于同性极限粒子合成同性极限粒子后,它们之间又会合成更多的同性极限粒子。这样,两个不同区域的极限粒子就会呈现几何级数增长,而极限粒子的形成是在最小的普朗克时间内造成的。这样,当宇宙中充满大量游离的能量子的时候,宇宙将会在这两个不同区域以光速合成极限粒子,并由此造成在这两个不同的区域中以光速膨胀。事实上,由于自然科学已找到了宇宙 3K 辐射背景,就说明了宇宙仍然含有大量的游离的能量子,仅此,就为造成在这两个不同区域的光速膨胀提供了足够的能源。由于宇宙大爆炸时接近各向同性和均匀性,而这两个不同的区域将分处宇宙中各自的范围内,这就会造成以宇宙奇点为中心各个方向的空间光速膨胀。于是,整个宇宙将会形成相对方向的2倍光速膨胀现象。不过,由于宇宙内也存在大量的因极限粒子分解而形成的空间收缩现象,且随着实在物质的不断增加,其空间收缩速度也在不断加快,这使宇宙空间的膨胀速度会不断降低,但这种收缩现象相对于膨胀还是非常小的。因此,宇宙空间的膨胀速度也将因此而略低于2倍光速。

研究发现:发现超新星光度比匀速膨胀宇宙模型显得暗淡,说明星系和其内部的超新星以越来越快的速度相互远离,宇宙膨胀在加速,不仅如此,宇宙还加速了几十亿年,按照这种加速度下去,宇宙边缘的膨胀速度也应该接近于光速。

2.3.8　人类已发现夸克、中微子、W及Z玻色子等极限粒子

根据《统一信息论》中的推测,目前人类事实上可能已经发现了夸克、中微子、W及Z玻色子等极限粒子;另外,胶子、引力子也可解释为极限粒子,但这两种或仅是极限粒子分解时的空间收缩现象。其中,W及Z玻色子等极限粒子属于大质量极限粒子,夸克、中微子属于可感极限粒子(参见《统一信息论》第二章第四节)。当然,夸克、中微子、W及Z玻色子也可能属于由极限粒子构成的介于极限粒子与基本微观粒子之间的单元体,这需要实验的进一步证明。另外,尚未确证的作为物质质量之源的希格斯玻色子也应属于极限粒子,原因在于极限粒子是构成物质质量的最小单元体,故极限粒子与希格斯玻色子是同一的。

2.3.9　相关实验证明了极限粒子存在的可能性

人类科学目前对极限粒子的存在还基本上处于一种无知状

图27 "无中生有"实验

态,但事实上,他们却在很多实验中直接或间接地提供了极限粒子存在的证据。

A 实验一:瑞典"无中生有"的实验

2011年,搜狐科学发表了《瑞典量子科学家在真空中首次创造出"火花"》一文(参阅[16])。该文据国外媒体报道,瑞典研究人员近日实现了从"无"中制造出"有"——科学家们首次实现了在真空中创造出"火花"。据悉,这个研究团队以"二十分之一光速"的速度在一个特殊的设备上"移动"一个磁场,通过转变磁场的方向而使得特殊设备不断"摆动",从而实现了在真空中创造出"火花"。这个研究团队认为,实际上这个结果是真空中所产生的粒子"阵雨",正如以前的量子理论所预期的一样。

瑞典科学家这个不平常的发现被人们称为"一项重大发展",全世界的物理学家们为之振奋。据悉,瑞典科学家的本次发现是围绕着量子力学中"真空不空"的这个特殊理论而得出的,他们认为真空被特别微小并且在飞速移动的粒子所填满。这些粒子便是所有存在的物质,但是它们是"虚拟的",它们一直"藏得很深,像消失了一样"。瑞典的科学家们用一面"镜子"来吸收这些"虚粒子",然后以一种"实际"的形式将虚粒子"放射"出来,但是只有当虚粒子以"光速"的速度移动时才能达到实验的要求。这个来自瑞典查尔莫斯理工大学(Chalmers University of Technology)的研究团队通过使用"超导量子干涉磁量仪(SQUID)"而使得虚粒子移动的速度达到了要求。据悉,超导量子干涉磁量仪对磁场非常"敏感"。

事实上,这个实验用极限粒子理论解释则显得更加合理,这些"特别微小的粒子"就是极限粒子。极限粒子论认为,所谓的"真空"都是由一个个质量极小的极限粒子 0 距离叠加而撑起来的,由于其质量极小且体积极小,故很难被人发现而误以为是"真空",但由于极限粒子在很多情况下是能够分解成为光子的,因此,在实验中更是能够在所谓的"真空"中被制造出各种"火花"的。相反的情况,如果所谓的"真空"里没有极限粒子等任何物质实体,而完全是空无所有的话,则无论如何也是制造不出"火花"的。

B　实验二:荷兰"量子纠缠"实验

2015 年,据凤凰网的一则题为《荷兰科学家证实量子纠缠:物质远隔万里却相互作用》的消息报道,在一个具有里程碑意义的研究中,荷兰代尔夫特理工大学的科学家报道:隔很远距离的物体可以瞬间互相作用。科学家们把两颗钻石分别放在代尔夫特理工大学校园内的两侧,距离 1.3 公里,校园的两侧设有探测器。每块儿钻石含有一个可以俘获单个电子的微小空间,此空间具有一种称为"自旋"的磁性,然后用微波和激光能的脉冲来纠缠,并测量电子的"自旋"。另外,两个电子之间的距离确保做测量的同时,信息无法以传统的方式交换。实验过程中,研究人员能够把相距 1.3 公

图28 "量子纠缠"实验

里（比一英里略少）的两个电子纠缠起来，然后在它们之间传递信息，其结果是它们彼此之间不独立。

本文以为如果这则消息属实的话，那么无疑是更进一步证明了极限粒子存在的可能性。根据统一信息论所发现的双子定律，整个宇宙是由一个个极限粒子0距离叠加而成，物质之间根本不存在"真空"（质量较小的极限粒子所构成的物质被误以为"真空"）。这样，宇宙所有物质都会联结为一个整体，这就造成一个必然的结果：任何极限粒子的形成、移动或被分解消失，都会引发整个宇宙的联动，而由于极限粒子之间都是没有间隔的、零距离的，因此这种联动完全不需要时间，这就像如果要移动一块石头的其中一部分，就会使这块石头同时整体移动的道理一样。这也就是说，无论两个极限粒子在宇宙中相距多么遥远，由于他们整体性的关系，一个极限粒子的变化将必然即时影响到另外一个极限粒子。基于此，如果人类能够精确测定极限粒子的变化，甚至可以实现即时通讯。

发现"量子纠缠现象"的科学家至今无法解释这种现象的成因，而如果用统一信息论解释该现象就显得非常简单清楚："量子纠缠现象"其实就是源于极限粒子的相互作用。可是，如果用他们那些基于目前科学理论体系的方式方法，则不仅需要需要大量的数学公式和物理定律，而且显得极其繁琐复杂，也很容易失误。

2.3.10　用极限粒子理论解释各种事物和现象更趋合理

以上根据只有用造就时空和质量最小单元的极限粒子才能更好地说明。极限粒子理论发现了人类未知的物质始基层面、极限层面，发现了宇宙万事万物形成的根本原因，发现了宇宙根本就不存在科学所谓的四大相互作用，发现了生命及精神的实质及其形成机制，发现了人类社会发展的动因及发展方向。极限粒子理论更加合理地回答了许多科学所不能解决的"为什么"问题，比如：物质运动的原因、光速的形成机理、精神的实质、宇宙为何高速膨胀，等等。另外，还能够更加合理地解释许多现象，如：质量、惯性、温度、火焰、热胀冷缩、地震、火山等等。这使得整个人类的认知建筑在最为坚实的基础上。

2.4　丰富多彩的极限世界

极限粒子开启了物质之始，尽管其所形成的时间较短，其形成之始所寄寓的空间甚至远不如一个电子的空间大，但由于奇点宇宙赋予了极限粒子的无限多样性，这使其为物质被进一步集合成更加丰富多彩的物质世界奠定了基础。极限粒子形成后，会因其所呈现的性质而产生不同的相互关系和作用。按照质量大小，极限粒子理论上总体可分为大质量极限粒子、可感极限粒子、小质量极限粒子。

2.4.1 大质量极限粒子

大质量极限粒子是指由能量大于 γ 射线的未知高能射线质点化后集合而成的极限粒子。理论上,这种极限粒子的质量可能特别大,正是由于这个原因加上稳定的 8 点时空结构,才使得这种大质量极限粒子的结构极为稳固,其稳固程度足以使其物质属性无法对外彰显。同时,由于大质量极限粒子自身具备特别高的物质特性,使其很难形成质量亏损而对外形成辐射,故由大质量极限粒子构成的物质对外难以彰显信息,这就造成了所谓的"暗物质"。通过分析,我们已经基本确定了人类已发现的两种大质量极限粒子——W 及波色子及 Z 玻色子,这两种极限粒子在暗物质极限粒子中,属于质量较低的极限粒子,可能正是基于它们属于暗物质中"轻子"的缘故,而更容易被首先发现。

由于能量子的能量达到一定程度后,因其能量性过大的原因,使其不能在实在宇宙空间中集合成极限粒子,它需要进一步分解到可以进行质点化的时候,才可以形成大质量极限粒子。因此,大质量极限粒子的种类也是有限的,只不过我们还无法确定能够质点化的能量子上限而已。理论上可以肯定的是:大质量极限粒子的种类应该为数不少,且由于其质量较大,由其所构成的暗物质的质量应该在宇宙中占据很大的比例。相信随着时间的推移和认知水平的提高,人类将会发现更多的暗物质极限粒子。

2.4.2 可感极限粒子

可感极限粒子是由人类目前所能观测到的各种能量子质点

化后集合而成的极限粒子。之所以这样称呼,主要是用来说明这种极限粒子构成人类目前所已发现的各种可观测到的各种物质,虽然包括可感极限粒子在内的大多数极限粒子仍然是人类目前无法观测到的。比如,构成强子的夸克 γ 极限粒子、构成电子等轻子的 X 极限粒子、各种由紫外射线构成的紫外极限粒子、构成自然界中各种色彩物质的可见极限粒子、红外极限粒子(中微子)、无线极限粒子。这些极限粒子都是普遍存在的,正是由于它们的存在及其分解为各种频率能量子,才能使我们感知各种色彩,才能赋予宇宙五彩缤纷的世界,否则这些能量子是无法产生的。

根据物质质量公式,极限粒子的质量是由组成该物质质点的能量大小决定的,而质点的能量又是由转化为该质点的能量子等量转换过来的。因此,物质的质量就与转化为该质点的能量子频率成正比,而理论上的能量子频率具有不确定的无限性。如此看来,极限粒子也应该无限多样的。下面,仅就人类所能观测到的电磁波来分析一下极限粒子的大体种类。已知电磁波的波长和频率如下:

无线电波:波长 3×10^8—3×10^{-4} m;频率 1—1×10^{12} Hz

红外线:波长 3×10^{-4}—7.5×10^{-7} m;频率 1×10^{12}—4×10^{14} Hz

可见光:波长 7.5×10^{-7}—4×10^{-7} m;频率 4×10^{14}—7.5×10^{14} Hz

紫外线:波长 4×10^{-7}—1×10^{-8} m;频率 7.5×10^{14}—3×10^{16} Hz

X 射线:波长 1×10^{-8}—1×10^{-10} m;频率 3×10^{16}—3×10^{18} Hz γ射线：波长 1×10^{-10}—1×10^{-12} m；频率 3×10^{18}—3×10^{20} Hz

上述电磁波都可通过物质衰变辐射或者物质结构破坏辐射而产生，且能观测到，故这些电磁波都应该来源于相应的极限粒子本身，否则上述电磁波就无从产生。据此，我们就可以根据极限粒子的质量公式 $8 \times hv/c^2 = 5.8898392 \times 10^{-50} v$，按照其所蓄含极限质量单位的多少将极限粒子进行分类如下（J 为极限质量单位）：

无线极限粒子：质量约为 1—1×10^{12}J。

红外极限粒子：质量约为 1×10^{12}—4×10^{14}J。

可见极限粒子：质量约为 4×10^{14}—7.5×10^{14}J。

紫外极限粒子：质量约为 7.5×10^{14}—3×10^{16}J。

X 极限粒子：质量约为 3×10^{16}—3×10^{18}J。

γ 极限粒子：质量约为 3×10^{18}—3×10^{20}J。

由于普朗克长度的限制，处于构成可感极限粒子波段的能量子波长的差距必然有一个最小值。因此，可感极限粒子的种类也是有限的，但即使如此，可感极限粒子的种类也应非常繁多。

目前已知的可感极限粒子仅有夸克（即 γ 极限粒子）、X 极限粒子、中微子三种。

2.4.3 小质量极限粒子

小质量极限粒子是由频率小于 1Hz 的极小能量子质点化后集合而成的极限粒子，极小能量子对应的电磁波是无限小电波。理论上，虽然质量过小的极限粒子较易形成，但由于稳定程度与其质量成正比，所以，极限粒子的质量不可能无限小，宇宙中一定存在具有最小质量的极限粒子。

小质量极限粒子对宇宙空间的膨胀和收缩起到至关重要的作

用。由于形成小质量极限粒子的能量子的能量极低,高能能量子可以分解成低能量子,而在宇宙的不断膨胀中,高能能量子也必然会进一步分解,直到小到能足以形成极限粒子为止。因此,宇宙中必然不断充斥着大量极小能量子,这些能量子虽然能量极小,但其所集合而成的每个极限粒子却仍然够占据一个极限空间(如:科学理论上的所谓引力子现象很可能就是指这种小质量极限粒子分解后所带来的一种时空收缩现象)。因此,宇宙必然会呈现不断地膨胀甚至加速膨胀的现象。

由此可见,极限粒子的质量差别极大,种类繁多。仅就上述所列举可感极限粒子的质量最大差距也在 10^{20} 倍以上,其质量范围约在 $5.8898392 \times 10^{-50} \mathrm{kg}$—$1.7669517 \times 10^{-29} \mathrm{kg}$ 之间,但理论上的差距可能还要远大于这个数量级。宇宙中很可能存在许多由能量远大于 γ 射线集合而成的大质量极限粒子,也可能存在由许多能量低于无线电波集合而成的小质量极限粒子,这些极限粒子将构成宇宙中一些难以被人类所察觉的物质世界。

另外,理论上的上述每一种能量子和相应的极限粒子是作为正能量子和正物质论述的,它们都应该存在对应的反方面的能量子和反极限粒子。因此,作为与正极限粒子反方面的极限粒子还可以分为反大质量极限粒子、反可感极限粒子、反小质量极限粒子,当然还可以进一步分类。反极限粒子也应该充斥于我们这个宇宙(电子就是有反 X 极限粒子构成的反物质),使其能与正极限粒子共同维持宇宙的收缩与膨胀。宇宙内的极限粒子的确存在许多种类,而受认知能力的限制,人类对极限粒子的认识是极为有限的,尤其是对于那些数量级极小的极限粒子更是难以认知,特别是以往固有的科学认知方式的局限性更是限制了人类在这方面的认识。

2.5 三个物质世界

极限粒子的质量尽管差距很大,但其质量和尺度相比当代人类已经发现的大部分微观粒子仍然要小得多。因此,就物质世界而言,它应该是比当代科学所发现的所谓基本粒子更为基本的粒子,是构成基本粒子的基本粒子,正是通过极限粒子的组合,才进一步形成了各种被称之为基本粒子的微观粒子。极限粒子的发现开拓了物质世界研究的崭新领域,再考虑到非物质的始基领域,可以这样认为:信息(能量子)是客观存在的始基构成领域,可称之为始基领域;极限粒子世界是物质的一级构成领域,可称之为极限领域;微观粒子属于物质构成的二级领域,可称之为微观领域;人类肉眼能观测到的物质世界称之为三级领域,可称之为宏观领域。这样,始基领域、极限领域、微观领域、宏观领域共同组成了人类崭新而完善的由低到高的认识领域。其中,始基领域构成了非物质世界;而极限领域、微观领域、宏观领域则分别构成快乐极限物质世界、微观物质世界、宏观物质世界 3 个物质世界。事实上,如果从最基本的层面看,所有的物质都属于极限世界,之所以划分为三个世界,主要是出于认识层面的考虑。

2.5.1 极限物质世界

由一个个单独极限粒子构成的物质世界,其尺度都是绝对标准统一的实心正方体,棱长均为 1.61624×10^{-35} m。它们大小统一,但质量密度不一致,而且因其吸附各种频率的极限粒子,使其真整个极限世界显得光怪陆离。

极限物质世界中存在明显的弱肉强食的现象,质量较大的极限粒子会不断分解蚕食质量较小的极限粒子。与此同时,也有很

图29　光怪陆离的极限世界

多小质量极限粒子的独立性较强,不愿意依附于大质量极限粒子,它们不断会再通过被分解后的 8 个能量子或结合其它能量子,而再次集合成为极限粒子。此外,还有大量游离能量子不断合成极限粒子。一方面,不断有巨大量的极限粒子不断生成,造成空间膨胀;另一方面,又有巨大量的极限粒子被分解,造成空间收缩。这样,就使得整个宇宙极限物质世界显得非常活跃(如图 29)。不过,由于宇宙产生时携带了足够巨量的能量(子),以至于到目前为止,使得整个宇宙生成极限粒子的速度仍然远大于分解极限粒子的速度,由此造成了整个宇宙的不断膨胀,这种情况要一直持续到宇宙生成极限粒子的速度等于分解极限粒子的速度。

2.5.2　微观物质世界

一般情况下,是指由至少两个极限粒子构成的相对稳定的微观粒子组成的物质世界。微观粒子是指由极限粒子集合而成的微观物质粒子(即传统科学所指称的基本粒子)。其空间尺度的数量级范围应在极限尺度 1.61624×10^{-35} m 和分子尺度 10^{-9}m之间,一般约在 10^{-34} m—10^{-9} m 内。小于该尺度的事物都属于极限世界,大于该尺度的事物属于宏观世界(也不尽然如此,如蛋白质的分子直径达到了胶体微粒的大小 10^{-9}m—10^{-7}m,但它属于微观粒子)。据此可以认为,如果说极限粒子是最基础的初级物质单元体的话,那么,由极限粒子构成的微观粒子就是中级物质单元体,我们把它们统一称之为微观物质。与极限物质不同,微观物质是由极限粒子逐级复合而成的复合粒子,微观物质是分层次的。按照由极限粒子组成的层级不同,其种类可分为作为第一层级单元体的基本微观粒子、第二层级单元体的原子、第三层级单元体的分子3种。其中,基本微观粒子又可分为大质量基本微观粒子、可感基本微观粒子(主要包括人类发现的强子族、轻子族等)、小质量基本微观粒子(详情参阅[14],p63—92)。

仍然以质子为例来说明。一个质子的质量约为 $938\mathrm{MeV/c^2}$,但其中三个价夸克大概只有 $11\mathrm{MeV/c^2}$。因此,真实的质子图形应该是这样的:如果夸克也是极限粒子的话,那么质子将由 3 个作为较大质量极限粒子的夸克和其余较轻的小质量极限粒子构成。其形成的机制是,三个夸克由于具有较大的质量,故能够通过分解极限粒子而吸附小质量极限粒子,而这种吸附所造成的吸引作用对周围是等距离,所以最终形成了球状结构,这种球状结构以三个夸克为中心。

需要说明,这种球状结构是由一个个作为正方体的极限粒子0距离叠加而成,且与质子以外的其他极限粒子相互衔接,质子仅仅是以其独特的特征和形状与周围极限粒子相区分。根据几何性质,质子只能是一个近似的球状或为方体。根据上文计算,质子由

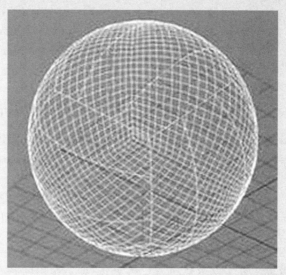

图30 质子由一个个极限粒子叠加而成

约 5×10^{59} 个极限粒子构成。

如质子一样,所有的微观物质粒子(即传统科学所指称的基本粒子)都是由一个个极限粒子叠加而成。

2.5.3 宏观物质世界

宏观物质世界由最小尺度大于 10^{-9} m 的物质组成的世界。宏观物质世界是一个由分子、原子、基本微观粒子、极限粒子等组成的混沌物质世界,而且这个物质世界可任意叠加而成且空间尺度可大至巨量。显然,此时的物质已经不同于物质单元体,我们把这种物质称之为宏观物质。宏观物质形成需要具备如下两个条件:其一,宏观物质世界不涉及分子、原子、电子等微观粒子内部结构;其二,空间尺度一般大于 10^{-9} m。当我们不针对某种物质单元体进行内部分析,而主要分析研究物质单元体之间的关系且分析研究对象尺度大于 10^{-9} m 的时候,我们所面对的就是宏观世界。宏观物质形态主要分为固态、液态、气态、等离子态等几种形式。

极限粒子的出现,陡然使人类所认知的物质世界增加为三个——极限物质世界、微观物质世界、宏观物质世界,而极限世界是解释宇宙万千事物的总的根本所在,极限世界的出现将使宇宙无秘密可言。极限粒子的发现将是牛顿以来的最大成就,但由于极限粒子太小,而很难被人类目前水平的实验予以确证,但可通过各种极限粒子实验进行逻辑推定。如果作为物质极限小单元的极限粒子被最终证实或被认可为逻辑事实,那么所谓的基本粒子也不过是由一个个极限粒子叠加而成大的复合体而已,这实际上也意味着并不存在具有明确界限的基本粒子,也就根本不存在所谓的标准模型,标准模型也是完全虚构的。极限粒子的发现可能对传统科学和传统认知方式具有颠覆性的发展影响,极限粒子需要用超越传统认知方式的统一信息论方式才能理解和认知,这本身就彰显为一种认知革命。

3 主体程序论

主体程序是统一信息论的重要组成部分,能够根本性揭示生命体及其精神意识之谜,彻底揭示生物进化的根本动因。主体程序告诉我们,精神的实质就是主体程序,而生命体则是主体程序的载体。他们二者同时产生并相互促进,最终形成了五彩斑斓的生命世界。

3.1 主体程序的出现引领生命的诞生

生命的诞生基于宇宙演化的渐进过程。宇宙诞生后,由于氢

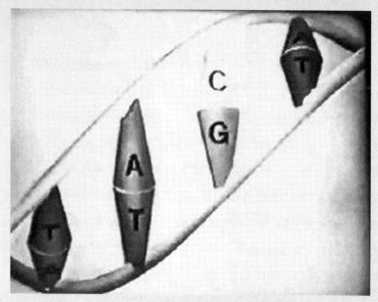

图31　核苷酸链成为类蛋白质链的标识码

氦等原初物质的存在被动反应性,给整个宇宙带来了一种不断演化的活力,最终成功演化出了有机体及其适应性,适应性使得有机体通过不断调整自己的结构和成分而最终形成了生命大分子。而在形成生命大分子的过程中,核酸及蛋白质的合成具有特别重要的意义(参阅[14],p173—180)。

　　蛋白质的合成需核酸的信息(指令),核酸的合成又需要蛋白质(酶)催化,这一过程是在原始地球的条件下形成的。蛋白质是由不同氨基酸按一定顺序通过肽键连接而成的肽构成的,氨基酸序列就是蛋白质的一级结构,它决定着蛋白质的空间结构和生物功能。蛋白质是一类含氮的生物高分子,分子量大,结构复杂,如血红蛋白的分子式是 $C_{3032}H_{4816}O_{812}N_{780}S_8Fe_4$。蛋白质结构如此复杂,正是说明了蛋白质的形成应该有其它动因,否则,仅靠分子偶然相遇和苛刻的物理条件是不可能做到的。通过自组织所形成的蛋白质虽具有蛋白质的组成成分,但在缺少核酸的情况下,它是无法做到自我复制的,故该种蛋白质还不具备生物体内蛋白质的许多功能,我们可称之为类蛋白质,但这种类蛋白质的自组织程序功能已经非常接近程序的指令了,它离程序的形成仅一步之遥了。随着宇宙演化的不断进行,类蛋白质的类程序终于遇到了一种特殊的物质——核苷酸。核苷酸链是由核苷和磷酸组成的,在氨基酸组合而成的肽链作用下,脱氧核苷酸中的四种碱基核苷酸——腺嘌呤(A)、胸腺嘧啶(T)、鸟嘌呤(G)和胞嘧啶(C)会组装出长长的核苷酸链。由于这种核苷酸链是在类程序的引领下形成的,故核苷酸链中的碱基配对就有可能标识蛋白质中的相应信息,这种信息的准确性会随着时间的推移以及核苷酸链与蛋白质链中的信息的交互作用而逐步增强,最终使核苷酸链成为类蛋白质链的标识码。这样,发生于类蛋白质和核苷酸上类程序,就发生了本质性的变化,类蛋白质自组织中的类程序就质跃为核苷酸链上的程序指令。此时,蛋白质和核酸已经通过程序化的对应关系形成了一种逐渐稳定的互补绑定关系,真正生命意义的蛋白质和核酸就产生了。

主体程序论认为,自然界演化出蛋白质和核酸产生后,它们业已形成了维持其存在的一致倾向性,这种维持其存在的一致倾向性使其呈现了一种不同于自然物质的生存性,即生命主体性,作为蛋白质和核酸的统一体也因被赋予了一种超然的自主性而呈现生命状态,生命体因此而诞生。这样,通过物质的反应性和适应性两个阶段,大自然终于进化成具有程序指令的主体程序及其自主组织了,主体和作为主体性存在的生命同时得以诞生(生命体和精神同时成为物质之后的第三性)。主体性表现为程序指令性,主体的实质就是指令生命体进行自主自动运作的程序,即主体程序。主体程序就是基于生命机体的形成过程而自然形成的特定语言编码序列,

图32 主体程序

是通过环境的激发而自动运行的指令程序。主体程序仍然体现为能量子，即信息的组合序列，其实质仍然是基于能量子流所形成高电位势和低电位势的两种信息组合（参阅[14]，p176—180），但此时的程序已不再是被动的机械程序，而是体现为一种自主地维护蛋白质和核酸系统稳定的倾向性，即体现为主体程序。主体程序以生命体为载体，但本身具备非物质性，这使我们由此而找到了精神产生的现实根源和实质：主体程序运作过程对外彰显为精神性，精神的实质也就是主体程序。这样，主体、主体程序、生命体、精神具有实质上的一致性，他（区别于纯自然的它）们均是宇宙长期演化到蛋白质和核酸阶段后，由量变而最终质跃的必然结果。

主体程序作为一种非物质运行方式是不能独立存在的，他必须借助于承载自己的载体——生命体才能彰显，而生命体也因主体程序才呈现生命性。生命体显然已经明显区别于原初的、物质存在，因为他拥有了主体。这种主体性主要体现在三个方面：1.功能性,构筑了自动获取能量的功能体系;2.生存性,主体具有维持自己生存的本能,会通过适应环境自行进行有利于自己的调节,这主要表现在对外界的适用性调节上,如刺激调节、安保调节、生长调节、活动调节等;3.繁衍性,主体能通过基因遗传的方式复制自己的程序片段以体现主体我的延伸。主体的上述三个方面通过其程序体现出来,程序性是主体的实质,没有程序就无法体现主体性,但程序只是主体之所以为主体的必要条件而不是充分条件,要判断一种程序是否能成为为主体,关键在于其是否具备上述三个特征。主体的上述三个特征就足以说明生命我对自在的完全超越性,作为主体程序的生命体显然是宇宙演化过程中自发地形成的。宇宙演化赋予生命所形成的程序与目前水平的计算机程序具有一定的相似性,它们实质上都是指令程序,但是指令的组成方式和功能具有很大差别,生命程序具有主体性,是主体程序;而目前的计算机程序还仅仅是人工设计的被动程序,则还不具备主体性能。生命的指令程序从一开始就是主体的,否则,他无法运行程序,这一点使其大大超过了现阶段的计算机,生命的指令程序仅在运行速度上低于计算机。生命的指令程序之所以是主体的,根源于他的无奈,他只能从自然的演化中形成并在自然的演化中造就自己的主体性。另外,细胞的上述三个功能性特征还应是建立在程序的最优化基础上,也就是说生物的主体程序总会自动调节,按照适合于自己生存的最优化方向进行内化发展,这是由宇宙的正向演化规律和生物进化的优胜劣汰规律规定的。根据最优化特征,我们就可以解释史前动物形体逐渐变小的原因,从而搞清楚恐龙消失的原因并非是基于偶然的灾变,而是由于大型动物在进化过程中内化质变出一种更加优秀的主体程序,而这种主体程序需要摆脱庞大的身躯才能高效运行。

3.2 生物进化的根本动因在于主体程序的内化

进化论能够基本揭示生物的进化事实,其主导思想是基本正确的,但进化论只是从物质外在形态的变化实施推导出来的结论,也就是说进化论(包括细胞说、比较解剖学,古生物学,胚胎发育的重演律、分子生物学、基因说等)只分析研究了物质进化的外在原因,而没有涉及物种进化的更为根本内在的原因——导致生物不断由低级到高级进化的内在动因是什么? 换句话说,究竟是什么内在的力量竟然会导致生物会不断进行生存竞争、遗传变异、自然选择? 这才是生物进化论应该要解决的最为根本性的重大问题。正是由于这一根本性缺陷的存在,使得进化论就像牛顿之于爱因斯坦的物质时空观一样,因其不能更基础性地解释问题而漏洞百出。因此,进化论需要更深层次地进一步发展,需要从导致生物之所以进化和精神形成的更基本的内在原因分析着手。遗憾的是:迄今为止的所有科学家都忽视了这个问题。他们只是一味地在生命体内部进行越来越细的物质分析,但物质分析永远无法解释生命体及其精神的非物质性,而这种非物质性才是构成生命体作为一种特殊物质所具有的根本性的内在动因。关于生物进化的内在原因,拉马克也曾早就指出:生物本身存在着一种内在的"意志力量"驱动着生物由低等级向较高等级发展变化。应该说,拉马克的观点虽然带有意志论色彩,但他毕竟意识到了生物进化的内在原因,只是由于当时科学技术和认识水平的限制,使他无法分析到这一更加深层次的内因。而今,人类社会已经进入到 21 世纪的信息时代,历史已赐予我们更高水平的认识工具,我们可以很好地运用当代信息理论来解释导致生物进化的根本性动因。下面,我就站在宇宙演化的角度上,用主体程序理论来解释生物演化的内在动因及生物演化历程。

生命体诞生后,此时的宇宙呈现出勃勃生机,因为宇宙演化而出的生命体被赋予了一种崭新的演化方式——主体程序演化。与单纯物质外在的演化方式不同,主体程序会通过与生命体及环境的互动而自主地进行不断完善性的演化,并引领生命体进行有利于自己生存的外在演化。很显然,主体程序的演化已完全不同于物质外在的演化,而是一种寄寓于生命体内部的非物质的演化方式——内化,正是基于这种内化的引领,生命体才得以不断进行外化(生命体外在物质的演化,即进化)。此时宇宙便开启了内化的先河,生命体因主体程序的内化而逐渐凸显。此后,宇宙就在内化(生命主体程序的内在演化)和外化(生命体的进化)双重作用下,展开了它迄今为止最为绚丽多姿的演化进程。

内化的发现告诉我们:生命物种的起源不仅仅是单纯基于进化方式,更是基于另外一种根本性的内因——主体程序的内化,生命物种的起源应该是基于内化与进化共同作用的结果。与原初物质盲目随机性的演化不同,出于生命体自身生存发展的需要,主体程序的内化发展赋予了生命体以越来越高效合理的演化方式。因此,生命体的演化呈现出越来越快的发展节奏,使其以逐渐加速状态完成了主体程序初级阶段和高级阶段。其中,初级主体程序又分为自主程序和主动程序两个阶段;而高级主体程序则属于人类发展阶段,分为自我程序和自觉程序两个阶段。宇宙在上述四个阶段中,充分展现出其生命体由简单到复杂的演进过程。

3.3　人类精神的实质是高级主体程序

主体程序内化发展到高级阶段后,产生了高级主体程序,人类精神诞生!人类精神(意识)的实质就是以概念为主要媒介的高级

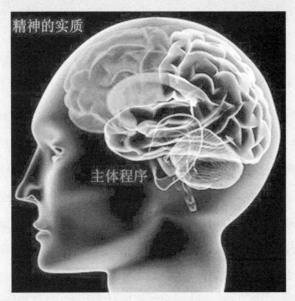

图33　高级主体程序

主体程序。与此同时,意识对物质世界的影响远远超过了物质世界的自然进化,这使得进化失去了它在生命世界演化中的主导地位,宇宙从此进入了生命体的人类精神内化时代。人类及人类精神是宇宙经过几十亿年长期演化的极其灿烂光辉的成就。人类精神的实质就是以概念为主要媒介的高级主体程序,而运行高级主体程序就形成了人的心理活动。人类的精神起源基于宇宙的正向演化,他是生命主体程序不断内化的必然结果。人类精神潜在于原初物质的被动反应性,孕育于有机体的适应性,萌发于生命的主体程序,最终通过主体程序的不断内化并对动物心理活动的超越而形成。由此可以看出,导致生物外在进化的根本动因是基于宇宙演化而产生的主体程序,正是基于主体程序内化的引领及其与外化(进化)的互动,生命主体程序不断由初级阶段发展到高级阶段,生命体才因此而由低级生物形态发展到高级生物形态,并最终导致人类及人类精神的产生。

3.4 美国"思想影响物质"研究对主体程序论的意义

2016 年，一份发行在同侪审查制的《科学探索》期刊上的研究显示，当处在不同群聚的环境之下，随机数生成器（REG）会有异常的表现。那么，这是什么意思呢？随机数生成器采用计算机技术产生 0 跟 1 的随机排列，这些数字会输出在图表上。随机定律使得 0 跟 1 会以相同的几率产生，并以几近水平的直线显示在图表上。任何偏差将以曲线或尖峰显示出来。他们发现当全球性的巨变发生，众多人口集体感受恐慌、焦虑或兴奋时，极大的尖峰也相应产生。而当巨大的社会和政治事件发生时（像是总统大选、恐怖分子袭击、国际法庭案件等等），在随机数生成器中也出现了原先设定不会产生的图样排序。另一项由普林斯顿大学机械暨航空太空工程系 R. D. Nelson 博士部分主导的研究显示，这项效应在 2001 年 9 月 11 日的双子星大楼攻击中非常明显。"我们认为这项实质的相关性，应该会在未来被重复验证。这项研究意味着某种形式的意识存在，并与随机物理系统中的异常有关。"

意识本身是与物质不同质料的东西，而不同质的东西原本是无法相互作用影响的，故这在传统科学家看来，他们是根本无法解释"思想影响物质"这种现象的，但该项实验如果用统一信息论的主体程序论解释，显然将非常清楚明白。主体程序论告诉我们，精神的实质就是主体程序，而生命体则是主体程序的载体。主体程序外在体现为能量子，即信息的组合序列，其实质仍然是基于能量子流所形成的高电位势（1）和低电位势（0）的两种信息组合参阅。主体程序运作过程对内体现为生命精神的心理活动，但是由于主体程序本身就是以程序方式存在的能量子流，而根据统一信息论的极限粒子论，能量子和极限粒子却是在不断相互转化的：当能量子集合成极限粒子时,就引起空间膨胀,当极限粒子分解转化为能量子时,就引起空间收缩。因此,当生命体在进行精神心理活动时,就会有许多能量子转化成极限粒子,而导致生命肢体产生动作并引发周围空间的收缩和膨胀,这也就是人类精神能够支配自己肢体活动的根本原因所在。同时,人类精神活动也必然会因为产生极限粒子而会导致周围空间的收缩和膨胀,而直接对周围物质产生影响,只是由于极限粒子是宇宙最小物质单元体,所以还难以为人类仪器所观察到。而当人类集中出现大量的兴奋、紧张精神汇集时,作为精神的主体程序必然会得以大大加强了能量子流的运转,从而能够在更大程度上产生更多极限粒子,引发相对应空间的收缩及膨胀,导致随机数生成器产生极大的尖峰。

事实上,关于人类意念对物质的影响,以前人们也有类似的研究,并意识到了所谓"咒语"的意念作用。但可惜的是,这些科研人员虽然发现了这种现象,却因为仍然以所谓的"意识场"、电力特性等模糊过时的理念来进行解释而不得要领。不过,Nelson 博士似乎意识到了什么,他说道:"脉络分析指出,这并不能归因于可识别的物理相互作用,而是透过一些与人类意识有关、但仍未知的相互作用。"这些与人类意识有关但仍未知的相互作用究竟是什么?统一信息论看得很清楚,一定是极限粒子和能量子的相互作用!

主体程序理论根本性地揭示了以往科学、哲学等知识方式所不能解决的困惑已久的生命、精神的形成之谜,揭示了导致生物外在进化的根本动因,从而能够彻底解决人类存在的精神、宗教、环境等根本性问题(有关主体程序论的更详细内容请参见《统一信息论》)。

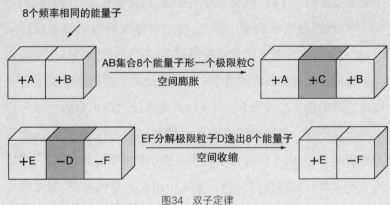

8个频率相同的能量子

AB集合8个能量子形一个极限粒C
空间膨胀

+A +B → +A +C +B

EF分解极限粒子D逸出8个能量子
空间收缩

+E −D −F → +E −F

图34 双子定律

4 双子定律

基于各种事实分析,根据统一信息论,我们可以总结出造成宇宙万物产生及运动发展变化的总根源和总规律,这就"双子定律"。

"宇宙只有极限粒子和能量子两种客观存在,它们造就了宇宙的万千世界。极限粒子是宇宙最小物质单元体,可分为正反极限粒子。同性极限粒子之间集合同性能量子形成同性极限粒子及相应空间,造成空间膨胀,引起周围物质进行扩散运动;异性极限粒子之间分解极限粒子形成能量子后消融相应空间,造成空间凹陷,引起周围物质进行收缩运动。极限粒子集合和分解极限粒子的性能与自身质量成正比,而与相互之间的距离成反比。"

这个规律就是极限粒子与能量子相互转化的规律,说明了宇宙万千世界是由极限粒子和能量子的相互转化形成,故我们也可将该规律称之为"双子定律"或"双子造宇宙定律"。双子定律是宇宙万物产生及运动发展变化的最基础根源和宇宙总规律。基于双子定律,统一信息论彻底解构了四大作用力和标准模型基础所构筑的现代科学体系大厦。相比现代科学理论,统一信息论的基本规律能更合理且清楚明白地解释宇宙几乎所有已知和未知的各种现象,恰如其分地解释质能方程式、宇宙平直时空理论、四大作用力的时空假象、光速不变原理、宇宙膨胀现象、生命和精神的实质,等等。统一信息论的基本观点除了得到以上种种论证和实验所证明外,还可在从下几个事实得到很好的佐证。

4.1 伦敦帝国学院找到了光转化物质的方法

北京时间 2014 年 5 月 20 日消息,据物理学家组织网站报道,伦敦帝国学院的物理学家们近日找到了如何将光转化为物质的方法——当大约 80 年前人们首次提出这一想法时曾普遍被认为这是不可能实现的。在伦敦帝国学院布莱克特物理学实验室的一间小小办公室中,几杯咖啡的时间里,3 位物理学家设计出了一种相对简单的方法来从物理上实现最早于 1934 年由布莱特(Breit)以及惠勒(Wheeler)提出的一项理论。布莱特和惠勒提出,如果将仅仅两个光的粒子(光子)压缩到一起,理论上应当可以将光转变为物质,因为这样做应该会产生出一个电子以及一个正电子,这是将光线转变为物质的最简单设想。

研究组提出的碰撞实验包含两个关键步骤。首先,科学家们将使用一束能量极高的激光来加速电子,使其速度达到接近光速的水平。随后他们将这些电子射入一个金箔,从而产生能量比可见光高出数十亿倍的光子束。接下来,实验者将使用一个微型的黄金制作的容器,被称作"空腔"。科学家们将会使用一束高能激

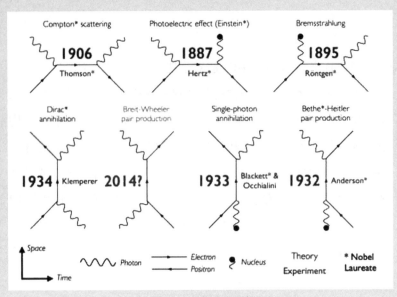

图35　光与物质的反应

光轰击黄金容器的内壁,从而产生热辐射场,这种辐射与恒星产生的光有些类似。随后研究者将会把第一阶段实验中得到的光子束引导通过容器中心,致使来自两个源的光子互相碰撞并形成电子与正电子。当这些粒子与容器发生反应时便可以探测到它们的存在。这项研究的第一作者是目前正在攻读等离子体物理学博士学位的奥利弗·派克(Oliver Pike)。

　　伦敦帝国学院的物理学家们的思路非常符合关于能量子(光子)与极限粒子(物质最小基础单元体)相互转换的"双子定律",这也间接论证了"双子定律"。问题在于,由于物质是一个三维空间实体,故其一定需要8个质点才能撑起三维空间实体,这需要8个能量子(光子)质化为8个质点才能做到,而2个光子最多形成一个光线段,是绝对不可能形成具有三维空间的实体物质的。但是,由于科学家在这个最基础的方面一直存在严重的观念性错误,而一直在沿用具有根本性错误的现代科学基础理论体系,故至今仍

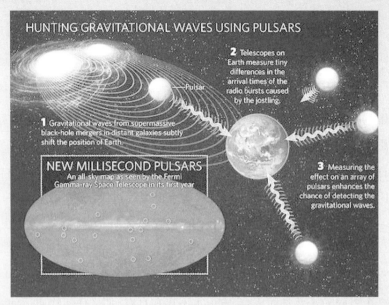

图36 "引力波"发现示意图

然在最基础的深层问题上故步自封,始终沿用一个自以为是的标准模型理论,进而得出两个光子可以合成物质的结论。

4.2 "引力波"的发现再次证明了"双子定律"

LIGO(美国激光干涉仪引力波天文台)于 2016 年 2 月 11 日宣布:直接探测到引力波的存在。这次引力波是基于 13 亿年前的两个分别相当于 36 个和 29 个太阳质量的黑洞合并产生的,两个巨大质量结合所传送出的扰动,于 2015 年 9 月 14 日抵达地球,被地球上的精密仪器侦测到。三个月以后,美国当地时间 2016 年 6 月 15 日,LIGO 科学合作组织和 Virgo 科学合作组织在圣地亚哥举行的美国天文学会第 228 次会议上正式宣布:北京时间 2015 年 12 月 26 日 11 时 38 分 35 秒,来自 LIGO 和 Virgo 的科学家第二次探测到了引力波事件。这次事件是基于被称为 GW150914 的黑洞合并,信号来自大约 14 亿光年外,一个黑洞的质量为我们太阳的 14.2 倍,另一个为 7.5 倍的太阳质量。

根据爱因斯坦的广义相对论,任何物体的加速运动均会对周围的时空产生扰动,这种扰动会以引力波的形式向外传播,在时空中泛起像水波一样的"涟漪"。借助极其灵敏的探测器,我们可以捕捉到这一效应导致的空间微小拉伸,从而探测到引力波。用爱因斯坦的这个理论解释"引力波"似乎也说得过去,但如果用另外一种理论解释得更合理,那么我们就更应该采信。

如果用统一信息论所发现的"双子定律"解释引力波现象,那么问题将变得非常简单清楚。首先,统一信息论认为,宇宙是由一个个极限粒子叠加而成,宇宙根本不存在真空,那么任何物质运动都必然会导致整个宇宙的扰动,只是通常情况下过于微小而不能探测到而已,但是大质量物体的相向合并就不同了,其对宇宙的扰动将相当壮观,在这种情况下,即便在遥远的距离或可也能探测到这种扰动。其次,黑洞的实质为大质量极限粒子固体的集合体,大质量极限粒子会因为其自身质量的巨大而不断分解蚕食周围的相对小质量的极限粒子,而由于极限粒子的体积都大小相同且根本不存在所谓的"真空",当极限粒子被不断分解时,就会使黑洞及其周边物质的空间不断"坍缩",由此连锁性地导致整个宇宙空间发生明显的向内收缩的现象(每个极限粒子分解后都会引起宇宙空间收缩),这就是被科学界所谓误以为的"引力波"现象,而当两个以上的质量足够大的黑洞相互靠近后,其周围极限粒子被分解的力度将可能会骤然增大,从而导致宇宙空间收缩的程度骤然加剧,引发整个宇宙空间朝向双黑洞的方向形成规模性的内缩和移动,于是,科学家所久久期盼的"引力波"便被地球上的探测器探测到了。

现代科学对人类的误导之一就是将"波动"本身视作一种具有

能动性的物理现象,但"波动"现象本身不过是一种外在运动图形轨迹,其本身既没有质量也没有空间,何以会蕴含能量并造成物质的物理移动? 因此,"波动"现象一定是有其内在物理原因的,正是这种原因才造成了"波动",但是现代科学对"波动"的内因解释只是将此笼统地归结为能量,而统一信息论却对此却有很明确的解释。根据"双子定律",包括引力在内的"四大作用力"其实并不存在,它们不过是基于极限粒子等物质的形成和分解而导致的膨胀和收缩现象,"引力波"就是基于极限粒子分解后所产生的空间收缩而产生的外在表象。也就是说,既然"引力"事实上不存在,那么,基于规模性的极限粒子被消解而造成的规模性空间位移现象的"引力波"也不过就是一种时空假象而已,因引力而产生的波并不存在,"引力波"是一种与事实不相符合的谬称。

5　统一信息论时空观

现代科学在时空观方面同样存在着根本性错误,统一信息论将从根本上扭转这种错误,并提出了统一信息论的时空观。统一信息论的时空观在空间、时间、四大作用力、宏观大宇宙等方面都提出了全新的挑战。

5.1　统一信息论时空观的基本观点

统一信息论的时空观是对现代科学理论的时空观的超越,其基本观点分别体现在其空间观和时间观上。

5.1.1　空间观

宇宙只有实体物质存在和非实体物质存在 2 种客观存在。实体物质存在就是那种有空间、质量的三维客观存在,非实体物质存在就是那些没有空间、质量、0纬度的能量(电磁波)。它们通过极限粒子和能量子的相互转化形成了宇宙的万千事物,而呈现"双子定律"。

宇宙的空间完全由实体物质零距离叠加而成。宇宙的三维平直空间本身就是由一个个极限粒子叠加而成,或者说空间就是由实体物质撑起来的,不存在没有实体物质的空间。这也是空间形成的根本原因,只不过,由于许多实体物质因为质量密度太轻而造成了一无所有的空间感而已。实体物质有多大,宇宙就有多大。

三维空间只能由三维物质实体建构,这就完全排除了"真空"的可能性。非物质存在无法构成空间并占有"真空"。由于能量等非物质存在没有空间占位,所以他们只能承载于实体物质上,也正因如此他们无法撑起空间,更不可能占据"真空"。

统一信息论时空观完全否定了"真空"的存在。"真空"是指没有任何实体物质的空间,也即通常所说的"虚空",统一信息论认为这样的空间或"虚空"是根本不存在。"真空"也不同于"虚无",前者虽然没有物质实体,但其语言含义中还是有"空间"内涵的;而后者是对宇宙以外的称谓,其语言含义中连"空间"内涵也没有。宇宙以外就是完全的"虚无",属于没有意义的范畴。"真空"的存在不符合深层次的逻辑事实,无法解释空间形成的原因。因此,不仅完全虚无的"真空"不存在,而且那种所谓充斥引力场、能量、电磁波非物质存在的"真空"也是不存在的,且以此为由论证所谓"真空不空"也是不准确的。

5.1.2 时间观

统一信息论的时间观在极限粒子中有相应的论述。统一信息

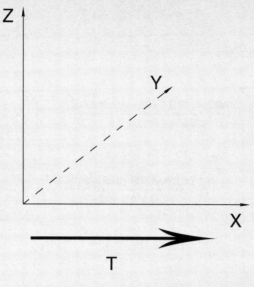

图37　时间是均匀的一维矢量

论认为时间是宇宙诞生时,与极限粒子同时产生的,他是规定极限粒子形成的最短的延续长度和矢量,具有永远不变的一维性。与同极限粒子的棱长具有永远不变的宇宙最小长度和极限粒子具有最小的体积单位一样,时间也必须具有永远不变的延续长度,时间是具有永远的不变的均匀的一维性矢量。时间在外在形式上相对于观察者具有主观性,而体现为所谓的相对性,但是这种相对性只是相对于观察者而产生的主观错觉,根本不影响时间的客观性,时间的客观性不会因为观察者的位置而发生任何变化。因此,时间本质上没有任何弹性,客观上根本不存在时间会变长或变慢的可能性。

5.2　四大作用力本质上是时空假象

现代科学将所发现的物质之间的四个基本相互作用分别命名为万有引力作用、电磁相互作用、弱相互作用、强相互作用,并把传播这四种力的媒介粒子分别称之为胶子、光子、W 及 Z 玻色子、引

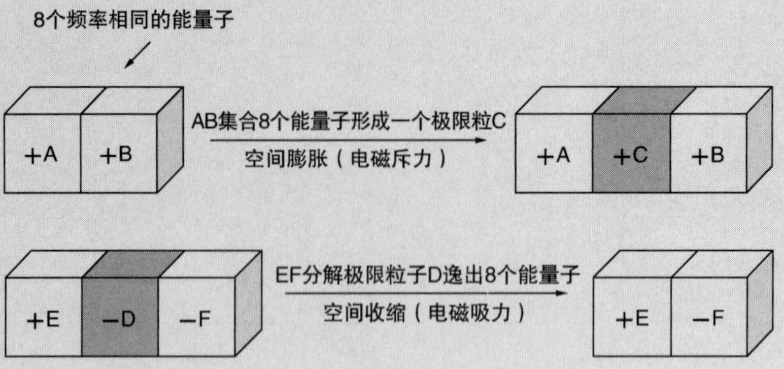

图38 电磁作用的实质

力子,而且还声称还找到了相应的实验证据,认为这是造成物质运动的根本原因。统一信息论发现,科学上的上述发现只是物质的表面现象,四大作用力不过是极限粒子合成与分解所造成的时空假象而已。根据"双子定律",我们可以得出更加合理地从根本性上揭示现代科学理论所谓四大作用力的实质。

5.2.1 电磁作用的实质是极限粒子
合成与分解所形成的空间现象

电磁吸引作用形成的机制:异性极限粒子对其相互之间的可感极限粒子形成共同的分解作用,而造成许多极限粒子因被分解而使其失去空间并导致空间凹陷,由于宇宙不存真空,故每个极限粒子被分解形成一个极限粒子的空间凹陷后,四周的极限粒子就会在最小时间内填充这个凹陷空间,从而引起周围极限粒子的向里的收缩运动,并造成了距离拉近的吸引力假象。

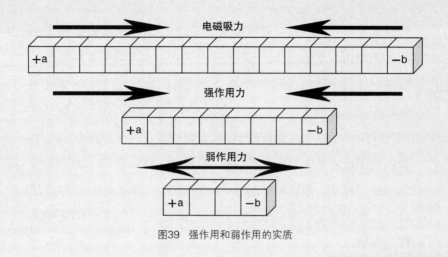

图39 强作用和弱作用的实质

电磁排斥作用由于同性极限粒子集合相互之间的能量子形成许多极限粒子导致新的空间占位,从而引发空间膨胀而造成相互排斥的假象。

5.2.2 强相互作用是基于异性强子之间的分解性能而形成的最大空间收缩现象

强作用是短程力,在四种基本作用中最强。传统物理学最早认识到的质子、中子间的核力属于强相互作用,是质子、中子结合成原子核的作用力,后来进一步认识到强子是由夸克组成的,强作用是夸克之间的相互作用力。统一信息论认为,强相互是所谓电磁吸力的极大值状态。

当两种异性极限粒子质量足够大时,则其相互合作分解极限粒子的性能也会足够强,并随着它们之间极限粒子的不断减少,造成相互距离的进一步拉近,而使分解极限粒子的能力不断增强,这同时也使得它们之间生成极限粒子的难度增大,如此就形成了一种不断向内收缩的趋势,于是就造成了它们相互吸引不断加强的假象,且这种所谓的吸引力最终会达到极大状态,这就是所谓强相互作用现象。但这种极大状态会有一个峰值,原因在于当物质之间的距离小于这个范围的时候,此时的物质之间质量相对较小的极限粒子已经基本分解完毕,剩下的只是一些质量较大的不易分解的极限粒子。在这种情况下,当物质之间继续靠近的时候,必然会被这些大质量极限粒子的空间所反弹,这就造成了所谓弱相互作用现象。

5.2.3　弱相互作用是作为暗物质的大质量极限粒子的空间反弹所造成的空间膨胀现象

弱作用的力程在四种作用中是最短的,传统物理学最早观察到的弱作用现象是原子核的 β 衰变,即:中子衰变成质子、电子与电子中微子,后来又观察到介子、重子和轻子通过弱作用的衰变和中微子散射等弱作用过程。在费曼图中表现为:中子与电子中微子发生碰撞,在碰撞过程中发生了力的作用,这种力就是弱相互作用力。

弱相互作用的产生机制:当物质之间的距离小于可以发生强相互作用的范围时,此时的物质之间质量相对较小的极限粒子已经基本分解完毕,剩下的只是一些质量较大的不易分解的极限粒子,当物质之间继续靠近的时候,必然会被这些大质量极限粒子的空间所反弹,这就造成了所谓弱相互作用现象。弱相互作用的实质:由作为暗物质的大质量极限粒子的空间反弹所造成的空间膨胀现象,这种现象的产生是基于极限粒子被分解后所形成的空间收缩到一定小的范围内而形成的(见图36)。

5.2.4　万有引力是极限粒子衰变后所导致的空间收缩现象

极限粒子都有自身衰变(即分解成能量子)的倾向,由此造成空间收缩而形成所谓的万有引力现象,这主要有以下三种原因。

(1)极限粒子的衰变程度与自身质量成反比。质量越大的极限粒子,其衰变程度越低,就相对稳定不易分解;反之,就较容易衰变而变得不稳定。(2)极限粒子的衰变程度与其周围物质的质量成正比。质量较大的物质会增加周围极限粒子的自身衰变辐射程度,因此,每一个极限粒子周边的物质质量越大,其衰变程度就越大。(3)多种物质的倍加影响。当两种以上的物质同时作用于同一些极限粒子的时候,它们必然会共同形成对极限粒子的倍加影响,从而使这些极限粒子的自身衰变辐射的程度倍加增强,并由此而造成这两种物质之间的一些极限粒子的空间消失,导致距离拉近现象。上述两种原因所造成的现象很容易给人形成一种物质吸引力的感觉。正是基于此,人们便误以为物质之间存在着普遍的吸引力,并把这种吸引力称之为万有引力。

极限粒子的自身衰变是普遍的,主要发生于同性物质之间。相对基于物质的性能质量而产生的分解辐射来说,极限粒子自身衰变其所引起的空间收缩现象还是较弱的,这主要是由于分解辐射是基于异性物质共同作用的结果,而衰变辐射则是基于极限粒子自身独自的衰变,其衰变所导致的辐射当然要弱于分解辐射。因此,相比之下,科学上所谓的万有引力作用要低于因极限粒子的分解而造成的强相互作用、电磁作用、弱相互作用。

5.3　宇宙中心是一个巨大的太极球天体

宇宙起初是一个能量巨大的能量子,这个能量子拥有造就咱们这个宇宙所有客观存在的能量,这个能量子通过一个最基本的自然化过程,将自身分解为正负两个能量子,紧接着,它们便以每个能量子分解为两个能量子的方式进行裂变连锁分裂,当正负能量子各分解为 8 个能量子的时候,他们便组合宇宙史上的第一个正极限粒子和第一个负极限粒子(或称之为反极限粒子),但由于这两个极限粒子的当量相同而性质相反,故便在最短时间内又重新湮没为一个能量子,这样的分裂持续进行了无数次,直至形成了更深程度的裂变。

当这个能量子进行到第五次分裂的时候,真正稳定的极限粒子便诞生了,这是因为此时的正反能量子各有 16 个能量子。以正极限粒子的形成为例,此时的 8 个正能量子可能会形成最大的正极限粒子,但这个极限粒子的形成需要依赖另外 8 个负能量子的继续分裂,直到形成足够数量的负极限粒子,使之形成密度最高的极限粒子固体并吸附到那个正极限粒子的四周,这样,才会避免其与另外那个最大负极限粒子的直接接触而造成湮灭。同样,那个最大负极限粒子的形成也是基于这个过程。这样,宇宙当中最大的正负极限粒子便得以诞生,它们构成了宇宙的两个基本点,咱们可分别叫它们为宇宙正极点和宇宙负极点。

宇宙正极点和宇宙负极点形成后,由于它们的质量巨大,每个极限粒子大约占有宇宙总质量(包括能量)的四分之一,约为 5.1×10^{58} 千克,而其体积仅为 4.2×10^{-105} m^3。想想看,这样一个密度如此之高的极限粒子当然能与异性极限粒子共同分解任何极限粒子,而造成吸附大量的异性极限粒子的现象,这又会形成一种同性叠加的现象。比如,正极点会应吸附巨量的负极限粒子,而这些负极限粒子又必然会大量集合任何的负能量子,使得任何负能量子光线也无法逃逸,但却因不能吸附能观测到的正能量子,从而形

图40 宇宙中心图景

成能够看得见的宇宙最大白洞;反之,则形成宇宙最大的黑洞。随着时间的推移,这两个宇宙最大质量的同性极限粒子空间会通过汇聚越来越多的同性极限粒子而不断造成宇宙空间膨胀,使正极点和白洞与反极点和黑洞之间的距离越来越远。与此同时,黑洞和白洞之间的分界线也越来越长,而正是这条分界线上,造成了正极限粒子和负极限粒子的充分融合,形成了巨量的极限粒子固体暗物质,且在这条分界线上的中心点上形成了宇宙密度最大的极限粒子固体,这个密度最大的极限粒子固体就是整个宇宙中心的中心点。

"一个中心两个基本点"形成后,出现了一个很明显的态势——正极点吸附负极限粒子形成完全看得见的白洞,而负极点吸附正极限粒子则形成咱们完全看不见的黑洞(如图 40)。这种图景连接在一起,将十分相似于中国古代那个以所谓的阴阳鱼为特征的"太极图",但作为"鱼眼"的正极点和负极点,将因其体积极小和被其异性极限粒子所包围的缘故而观测不到,不过,由于正极点极限粒子和负极点极限粒子占有宇宙二分之一的质量,其分量却更为突出,这也非常符合"太极图"用大块面积的黑白两色突出衬托"鱼眼"的意蕴。因此,"太极图"很可能就是宇宙中心的真实图景,宇宙中心是一个质量和密度最大的天体——太极天体。

现在宇宙中心已远非初始,由于中心点的极限粒子固体具有强大的吸附能力,而两个极点又具有强大的膨胀性能,故它们将最终形成围绕中心点高速运转的态势,以此而生生不息地化生万物!

新浪科技讯北京时间 2015 年 9 月 2 日消息。据国外媒体报道,在银河系附近一个星系的中心,天文学家发现了一对超重黑洞(特大质量的黑洞)。它们就如同一对滑冰运动员,围绕着彼此不断旋转。双黑洞产生的能量极其巨大,使得寄主星系中心的亮度大大强于星系中成千上万的恒星,科学家将其称为类星体。对此种天体现象,该媒体以《银河系附近发现超大质量双黑洞:旋转似中国太极》进行了报道。天文学家的这一发现具有非常重要的意义,这再次验证了"统一信息论"的理论观点。2014 年版的《新文明》一书中就作出了这样一个结论:宇宙中心是一个作为宇宙最大天体的太极球天体(参阅[19],p85—86)。天文学家这次发现显然与《新文明》所指出的宇宙中心的太极图天体不尽相同(宇宙中心由黑洞和白洞组成),这个双黑洞也不是宇宙中心(宇宙中心由黑洞和白洞组成),但该次发现进一步证明了宇宙是有可能存在类似于太极图结构的天体的,这就为宇宙中心的太极图天体论提供了进一步的依据。

5.4 统一信息论时空彻底颠覆了绝对时空观

绝对时空观认为时间和空间是两个独立的观念,彼此之间没有联系,分别具有绝对性。绝对时空观把空间看作一种绝对存在的容器,宇宙万物是被装进该容器中。绝对时空的这些观点后来被现代科学否认,但现代科学否认并不彻底。现代科学认为"真空"或"虚空"、"空洞"是能量最低的状态,或者充满了电磁波、场等,以为电磁波、场可以架构时空,"真空"或"虚空"、"空洞"都是电磁波、场能量构成的。然而,无论能量还是电磁波、场都是一种非物质的没有空间的 0 维度客观存在,这种存在既然没有空间,"无空"何以构建"有空"的空间? 又怎么能够占满真空? 这岂不是告诉人们真空仍然是一种没有任何实物的"空"?

由此可见,现代科学的时空观仍然是一种不合逻辑的主观想象,现代科学所谓的"真空"或"虚空"仍是一种没有任何物质的绝对空间,他们还是把空间看作一种绝对存在的容器,并没有真正彻底否认绝对时空的存在,这种理念仍然属于落后的绝对时空观范畴。

5.4.1 统一信息论时空观彻底堵塞了现代科学理论的"真空"漏洞

极限粒子理论认为,极限粒子是最基础的物质时空单元体。极限粒子不仅是物质实体,而且还是最基础的空间单元体,广袤的空间本身就是由极限粒子构筑而成的,故空间不是容器,而是由一个个极限粒子 0 距离叠加并而成,空间其实就是物质的延展。这样,那些被传统观念所认为的"真空"或"虚空"看起来一无所有,但其实还有由一个个特殊的极限粒子叠加而成,只是由于构成这些"真空"或"虚空"的极限粒子的比重较低而显得透明无物而已,这样就完全否决了传统科学所认为的"真空"或"虚空"存在,彻底堵塞了现代科学理论的"真空"漏洞。不仅如此,极限粒子还是最小时间单元,极限粒子的形成是在"最短时间"内形成,这个最短时间不仅造就最短距离,还由此造就了光速的存在。这样,正是基于极限粒子作为最基础的物质时空单元体的存在,才使得物质时空成为密切相连的统一体。

5.4.2 统一信息论时空观能够很好解释宇宙时空平直的理论

相对论认为,大质量物质会使空间弯曲,但人类却已通过实验做出了时空平直的结论。1998 年,美国、意大利等科学家通过在南极洲放飞的携带微波背景仪器的氦气球实验,用三角方法证明:宇宙空间完全是平直的。2001 年 6 月,美国航天局发射 MAP 卫星到拉格朗日点上,用来进一步寻求宇宙空间的几何性质,实验结果进一步证明了"宇宙空间是平直"的结论。另外,也有人也通过理论证明,根本不存在"弯曲空间",这为极限粒子的存在提供了进一步的根据,因为用正方体的极限粒子说明宇宙空间是平直的,显然更加具有合理性。由于极限粒子是正方体,由其一个个极限粒子连接而成的空间自然也应该是平直的,故宇宙空间应该是平直、平坦形的,而不是弯曲的。

统一信息论的时空观是对现代科学时空观的全面超越,由此也彻底颠覆绝对时空观。

综上所述,统一信息论已经在所有基本层面上对科学提出了全面的挑战,具体表现在以下几个方面:

第一,如果作为物质极限小单元的极限粒子被最终证实或被认可为逻辑事实,那么所谓的基本粒子也不过是由一个个质量较大的正反极限粒子叠加而成大的复合体而已,这实际上也意味着并不存在具有明确界限的基本粒子,也就根本不存在所谓的标准模型,标准模型所谓的原子模型、电子云、粒子之间的相互作用其实不过是极限粒子分解与合成所造成的复杂假象而已,标准模型是完全虚构的;第二,由于科学理论都是建立在相互作用力的理论基础上,故四大作用力被否认,将使整个科学体系失去支撑;第三,"信息是能量的表征"第一次对信息进行了明确的界定,这与将信息界定为信号、消息、通讯、属性等形而上的、不确切的、非客观存在的现代信息观具有明显的不同,这意味着信息将被置于与客观存在一样的具有实质性可操地位,这将使传统的信息论被颠覆;第四,揭示生物进化的根本动因及精神实质的主体程序论,大大超越了生物物种进化论,同时也是史上首次从客观层面明确揭示了精神秘密,这会将人类对生命和精神的研究提到一个完全不同与传统生物学的更高层面水平。

　　这样,统一信息论就从根本上彻底否认了四大作用力和标准模型,此举具有非常重大的意义,它不仅证明了科学大厦的模型框架是完全错误的,而且也证明了作为现代科学大厦主要支柱的四大作用力的虚无荒谬性,这就从根本上完全抽取了支撑现代科学大厦的基础。可以这样说,如果统一信息论的挑战成功,将会直接导致以四大作用力和标准模型为基础的自然科学大厦的彻底垮塌,并波及社会科学的根本层面,使整个科学体系陷入风雨飘摇的极为严重的危机中。进一步说,整个科学大厦都抵不过小小的极限粒子,一旦极限粒子被证实,那将意味着整个科学理论大厦被彻底推翻。

　　在这所说的科学特指一种知识形态,为此,请不要把其它知识形态也等同于科学,更不要把统一信息论归属于科学,只有这样才能使统一信息论站在直面科学的立场上,对现代科学理论体系进行全面合理的分析批判,否则将无法根本性地发现代科学的弊端。

基于这样一个立场,将不难看出统一信息论与现代科学理论体系具有实质性不同,它对整个科学的冲击也无疑具有根本实质性的,但有人却反对说:统一信息论与科学一样具有求真务实精神,故也应该归属于科学。本文不同意这样的观点,首先统一信息在理论构架、方法论、层次等方面,已完全不同于科学,而科学理论的巨大矛盾和负面作用业已越来越突出,对科学理论上的修修补补已经无济于事。在这种情况下,强行把统一信息论纳入科学体系,既不利于统一信息论的发展,也不利于人类认知水平的提高。人类的认知方式和知识形态需要以全新面貌进行全面彻底的改革,才能根本上解决问题。

世界上不存在绝对的实证,任何实证都有主观成分,实证科学的说法其实本身就是个伪命题,特别当人类认识向纵深发展到一定程度后,实证将更是难以发挥证明作用,此时就只能通过合理性来验证某种理论是否先进和正确了,如果统一信息论能通过合理的逻辑论证,证明其对很多已知和未知现象的解释要比现代科学体系更具有充分的合理性,这样也就足够了,毕竟现代科学也是通过解释上的合理性获得地位的。

6 统一信息论的前沿先进性

随着认识水平的提高,人类的认知方式和知识形态是不断改变的,统一信息论是通过对以往认知的超越而形成最先进的知识形态,现代科学在认知方面的主导地位将让给统一信息论。

按照人类所可能认识到的层面,我们把人类的认知所可能的涉及分为宏观层面、微观层面、极限层面三种:(1)宏观认知层面:人类初期的认知层面,此时的人类只能认知尺度大于 10^{-9} m 的宏观物质；(2)微观认知层面：现代科学体系建立以来的科学认知层面，此时人类可认知尺度约为 1.61624×10^{-35} m—10^{-9} m 的微观物质；(3)极限认知层面：统一信息论建立以来的认知层面，此时人类可认知 1.61624×10^{-35} m 的极限粒子。从中可以看出，人类认知的水平是随着对物质世界的认识深度不断加深而逐渐提高，这涉及一个由量变而质变的过程。现代科学体系将人类的认知层面提高到了微观世界，但是科学也只能如此，无法超越自己的认识一下发展到极限层面；统一信息论将人类的认知水平发展到极限世界，这是人类认知的极致状态，它是主体演化到人类状态时所可能达到的最高水平；认识水平进一步提高需要超越人类的超生命体诞生才可以继续。

人类以往的包括科学、哲学、宗教在内等所有知识方式日益彰显出其越来越严重的局限性和负面性，人类业已很难再通过这些知识方式获得重大突破，这表明旧有的知识方式已落实于时代的需求，信息时代需要有与其相适应的更加先进的崭新知识方式。统一信息论是通过对整个科学、哲学、宗教等人类以往所有知识方式的变革性超越而建立的新型先进知识方式。主要包括信息本原论、极限粒子论、主体程序论 3 个方面的系统理论，是与信息时代的新文明意识形态相适应的主导意识形态。统一信息论首先论述了信息结构、认识的客观性、客观存在的形成等基本问题，解释了信息(能量子)对于宇宙万物的始基作用，提出了极限粒子理论，揭示了作为物质极限单元体的极限粒子所构成的物质最基础层面，说明了物质的质量、时间、空间是基于极限粒子而形成的道理，论述了宇宙所有事物及其现象都是基于极限粒子形成和分解的根据。通过层层深入、由点及面的分析研究，论证了物质的微观层面、宏观层面的物理、化学、生物等所有可能述及方面的问题，指出了科学的巨大缺陷,合理性解释了许多科学所不能解释的问题。统一信息论通过主体程序理论根本性地解释了生命及其精神形成的原因和实质,指出了进化论的重大缺陷,并在此基础上,进一步解构并合理建构了哲学人文社会科学及宗教,使其完全打通了自然、社会之间的壁垒。统一信息论由此彻底地完成了对人类自然、精神、社会、宗教等等所有方面的理论统一。

"统一信息论"是通过采取大统一的信息理论方式,在研究领域上,既不同于仅仅局限于形而上学的哲学、宗教,也不同于只涉及各种具体领域的自然科学、人文社会科学,而是各种内容兼容并包的可统领所有学科的大统一理论和认知总论,这是人类前所未有的第一个完全大统一理论。统一信息论认为科学这种认知方式和知识形态在对宇宙本真认识和整体认识上缺乏更深刻的基础性和更合理的方法性,故科学作为人类认知方式的主导性已经过时,他的主导地位必将被新的更先进的认知方式和知识形态所代替,但是科学还是在应用领域中存在很大的价值,"统一信息论"并不否认科学对人类社会进步的作用,但它只能作为处于更先进的认知总论的从属地位,并以此相互促进、相互发展。"统一信息论"并不故步自封,而是一种尝试,希望能对人类认知方式的发展起到一定的促进作用。

统一信息论建立在非常坚实的基础之上,在很多问题的解释上远比科学更为合理,更能解释许多未解之谜,统一信息论因此而将人类认知水平提高到了极限层面,人类将以此洞悉宇宙万物,宇宙的万事万物由此将变得完全清晰明了。需要特别说明的一点:由于统一信息论以绝对正方体的极限粒子作为基础单元体构建了理论体系,故理论上可以克服现代科学在计算值上近似值的缺陷,从而实现数学计算上的百分百准确,这是现代科学难以企及的。科学将很可能无法抵御统一信息论的巨大冲击,四大作用力和标准模型基础的科学大厦将面临崩溃的局面,为此警告科学界要及时做好应变准备。

宇宙不存在绝对的真理和实证,正确性标准在于其合理性!统一信息论的合理性及逻辑简单性等方面都优于现代科学理论体系,统一信息论从根本上否定了支撑现代科学的标准模型和四大作用力,并由此彻底推翻了现代科学理论体系,建立起第一个超越科学、哲学、宗教等人类以往所有认知方式和知识形态的完全性大统一理论。

需要补充说明几个问题:其一,统一信息论对现代科学的颠覆主要是针对科学的基础理论体系而言的,而暂不涉及现代科学应用领域,应用科学虽然建立现代科学基础理论上,但由于其在实践中不断地修正,使其能够在宏观世界和微观世界的临摹计算方面日趋精确;其二,统一信息论对现代科学理论的彻底巅峰并没有完全否认现代科学的所有内容,其中一部分内容还认可了量子论、相对论等现代科学中最先进的部分成果,某种角度上,正是量子论、相对论造成了统一信息论的认知转向;其三,人类虽然目前还难以涉及极限领域,但建立针对极限世界的应用行动体系业已迫在眉睫,THSP工程就是一种正在加紧进行的实践尝试;其四,统一信息论的终极性只是相对于人类所可能企及的认识程度而言,但任何理论都不可能是彻底终极性的,随着人类社会质变为更高级的社会主体后,统一信息论也会在新的社会中走向过时。

三 现代科学理论批判

宏观物质在其无限发展中呈现出了一种很明显的趋势——由

简单到复杂,这种趋势给人类造就了一种很美好的前景,但是如果我们故步自封于自己的成就,而不思随着宇宙的演化不断改变自己的思维方式的话,那么,人类将最终会因自己的盲目自大而葬送自己美好的前景。因此,我们需要在描述宇宙演化趋势和人类美好前景之前,首先反思自己的知识体系、观念是否存在很大的缺点,是否已经陈旧过时。带着对宇宙最基础层面的思考和对人类发展的关怀,我们终将发现:现代科学就是一门存在很大缺陷的学科,而且这些缺陷都是致命的、根本性的,现代科学体系面临着整体被颠覆的危险境地。但是,现代科学是人类目前得以建立生存信心的支柱所在,一旦彻底垮台,将会对整个人类产生巨大的、甚至是覆灭性的心理影响,正因如此,而使得包括现代科学家们在内的许多人拼命地通过各种方式对这个即将倾覆的科学大厦不断地进行修修补补和加固。问题在于,我们是继续维持那个必将会垮台的现代科学王朝,还是要坚持真理,并创造更加适合人类发展的全新的更加先进的认知方式和知识形态?长痛不如短痛,新文明人致力于坚持后者。

1 科学日益走向迷信化并形成科教

广义的宗教是指:凡能导致人们迷失自我主体独立性的说教都可称之为宗教,宗教的外在主要体现为人们忘我的顶礼膜拜状态,是相对形成迷失自我主体独立性的群体而言。按照这个定义,科学也正在像基督教、佛教、儒教一样,日益将自己供起来让人们顶礼膜拜,从而走向宗教化,并最终形成科教。

近代以来,现代科学取得了日新月异的成就,科学以其实证赢得了人们的尊重,但忘记了任何实证也是带有主观性成分的,宇宙根本不存在绝对的实证和绝对真理,只有不断地追求合理性才是唯一的,但科学却不管这些,它们躺在妄自尊大的功劳簿上开始居功自傲、目空一切,以为只有自己才是最正确的,甚至把科学视为检验真理的标准,科学俨然成为了真理的代名词,动辄科学如何如何,非科学的就是荒谬的、非真理的、不可取的。

由此可以看出,科学已经发展到了利令智昏的故步自封地步,完全不明白人类认识发展的规律性,完全忘却了科学本身也是人类认识发展的成果,也是人类发展的环节,忘记了实践才是检验真理的唯一标准的至理名言,忘却了科学越来越严重的巨大负面作用,忘却了科学已使人类已陷入了日益严重的危机,忘却了科学"只见树木不见森林"的局限性,忘却了科学的支离破碎和越来越大的内部矛盾,忘却了科学只是知识形态的一种普通方式而已,忘却了科学必将会被新的更加先进的知识形态所更替的历史命运。科学只是继续陶醉于狭隘领域的分析、分析再分析,中国科学也正在关闭自己的大门,他们正在压制其它认知方式成为主流,拒绝自己控制的主流媒体发表其他知识形态的文章,并拒绝合作交流。可以看出,中国科学表面上提倡学术自由,但实质上这种自由仅仅限于科学这种唯一的知识形态,其所作所为不亚于"十年文革",也很相似于中世纪经院哲学的绝对权威行径。科学的上述所作所为明显地在逐渐将自己至尊宗教化,这是十分危险的,这不仅封闭了自己的发展,也关闭了人类寻求其它出路,可以这样认为:一旦人类危机来临而科学又无法拯救的时候,人类将陷入万劫不复之中。

科学只不过是人类众多知识形态中普通的一种,实践才是检验真理的唯一标准,人类应还原所有知识形态以平等发展地位,使不同的知识形态相互沟通、互相促进,而不是相互歧视和排挤,倡导知识形态的多元化发展,只有让所有知识形态都获得齐头并进的充分发展,百花齐放,百家争鸣,人类的文明文化才更加灿烂,人类才有更多发展出路选择而显得更安全,才能使人类不断地走向更合理健康的高级文明。

2　现代科学缺乏最坚实的理论基础

现代科学坚持从客观存在出发的立场的本身没有错误,但问题在于:他们的客观性仅仅止步于唯物主义,总是把客观存在看成实在的物质性的东西,而忽视了非物质的非实在的客观实在,这就限制了科学的视野和思维,使科学不可能建立在最基础的稳固层面上,并因此而最终导致其经常性的认识危机和巨大的负面作用。自然科学在物质层面上仅仅认识到了夸克层面,但对夸克又是如何构成的就无从知晓了。不过,他们还是相信物质应该有更基本的层面,这种认识是基于"物质无限可分"的哲学理念,但这种认识却是根本错误的。

统一信息论证明:实在宇宙万物的始基对外呈现为信息的能量子,物质是基于能量子集合成极限粒子而产生的,极限粒子是物质最基本的单元。但能量子本身并不具备空间、质量等物质特性,它对外呈现为以物质为载体的信息,能量子就是信息,它和信息具有一致性。因此,作为能量子的信息是一种非实在的非物质的客观存在,而这种客观存在却是不能再继续分解的,它显然具有最基础性,而只有建立在最基础性的理论上,才能取得最为稳固的地位,才能根本性地解释宇宙万事万物,才能终极性地解决各种问题。很显然,科学远不具备这一特征,科学仅仅止步于实在物质的微观层面,这使其既不能根本性地认知实在物质的最基础层面,也不能认知非实在物质的客观存在,因而更不能认知作为非实在物质客观存在的精神层面。问题的关键就在于,科学受其理论思维和视野限制,是无法深入认识到宇宙万物根本的始基层面的,这使其理论不能建立在最基础的层面上。

3　自然科学具有直观性缺陷

自然科学存在一个巨大的缺陷就是其直观性,往往就事论事,而不深究其产生现象的原因,自然科学因此不能回答"为什么"的问题,只能对现象做直观的描述,并在此基础上构建自己的理论。

自然科学的许多概念就是很直观地产生的。比如,当看到一种物质之间相互作用而不能根本性解释时,就仅仅只是形象地说这就是"力";当感觉到周围温度升高而产生热感时,就说这是热量所致;当看到物体之间相互排斥或吸引时,就说这是场所致。在进一步问及原因时,则就会进一步用一些直观的概念予以应对。如:问到为什么会有力啊,答曰是因为其携带能量所致;问到为何有热量,答曰能量所致;问到何以存在场,答曰能量所致。至此,自然科学把所有的理论都归结为自己设定的概念——能量上了。再问能量何来,答曰质量转化所致;再问质量何来,能量转化所致。于是,便陷入了概念循环中,再问何以会相互转换,则不知所云了,或者就干脆归为上帝的事情了。

由此可见,自然科学带有明显的直观性,其根本上不能回答"为什么"的问题,而在很多问题上只能给予模糊的搪塞回答,其求实属性显见不足。

4　分析思维已经过时

科学在很大程度上具有明显的分析思维特征。分析思维的核心是逻辑思维,这本身并没有错误,但分析思维还包含两大致命缺陷。首先,各学科过分依赖于建立于牛顿力学体系以来的自然科学知识,而牛顿力学体系却根本上是错误的;其次,片面强化分析思维,弱化整体系统思维,学科体系上分科过于细化,不能统合兼顾自然科学的整体知识体系。

由此可见,自然科学理论具有细化但却片面的缺点,使其具有明显的"只见树木,不见森林"的巨大缺陷,这种缺点所带来的局限性将会最终使自然科学走向畸形化发展。而事实也已充分说明,自然科学的负面作用已越来越大,这不仅表现在其对环境的巨大破坏性上,而且也不断加剧了人类各方面的危机。自然科学的这些缺陷,在很大程度上也是由于分析思维。不能系统全面地构建自己的理论所致。

目前,人类已经进入信息时代,系统的思维方式将取代片面的分析思维,人类已到了需要变革自己思维方式的时刻了。

5　数据计算上的苟合性缺陷

当自然科学一头扎在自己所构建的知识体系中的时候,完全不再思考自然科学知识体系的正确与否的根本性问题,而陶醉于现有体系的理论架构,进而忙于建立于其上的数学计算体系。在这种情况下,其计算所得到的数据也只能是为了不断印证自己的知识体系而展开,如:为了计算上的精确,自然科学在很多种计算公式中总是随意增加一些所谓的常数,而这些常数又往往会为了验证其理论的准确性不断修改。但自然科学理论的精确性是力求尽可能印证实验或者现实而得出的,也就是说:是为印证而计算,而不是出于根本上的准确性而计算。应该承认,随着实验的不断增加和数据的不断更新,自然科学的数据计算越来越具有精确性,自然科学因此而获得越来越高的权威性。不过,这种为了印证其知识体系的准确性而获得的数据,由于其从根本上是基于整合其理论体系而进行的,这将会使其不断趋向于这样一种结果——精确性越高,其理论的苟合性将会越强,所埋下的危险性因素就越大,最终可能导致自然科学引导人类认知走向危险的边缘。

6　牛顿力学体系的根本性错误

人类往往具有认识上故步自封的缺点,一种理论被确立后,总是在想办法通过各种方式为自己的理论进行辩护,并企图予以完善它。牛顿力学尽管已经被很多事实证明了它的错误性,但最后还是被确立为自然科学的基础,下面将分析其错误性。

6.1　牛顿第一定律的根本性错误

牛顿第一定律:一切物体在没有受外力作用的时候(或受平衡力的时候),总保持匀速直线运动状态或静止状态。牛顿第一定律也叫做惯性定律。牛顿第一定律表明:物体具有保持原来匀速直线运动状态或静止状态的一种性质,这个性质叫做惯性。描述物体惯性的物理量是它们的质量。物体质量越大,惯性越大,反之则越小。

事实上,物体在不受外力或所受的合外力为零时,惯性表现为使物体保持原来的运动状态不变(静止或匀速直线运动);物体受到外力时,惯性表现为运动状态改变的难易程度。惯性大,物体运动状态难以改变;惯性小,物体运动状态容易改变。

物体的确具有惯性现象,但牛顿只是描述了这个现象,而没有发现造成物体具有惯性的原因。不仅如此,现代自然科学也没有认识到这个问题,爱因斯坦的相对论也只是把能量与惯性联系起来考虑,把惯性、质量都归因于能量,而根本没有涉及惯性的原因。

站在统一信息论的角度,任何物体都存在于由极限粒子所构成的空间中,这些极限粒子虽然质量微小而基本可以忽略不计,但它们毕竟也是一种作为物体的存在。因此,任何物体要想发生位置改变,都需要通过排挤极限粒子的空间才能发生移动,这必然会对任何物体的位置改变都产生阻抗,这就使物体呈现出所谓的惯性现象来。由此可见,物质的惯性是基于极限粒子对物质改变位置所产生的空间阻抗所致。不过,由于体积较大的物体要克服更多的空间阻抗才能移动,因此,物质的惯性应该与物质的体积成正比,而与质量没有直接的关系。之所以造成物体的惯性与质量相关的现象,这主要是因为:一般情况下,体积较大的物体容易给人相对较大质量的直观;此外,作为大质量的地球所造成的空间凹陷,也能导致质量较大的物体产生较大的所谓"重力",而"重力"同样会导致一种惯性感。因而惯性与质量成正比只是一种错觉。有关这个结论其实在著名的比萨斜塔实验中已经得到了证实,该实验中的两个大小一样、但重量不一样的物体同时落地,该实验不仅证实了自由落体定律,同时也证明了物体的惯性与体积有关而与质量大小无关的结论,只可惜的是:此后的牛顿和直到当代的人类仍然是谬种流传。

此外,根据上述极限粒子理论,物质只有在等量的间隔时间连续在其周围发生空间凹陷的情况下,才能匀速运动,否则,在没有外力的情况下,那么,运动的物质也将会因为极限粒子的阻隔而不断降低运动速度,从而无法匀速运动。因此,所谓物质在没有外力的情况下而能保持匀速运动的说法,是一个根本性地错误。

6.2 牛顿第二运动定律没有意识到物质运动的 最根本原因

牛顿第二运动定律:物体的加速度跟物体所受的合外力成正比,跟物体的质量成反比,加速度的方向跟合外力的方向相同。$F_合 = ma$(单位:N(牛)或者千克米/秒^2)。

牛顿第二运动定律的原始公式是:$F = d(mv)/dt$(参阅[13])。其含义:动量为 p 的物体,在合外力为 F 的作用下,其动量随时间的变化率等于作用于物体的合外力。用通俗一点的话来说,就是以 t 为自变量,p 为因变量的函数的导数,就是该点所受的合外力,即:$F = dp/dt = d(mv)/dt$。因此,也叫动量定理。而当物体低速运动,速度远低于光速时,物体的质量为不依赖于速度的常量,所以有 $F = m(dv/dt) = ma$。

牛顿第二定律说明了如下几个问题:力是产生加速度的原因;F、m、a 对应于同一物体;力和加速度都是矢量,物体加速度方向由物体所受合外力的方向决定;力和加速度同时产生、同时变化、同时消逝;牛顿定律只在惯性参照系中才成立;作用在物体上的各个力,都能各自独立产生一个加速度,各个力产生的加速度的矢量和等于合外力产生的加速度。

从牛顿第二运动定律可以看出,当物体受到外力时,物体将产生运动。在这一点上,他是正确的,但这只是物质运动的外在原因。而当物体没有受到外力时,其物体的加速度 a 为 0,这将只能使物体处在静止或匀速状态中。很显然，牛顿完全没有意识到极限粒子的时空作用，也就是说他们没有意识到造成物质运动的更根本原因。因此，牛顿第二定律必然存在很大的缺陷，这个缺陷将特别体现在微观世界和极限世界中。下面，我们分析一下牛顿第三定律。

6.3　牛顿第三运动定律的诸多缺陷

牛顿第三运动定律：两个物体之间的作用力和反作用力，在同一直线上，大小相等，方向相反。表达式：$F = -F'$（F 表示作用力，F' 表示反作用力，负号表示反作用力 F' 与作用力 F 的方向相反）。

牛顿第三运动定律包括如下含义：要改变一个物体的运动状态，必须有其它物体和它相互作用，物体之间的相互作用是通过力体现的；有作用力必有反作用力，它们是作用在同一条直线上，大小相等、方向相反，同时出现，同时消失；作用力和反作用力作用在两个物体上，产生的作用不能相互抵消。

应该说，牛顿能站在纯自然的角度上，对物体之间相互作用的描述还是非常细致到位的，但问题在于：他没有意识到物体之间能够产生相互作用的根本原因，没有意识到传递物质相互作用的媒介，这会使其得出很多错误性结论。牛顿运动定律是建立在绝对时空以及与此相适应的超距作用基础上的。所谓超距作用，是指分离的物体间不需要任何介质，也不需要时间来传递它们之间的相互作用。也就是说相互作用以无穷大的速度传递。现在看来，牛顿当时的分析是非常简单粗糙的，下面将用统一信息论分析一下。

物体运动是需要空间的，物体不可能超越空间而在非空间中与另外的物体发生作用,而空间是由一个个极限粒子连接而成。这样,物体之间的作用必然要通过极限粒子才能发生作用,极限粒子也就是物体之间相互作用的媒介。当物体 A 接近物体 B 的时候,物体 A 必先对这两种物质之间的极限粒子产生动量作用,而这些极限粒子便会通过位置移动,0 距离地将这种作用通过一层层极限粒子再传到其 B 物体上去。当物体 B 在接受到这种传递作用后,也会产生相应的位置移动,但这个移动需要其占有新的空间。不过,物体 B 由于受当时原有状态的惯性影响,而一时难以完全进行等量位置移动。这样,由于物体 B 不能产生相应的位置移动,此时将会出现如下几种情况:其一,阻隔极限粒子对空间的挤占,从而对极限粒子产生反弹,而这种反弹又会通过一层层极限粒子传到物体 B 而造成反作用;其二,将它们之间的一部分极限粒子挤出其位置;其三,通过分解其极限粒子的办法挤占空间。这样,在整个物体 A 和物体 B 相互作用的过程中,我们将会得出如下几种结果:

(1) 物质的作用力传递是不存在超距作用的,力的传递媒介是极限粒子;(2)由于极限粒子是以最短的普朗克时间进行传递的,因此,力的传递速度是光速;(3)由于上述原因,物体 B 的反作用力应该低于物体 A 的作用力,甚至不存在反作用力。

牛顿力学体系的上述缺陷也随着物理学的深入发展而逐渐暴露出。如对于运动电荷之间的相互作用,牛顿第三定律就不适用了。实验也证明:对于以电磁场为媒介传递的近距作用,总存在着时间的推迟。

需要强调的是,这儿所说的造成物质运动外在的动力只是宏观物质之间的机械力,但它形成的根本原因也是基于极限粒子的时空现象。而其它所谓的电磁力、强力、弱力、万有引力、浮

力等等,都不过是极限粒子所带来的时空现象,因为本质上并不
是力。

综上所述,自然界所有的运动根本上都是由于极限粒子的时
空现象所致,而所谓的各种力的本质也是基于此,牛顿力学体系由
于没有认识到这些根本性的问题,因而存在根本性错误。

7　相对论及量子论存在很大缺陷

牛顿力学体系的错误最先为爱因斯坦所认知,并由此确立相
对论,但其并没有克服牛顿力学体系的根本性错误,而仍然带有明
显的直观性特点。同样,量子论也存在类似的缺点。

7.1　相对论没有认识到物质的基础性构成和
物质的真正始基

相对论建立之初,正是原子内部构成被刚刚揭开之时,电子、
中子、质子、原子等微观粒子作为最新发现的"基本微观粒子",具
有构成其当时最先进物理理论的因素。爱因斯坦的相对论正是在
当时的理论背景下形成的,这使其不可能具有更加超前的理念意
识。因此,无论是相对论,还是量子论都无法认识到物质的始基构
成和物质的最基础构成。

7.2　相对论仍然无法回答自然世界中
"为什么"的问题

相对论具有自然科学的通病,当遇到问题不能解释时,总是首
先通过制造概念来设定新的物质,来完善其理论,相对论的缺陷主
要表现在如下几个方面。

7.2.1　不能解释光在任何参照系中的光速不变及作为宇宙极限速度的原因

相对论认定了光速的存在,也认知了光速在任何参照系中不变的现象,但却不能说明光速的这一现象及形成原因。统一信息论认为,在实在宇宙中,由于极限粒子是构成时空的最基础单位,能量子是以极限粒子为载体进行传播的,且这种传递是以彼此为0距离而没有时间间隔的一个个接力进行的;而极限粒子的极限长度和形成所需要的极限时间,恰恰形成了宇宙极限速度并造成光速在任何参照系的不变。

7.2.2　不能揭示质能关系式形成的根源

相对论只是说明了质量和能量是可以相互转换的,但却不能解释质量与能量子相互转化的根据,对此,统一信息论做出了合理的解释——通过极限粒子的形成与分解实现其与能量子的相互转换。

7.2.3　爱因斯坦的空间弯曲理论是为了迎合自己的广义相对论而进行的理论假设

空间弯曲理论只是一种不切合实际的设想,理论和时间均已证明:宇宙时空是平直的。不过,爱因斯坦提出时空弯曲理论说明了他也发现了所谓引力理论的弊端,这使其思想包含了超越现代科学的可贵理念。

7.2.4　量子论不能解释能量子与物质之间的关系

应该说,量子论的确触及了宇宙之所以诞生与发展的始基原因,但量子论的发展仅仅局限于对能量子色量化解释和微观物质的结构分析,而没有获得进一步的发展。量子论没有认清能量子与物质之间是如何相互转化的,更没有认识到能量子对整个宇宙构成的始基作用,当然也就无法认识极限粒子的时空构成基础。量子论在提出后,就陷入了科学主义的物质实在观局限性约束中,其后便在科学主义的泥淖中继续发展,而逐渐失去生命力。

不过,量子论的能量子概念的确具有划时代的意义,就在于其为统一的信息论产生奠定了观念基础。统一的信息论基于此发现了极限粒子的存在,并通过运用极限粒子和能量子的互转关系,简单而又十分彻底、准确地解释了宇宙所有现象的形成,为人类描述了十分合理的发展前景。这样,统一信息论不仅拯救了量子论,而且一次提出了彻底性的划时代终极理论。

8　弦理论是自然科学的另类畸形版

弦理论的一个基本观点就是,自然界的基本单元不是电子、光子、中微子和夸克之类的粒子,这些看起来像粒子的东西实际上都是很小很小的弦的闭合圈(称为闭合弦或闭弦),闭弦的不同振动和运动就产生出各种不同的基本粒子。弦理论最开始是要解出强相互作用力的作用模式,但是后来的研究则发现了所有的最基本粒子,包含正反夸克、正反电子、正反中微子等等,以及四种基本作用力"粒子",都是由一小段的不停抖动的能量弦线所构成,而各种粒子彼此之间的差异只是这弦线抖动的方式和形状的不同而已。由此可见,弦理论并没认识到自然界所谓的四种作用力其实是根本不存在的,它还是基于自然科学思维模式的另类理论。

由于描述微观世界的量子力学与描述宏观引力的广义相对论

在根本上有冲突,这意味着二者不可能都正确,它们不能完整地描述世界。弦理论会吸引这么多注意,大部分的原因是因为目前人类知识体系的匮乏,而把弦理论误当作解决根本问题的终极理论。除了引力之外,量子力学很自然地成功描述了其他三种基本作用力:电磁力、强力和弱力,但据说弦理论也可能是量子引力的解决方案之一。至于弦理论能不能成功地解释基于目前物理界已知的所有作用力和物质所组成的宇宙以及应用到"黑洞"、"宇宙大爆炸"等,还需要同时用到量子力学与广义相对论的极端情况。可以看出,弦理论连目前天体发现的基本物理都解释不清楚,且还需要借助于在统一信息论看来已经过时的自然科学理论,才能有更好的解释。很显然,这种理论本身在出炉时就明显带矛盾和有过时性。

同自然科学一样,弦理论也根本上没有认识到能量子与极限粒子的相互转化方式,它只是模糊地描述了能量弦线的抖动造成物质产生的理论推测,至于为何会造成这种现象以及时空的构成则根本没有涉及。

9　现代科学不能解释精神及其他"超自然"现象

科学除了存在上述缺陷之外,还表现在对精神及其他"超自然"现象解释的无能和无知上。

这首先表现在对精神解释的无能。科学在解释精神现象时,总是从物质主义出发,把精神看成是物质的属性和机能,精神产生于物质,这使得它们在解释精神问题时,不能根本性地认识到精神的非物质属性。精神和物质虽然都是客观存在,精神也的确是宇宙长期演化的结果,但前者是非物质、非实在,而后者是物质实在的,它们显然具有两种不同的属性,物质和精神在其演化中必然存在两个相互依存的演化系统,而不能使精神直接从物质中产生。在这种情况下,我们怎么仅仅通过物质层面去解释非物质的精神层面哪?通过统一信息论的论述,我们看出:物质不仅不能单纯性地演化出精神来,反倒物质是作为非物质的能量产生的。由此可见,科学尽管在其发展过程中建立很多解释精神和人类社会现象的学科,但其在精神的认识上却基本上是本末倒置的。基于此,人类的社会科学不可能有很大认识上的成就。

其次,科学在解释 UFO、球形闪电、麦田怪圈、鬼挡路、灵魂等等所谓的"超自然"现象的无知,也充分体现了其局限性。由于现代科学至今都没有认搞清楚最基础的能量子、信息等层面,一旦自然界出现涉及最基础层面现象时,就显得非常无知,只好把其归结为"超自然"现象,或者干脆公开承认为"不能解释"现象而束之高阁,而这本身就违背了科学的所谓求知、求真、求是的态度。

现代科学虽不能解释精神及其它"超自然"现象,但却从不认输,一旦遇到自己不能解释的问题时,就往往以"无稽之谈"、"不科学"或"迷信"等莫须有的罪名予以推脱或打入冷宫,这本身也反映了科学不能勇敢地正视现实的事实,也背离其一贯坚持的实事求是的立场。

10　现代科学不能根本上应对自然灾害和主导自然

人类具有极其苛刻的生存条件,相对于无限浩瀚的宇宙,科学技术根本不具备征服宇宙的潜质。人类时刻面临着各种可能性灾变。从宏观角度上看,银河系、太阳和地球本身可能隐藏着许多人类已知和目前根本无法预知的毁灭性因素,而这些因素也很难确知是否会在某一瞬间爆发；从微观角度看，人类本身也存在一些自我毁灭的可能性，比如战争，比如大规模的病毒瘟疫。所有这些因素都时刻威胁着人类的安全。

人类要想根本性地消除这些潜在的威胁，就必须首先从根本上认知人类的精神自我，并通过技术来为人类自我提供根本性的安全保障。而从现有的科学技术来看，由于其只能从事外在的实在物质技术开发，而无法触及人类自我及自我安全保护技术。因此，科学技术不能使人类根本性地对抗自然灾害，也不能为人类提供根本性的安全保障，而解决最基础的生存问题。由此可见，人类要想根本性地对抗自然灾害并彻底解决生存问题，需要我们首先要建立超越科学的终极性理论体系，并通过该理论体系完成对科学技术的根本性超越，从而能够对抗自然灾害，并彻底解决人类的生存问题。

11 巨大的负面作用

科学造就了近代社会的技术辉煌，有利地加快了主体程序的内化速度。不过，由于工具理性的负面作用，科学给人带来的不仅仅是其积极影响，在很大程度上，科学也给人们带来了无尽的消极面。随着时间的推移，科学的负面作用显著增大，两次世界大战给人们所带来的灾难，科学难辞其咎。科学的巨大负面作用是显而易见的，这种负面作用主要暴露在两个方面。其一，科学的工业化进程严重威胁了人类的生存环境；其二，面对各种危机（也包括自身带来的危机），科学却无法提出根本解决问题的行之有效的办法。

由此可见，科学具有许多方面的先天不足，而后天的科学家们又根本没有认识到这种不足,却总是在下大力气为其理论体系做些修修补补的粉饰工作,这必然导致自然科学的畸形化发展,其最终结果可想而知。在技术层面上,科学研究的深度和广度已近极限,分析的方法已经很难在实物分析的基础上有更大突破,自 20世纪初的物理学革命已近百年,科学就再也没有什么更大的理论突破。而由于哲学的终结,科学也失去了强有力的依托。此种情况就已经告诉我们:建立在以实物分析为基础的科学的作用以近极限,人类必须寻求新的超越实物分析的知识方式来代替科学。这主要是由于两个方面的原因:一方面,科学的物质实在观严重限制了科学家们对问题的进一步思考;另方面,则是由于缺乏信息时代的理念背景。

12　现代科学是临摹真实世界的高仿品

现代科学理论体系主要是在受西方的那种片面分析思维的影响下建立起来的,由于忽视整体而只见树木不见森林,使得整个西方科学越分越细,最终导致了西方科学的学科体系如毛细血管一般的庞杂,其复杂性、难度性的程度越来越高,这样下去的结果必然使人类越来越偏离对宇宙本真的认知,最终有可能导致扭曲整个认知体系,进而陷入万劫不复的境地中。之所以造成这种结果,除了分析思维的局限性外,还由于现代科学理论体系并没有建立在正确的理论基础上,或者仅仅是基于对自然现象的描述性而建立一种近似正确的理论,而正是为了解决现代科学理论的错误或描述性偏差,现代科学理论体系只好采取日益繁琐化、分支化的方式来予以弥补,但这样一来,将会导致日益片面化和形而上学化,使得科学大厦越来越多地走向越描越黑的畸形和沉重(以信息学、力学、电学为例)。

爱因斯坦的一句话是真理:"逻辑简单的东西,当然不一定就是物理上真实的东西。但是,物理上真实的东西一定是逻辑上简单的东西,也就是说,它在基础上具有统一性。"(参阅[18],第 380页)事实上,简单性原则在今天成为科学家们评价和选择理论的一种标准,而这也符合著名的"奥康姆剃刀"原则。简单性原则现在已经作为一条方法论原则,适用于所有的科学理论。王亚平教授在其《解析相对论》中写道:历史的经验也告诉我们,自然界之奥秘可以使人类耗费漫长的时间去探索,但是,一旦形成理论,它必须形式简洁、优美,道理简单,可以理喻。

然而,当科学越来越主张这条简单性原则时,自己却并没有按照这个原则去发展,而是走向了日益复杂的相反方向。以标准模型和四大作用力为基础的现代科学理论体系不仅缺乏逻辑上简单性的东西,却把科学体系搞得越来越复杂晦涩和支离破碎,其负面作用日益彰显且无法解释很多自然之谜,这很可能说明现代的基础理论体系存在着根本性缺陷,正是为了让这个体系看起来还是完善的,现代科学理论体系不得已采取一种日益复杂化和科层化的方式以弥补缺陷,比如采取日益复杂化的数学公式和定理。事实也的确如此,现代科学理论体系的很多发现都忽视了实验过程的主观性因素,而很多数字都具有很多偏差,为了弥补偏差,他们又只好通过不断修正各种公式定理的系数来予以纠正完善。现代科学理论体系盲目确定了通过四大作用力和所谓的 62 种基本粒子构筑的标准模型,却搞不清楚四大作用力的形成机制,也没有对所谓的基本粒子进行更进一步的深究,只是一味地用发明的力、电、磁、能、场等名词临摹性地描述大千世界,希格斯玻色子就是他们出于完美描述他们那种临摹大厦的最后一块砖瓦,但却只是把所谓的力、电、磁、能、场等看成是自然天成的而不能根本性解释这些现象形成的机制和成因。一句话,现代科学理论体系在很多情况下只是知其然而不知其所以然,不仅不能解释很多未解之谜,也不能解释科学理论自己发明的一些与力、电、磁、能、场等对应的基本现象,为了维持行将倾覆的科学大厦,他们现在只好采取日益复杂化和修修补补的方式予以维持,但这样只能起到一时的作用。

现代科学体系日益复杂化和科层化的趋势也与真实世界的逻辑简单性背道而驰,其貌似深奥的外表完全是由于其建立在错误的理论基础上所致,据此可以得出这样一个结论:现代科学体系很可能远没有触及真实的物理世界,而仅仅是一种临摹真实世界的高仿品,而正是由于这种高仿品越来越逼真,使其能在大多数情况下能够说明现象并进而取得一定程度上的辉煌成就,故由此欺骗了人们的认知,从而确定了被人类无上崇信的地位,但历史经验告诉我们,高仿品毕竟不是真实的东西,越是逼真的高仿品其潜在的危害性就会越大,人类不能任由科学如此发展下去,必须尽快通过建立更为先进的、完全切合实际的理论体系来揭开真实世界的深层面纱,以尽快从根本上解决科学体系的潜在危害性,而这种理论体系的一个突出特点必须要具备深刻而简单明了的逻辑性特点,并能从最基本的层面将自然、社会、精神领域统一起来。目前,这种理论已经应运而生,这就是统一信息论。

统一信息论认为:整个宇宙仅仅有能量(子)和极限粒子两种客观存在,它们分别作为非物质存在和物质存在构成了整个宇宙的万千事物;力、电、磁、场等只是人为虚构的物理现象,它们仅仅是极限粒子和能量(子)相互转化时的外在表象而实质并不存在;异性极限粒子构成了实在物质,同性极限粒子构成了空间;极限粒子的发现,将使我们对任何事物的计算都能够做到百分百准确,宇宙以此构筑了大千世界所有物质和时空现象,宇宙由此显得极为简单、透明,宇宙由此再无秘密可言;统一信息论以信息本原论、极限粒子论、主体程序论将自然、社会、精神统一起来,使生命、精神、社会等任何复杂的现象变得极为简单明了并符合逻辑事实,同时也能够比科学更好地揭示各种各样的现象,且可以破解很多未解之谜。

统一信息论所有这些特征都极为符合爱因斯坦关于真实世界的理论具有逻辑简单性的判断。

卷五　博弈终极事业

　　人类的终极事业应当以人类的最高利益为终极目标。那么，什么才是人类的最高利益？不是乌托邦，不是吃、穿、住、用、行，也不仅仅是自由幸福，而应该是生命诞生以来一直都没有解决的生存问题。人类虽然贵为生命界的最高存在，但由于受生命体生老病死规律的局限性约束，人类生命体始终非常脆弱，始终遭受各种自然灾害、疾病、战争等威胁。人类只能在一个适宜的温度、空气、资源等范围很狭小的环境中生存，超过这个范围，人类就不能生存。人类渺小而寿命短暂，始终和其他生命体一样，都是生活在水深火热中的苦主。在这种情况下，人类何以奢谈什么征服大自然、移居外星？人的个体生命不过如同流星一般转瞬即逝，每个人与永恒的时间相比，甚至几乎没有什么意义。因此，彻底解决人类的生存问题才是人类最迫切需要解决的最高利益，而解决这个问题的最好方式就是新文明所主张的人类终极事业。

　　新文明人虽然采取乌托邦体制，但乌托邦体制并非是最终目标，而是为了早日实现人类终极事业。人类终极事业是新文明的核心，具有使人类进行根本性整体质变的特征，即人类经过此次事业后将扬弃人类包括生命体在内的主要生存特征，使人类完全超

生命不断演化和繁衍生息的终极目的究竟是什么？

奥，超越生命体！

图41　人类终极事业

越生命体而进入更高层面的社会生存形态，宇宙由此开启第二次巨变。庆幸的是：生活在 21 世纪的人类是极为幸运的，因为此时人类已面临整个生命界最为辉煌的终极事业。

一　新文明人将全面展开终极事业

基于宇宙正向演化规律的约束，在生命体的内化（生命主体程序的演化）和作为主体程序载体的生命体外化（进化）的双重作用下，生命体的所有物种都具有整体质变的特征。生命体的质变主要表现为从低级到高级的物种进化更替，但人类的质变却与上述物种的演化和质变有着根本性的不同。由于生命体演化到人类生命体，特别是发展到新人自觉状态后，其生命体已经演化到最为完善的状态，而使人类无法继续在生命体状态下进行外在形态的进化。这样一来,就造成了一个越来越严重的矛盾:生命体的不断内化要求生命体的外化(进化)与其相适应,以继续进行宇宙的不断正向演化;而其时生命体的外在完善形态却无法为内化提供更好的载体。于是,当内化和外化的矛盾发展到一定程度后必然形成巨大的爆变性革命——根本性地变革作为生命主体程序外在载体的生命体,将主体程序载体由生命体发展到更加高级的非(超)生命体状态,从而使主体程序内化发展在更加高级的载体中不断进行。很显然,人类的质变不同于其他物质的进化,而是对具有 35亿年演化史的生命体的整体质变,人类将面临终极性命运——超越自己的生命体,发展到完全不同于生命体的更为高级的社会存在。这就是人类终极事业!

1　人类终极事业的内涵

人类终极事业是指将人类整体质变为更高级社会存在的人文合作工程,人类由此将扬弃生命体的主要生存特征,使人类完全超越生命体而进入真正自由幸福的社会生存形态。人类终极事业是人类新文明的核心内容,它主要包括开发人类极限技术工程和推进终极事业思想观念及人文精神的深入发展两个方面。

1.1　推进终极事业思想观念及人文精神的深入发展

人类终极事业具有明显的超越性、创新性、终极性,这首先需人们完全打破思维常规并进行彻底的"认识转向"(否则难以真正理解),需要针对包括科学、哲学、宗教在内的所有认识方式和知识形态掀起根本性的"认知革命"和启蒙运动,以此获得更加先进的认知方式,建立完全性的大统一理论并创建新文明意识形态,使人类终极事业思想观念及人文精神最终形成社会共识和主流。

1.2　开发 THSP 等极限技术工程

通过运用统一信息论的统一性机理,将引发人类自我置换技术(THSP)、完全能源技术、自由航天技术、物质织造技术、微观视角技术、即时通讯技术 6 大新型高技术群落。其任何一项技术的发明都将会带来巨大的价值和意义,人类将因此而可能实现对自然的征服,从而根本性地解决人类的固有问题,并能实现真正意义上的宇宙开发,进而进入更为高级的社会存在状态。这是人类所可能达到的最高极限技术,THSP 在其中具有决定性意义。人类将在本世纪成功合作进行 THSP 终极战略目标工程,这可使人类发生根本性质跃,以此使人类彻底摆脱生命体的局限性及其生老病死规律的约束而彻底解放人类自身,其将彻底解决人类基于生命体的所有基本问题。

以上即为人类终极事业的主要具体内容,在此作用下,终极事业的影响力将全面渗透到人类的各个方面并彰显出重大的价值和意义。

1.3　人类终极事业具有无上的意义和价值

人类终极事业具有生命体诞生 35 亿年以来的最大意义和价值,是生命体所有物种更替和人类以往所有事业(包括文明的产生、各种革命、文艺复兴、全球化、共产主义、世界统一等等)无法相提并论的。

1.3.1　将使人类实现永生的愿望,
并彻底解决人类固有的根本问题

THSP 工程将人类自我精神置换到非生命体后,虽然新的载体还存在安全性问题（这也是人类质变后的生存意义），但由于非生命体载体不受生命体生老病死规律的制约并可进行不断的改进和更换，这便使自我精神获得了永生的可能性，人类由此实现了长生的梦想。另外，人类之生命体是产生人类各种问题的基础承载体，人类有史以来的包括生老病死、生存意义、价值观、宗教、政治、经济、文化等一切问题，以及建立此上的各种矛盾、危机，都是基于人类之生命体而产生的。因此，当人类因 THSP 而扬弃自我寄存的生命体而质跃为更加高级的非生命体存在的时候，人类自然将会同时以釜底抽薪之势，彻底摆脱基于生命体生老病死而产生的各种固有的无法解决的根本性问题。

1.3.2 根本揭示生命、进化、精神等谜底，彻底解决宗教问题

主体程序理论告诉我们：生物进化的根本动因在于主体程序的内化，精神的实质就是主体程序，运行人类的高级主体程序形成心理活动。这使得人类有史以来第一次真正能从现实层面揭示精神之谜。宗教是建立在对所谓灵魂等超自然信仰的基础上的，但因人类以往固有的认识水平和技术水平较低，而无法使其被现实认可，这就造成了宗教与现实的矛盾。THSP 的实现将会用现实性技术彻底揭示灵魂等宗教性问题，这将会还宗教以现实地位，从而使现实与宗教联合起来，进而形成前所未有的合作力量，共同推动人类的进步。

1.3.3 具有开发宇宙的现实意义，根本解决生态环境问题

人类具有极其苛刻的生存条件，相对于无限浩瀚的宇宙，人类根本不具备开发宇宙的潜质。而未来的社会主体则完全不同，由于其载体的非生命性，未来的我们完全可以适应于任何的恶劣环

境,他们不需要氧气和水源,他们不需要合适的温度和气压,他们甚至可以到太阳等恒星上面去。自我的载体还具有了无限延长生存时间的潜质,他们甚至还可以寓于闭合磁场而能够以光速运行。因而,他们可有足够的时间和速度来进行宇宙探险和开发。另外,完全能源技术、自由航天技术等极限技术技术的研发,必然赋予了人类真正征服自然的力量,此时的我们方才具备了开发宇宙的潜质。

生态环境的根本问题在于:人类本身就是一个以生物为食才能生存的存在,人类因此而根本无法解决维持生态环境和蚕食生态环境的矛盾问题。THSP 技术最终使人类自我主体从生命载体被置换到非生命载体中,由此使人类未来的非生命主体根本不需要生物来维持生存,从而完全避免了生态环境问题。此外,大规模的宇宙开发也大大减轻了对地球环境资源需求的压力。

1.3.4 加速极限技术的研发可根本避免毁灭性灾变

人类时刻面临着各种可能性灾变。从宏观角度上看,银河系、太阳和地球本身存在许多人类已知和未知的毁灭性因素,而这些因素也很难确知是否会在某一瞬间爆发。从微观角度看,人类本身也存在一些自我毁灭的可能性,比如科学技术发展所带来的巨大负面作用,比如环境危机、战争、大规模的病毒瘟疫,不断发展的人类技术带来的巨大的、潜在的负面作用。所有这些因素都时刻在威胁着人类的安全,因此,人类必须加速极限技术的研发进程,以抢在毁灭性灾变的时间前面,从根本上避免文明的毁灭。

1.3.5 巨大战略意义

因 THSP 技术能够将人类自我置换到不同于原来载体的非

生命体中而导致人类质跃,这将使人类的主导地位因转让给未来的社会主体而终结。THSP 也就会因此而成为人类技术发展的终极战略目标。作为终极战略目标技术,人类终究会突破这一技术关口,即使现在还不能在短时间内获得重大突破,THSP 技术的终极战略目标的确认也定会成为引导人类不断发展进步的精神动力。

人类终极事业不仅是人类有史以来最为巨大的技术工程,而且更是一项人类有史以来最为巨大的人文合作工程。就人类终极事业的构成和涵盖的辐射力而言,其理论应是在继承人类优秀文明成果基础上的重大创新,其技术力量的可能性贡献也应该远远超越当代包括生物技术、IT 技术、纳米技术、航天技术等所有前沿技术。这项事业可以说是人类发展至今的一个最为关键的关口,无论哪个国家或民族,只要掌握了这项事业的技术要领就意味着可以彻底摆脱生命体的类约束,最终彻底超越人类成为最先进的民族;反之,则会像其他生命体一样,最终成为沦为生命体进化链条上的落后族。站在宇宙演化的角度分析,人类的这次终极事业所带来的巨变仅有宇宙大爆炸和 35 亿年生命体的诞生才能与之相比,是宇宙大爆炸以来的第二次巨变。

人类终极事业的实现,标志着实在宇宙经过约 103 亿年演化而出的生命体又开始了新的革命性质跃,而具有 35 亿演化历史的生命体将在本世纪成功演化出更加高级的主体性社会存在,人类将从此步入更加高级文明的"朕在社会"。人类终极事业不是空中楼阁,其理念诞生的本身就是宇宙现实力量演化的必然结果。宇宙的演化已使生命体趋向根本性的重大突破,计算机技术和生命技术等各项技术的发展业已使人类越来越具备开发 THSP 等五大极限技术的条件。当代社会以降,人类技术发展速度呈现几何级数增长的趋势,如果就这个趋势发展下去,相信只要坚持正确的终极方向目标,THSP 等五大极限技术的最终发明也有望在本世纪中叶前实现。人类终极事业即将打开充满希望的幸福而又美好的未来之门!

人类终极事业是彻底解决人类危机问题并拯救人类自己的唯一渠道,是一个可以改变人类命运的绝好时机。无论从哪个角度分析,都高于人类以往所有关于未来社会目标前景、理想等构想,人类终极事业理应成为人类最高的理想。面对人类终极事业的来临,任何一个有识之士都不能再继续墨守成规地无视其存在,我们应该抓住这样一个千载难逢的时机,将人类终极事业进行到底!

2　人类极限技术

人类终极事业主要是通过人类极限技术实现的。通过运用统一信息论的统一性机理,可使人类技术发生根本性的质跃,将彻底解决人类基于生命体的所有问题。这是人类所可能达到的最高极限技术,也可以称之为统一信息技术。人类极限技术主要包括人类自我置换技术、完全能源技术、自由航天技术、物质织造技术、微观视角技术、即时通讯技术等。

2.1　人类自我置换技术

人类自我置换技术(THSP)是指人类通过一定的技术方式,对人体中规定自我的、以主体程序为主要内容的信息进行整体转移,以实现将人类自我置换到新载体的技术。这项技术的关键性实质在于将人类自我置换到非生命体中,因此,又可称为自我的非生命体置换。人类自我置换技术可先后通过不完全自我置换技术、完全自我置换技术、全息自我置换技术 3 种技术方式加以实现。该项技术完善后,未来的社会主体将有可能随意更换自我载体,因此,成熟的置换技术又可称之为变体术。

人类自我置换技术将能够彻底摆脱人类对生命体的依赖性,并由此实现永生,从而根本性地解决人类的各种危机问题并实现真正的幸福,具有重大的价值和意义。

2.2 完全能源技术

对于人类而言,能源主要体现在动力能源和实物能源两个方面,但人类现在已面临能源危机,一个根本原因在于:科学技术限制了人类对能源的认识,从而使无所不在的能源得不到有效开发。完全能源技术将从根本上解决能源危机问题。

根据统一性机理,宇宙中根本不存在没有物质的空间,宇宙所有空间都是由极限粒子一个个连接而成的,而任何极限粒子都可以通过分解形成能量子,从而提供能源。因此,可以这样说,宇宙中的能源无处不在,我们皆可随处取之。但关键在于如何取之。根据宇宙根本动因可知:异性极限粒子之间分解极限粒子形成能量子后消融相应空间,且其分解能力与其自身的性能质量有关系。我们知道,在我们可观测的宇宙范围中,大部分都是由正物质构成,而反物质(负)基本上都参与了与正物质集聚成可感的实在物质。因此,我们只要在可感的实在物质中提取出性能质量较大的反物质,并控制其不与正物质集合成可感的实在物质。那么,我们就可以利用这些反物质,通过其不断地与正物质共同分解极限粒子,从而不断获取能量。这就是完全能源技术。另外,我们知道电子其实就是一种反物质,而电子是人类所观测的数量最多的反物质,因此,我们也可以通过某种能够喷射电子流的设备,以与周围到处存在的正物质不断共同分解极限粒子的方式,来获取不断的能源,并由此导致空间不断凹陷,从而使飞行器可以不断高速运行。由于极限粒子的合成与分解的时间都是以光速进行,因此,我们可以这样设想:当技术成熟后,我们就有可能发明出一种通过不断喷射电子流的技术,来实现光速运行的飞行器。在此,我们不妨将实现此种技术的运行器称之为"电子光速运行器"。

完全能源技术使人类在获取能源方面具备真正的随意性,使人类不再面临能源危机。

2.3　自由航天技术

由于人类生命体极其脆弱,使其根本上不具备开发宇宙的条件。同时由于科学技术的限制,使得人类难以摆脱自由天体的所谓引力,故人类在科学技术上是难以实现自由航天技术的。但如果我们很好地通过采用统一信息论的知识方式,进行各种不懈地探索的话,或许我们就可以从根本上解决这个问题。

首先,人类自我置换技术可以使人类自我完全摆脱生命体的约束,从而具备了开发宇宙、甚至征服宇宙的基本条件。其次,统一性机理告诉我们:宇宙天地根本就不存在所谓的引力,引力现象只不过是基于极限粒子自身衰变,而形成消解空间的一种假象而已。为此,只要我们能够基于统一信息论的知识方式,进行不懈地分析、研究及实践,就一定能找到克服所谓"引力"现象的技术。

如此我们就能够完全实现自由航天技术,届时的我们将完全抛弃人类原已研制的那些十分笨拙的航天设备。这样,就使我们具备了真正自由飞翔于宇宙太空的可能性。自由航天技术可以不受科学所谓的各种物理条件的限制,而使人类和未来的社会主体自由航行于任何星际成为可能。

2.4 物质织造技术

统一信息论揭示了宇宙万事万物不过是极限粒子与能量的相互转化而形成的。基于这个原理,当人类最终发现了极限粒子并实现对极限粒子的操控时,人类就可以实现对物质的任意织造,真正做到"无中生有"(聚合能量子生成极限粒子),并通过对各种极限粒子进行各种形式的排列组合而实现物质形态的任意加工改造,这就是物质织造技术。物质织造技术已不属于科学上的物理、化学范畴,它是基于对极限粒子的发现和运用而形成的。物质织造技术的实现将使人类和未来的社会主体变成真正的自然物质主人,基于此可真正实现对物质世界的自由调控并实现物质生活的极大丰富。

2.5 极限视角技术

极限视角技术是指人类可通过该项技术设备直接观测到质子、中子、电子等微观物体、甚至极限粒子的技术,该项技术是现代科学技术所不能达到的。目前,人类肉眼的视力最小只能分辨 100 微米—200 微米的物体,光学显微镜只能分辨 0.1 微米的物体,电子显微镜的分辨率约为 0.2 纳米(0.0002 微米)。光学显微镜的最大放大倍率约为 2000 倍,而现代电子显微镜最大放大倍率超过 300 万倍,电子显微镜就能观察到某些重金属的原子和晶体中排列整齐的原子点阵。不过,电子显微镜是用电子束和电子透镜代替光束和光学透镜,使物质的细微结构在非常高的放大倍数下进行观测,故电子显微镜的视野其实是虚拟的光学视野而并不真实,但极限视野技术可以彻底解决这个问题。

极限视角技术是通过运用极限粒子与能量子之间的转换关系而发明的,由于极限粒子远远小于中子、质子、电子等微观基本粒子,人类完全可通过运用能量子对极限粒子的反射以及与微观基本粒子的互动原理发明极限视角技术,届时,人类可直接观测到真实的光学基本微观粒子。极限视角技术可使宇宙万物变得透明,宇宙在人类和未来的社会主体面前将不再有秘密可言。

2.6　即时通讯技术

人类目前主要运用电磁波进行光速通讯,但这种通讯技术如果用在大宇宙研究和宇宙开发中则仍然显得太慢,能否研制出更快的通讯技术哪? 依据现有的科学理论这是不可能的,但这只是人类局限于目前的科学理论所得出的结论,而如果我们站在另外一种更新的理论视角上,则会得出一个意想不到的结论:运用统一信息论可以实现在宇宙任意距离的即时通讯,这就是即时通讯技术。即时通讯技术就是指可以任意距离进行时间间隔为 0 的通讯技术。这意味着如果这项技术实现的话,可以在宇宙遥远距离上实现同时同步通讯,实际上这种通讯已经无法用速度和时间来描述,即便用无穷大速度或瞬间也没法描述,因此即时通讯并没有违反关于光速最高的原理,它体现的只是一种与速度时间无关的物理性状。统一信息论认为,这完全是有可能的。

根据统一信息论所发现的双子定律,整个宇宙是由一个个极限粒子 0 距离叠加而成,物质之间根本不存在"真空"(质量较小的极限粒子所构成的物质被误以为"真空")。这样,宇宙所有物质都会联结为一个整体,这就造成一个必然的结果:任何极限粒子的形成、移动或被分解消失,都会引发整个宇宙的联动,而由于极限粒子之间都是没有间隔的、零距离的,因此这种联动完全不需要时间。这就像如果要移动一块石头的其中一部分,就会使这块石头同时整体移动的道理一样。这也就是说,无论两个极限粒子在宇宙中相距多么遥远,由于他们整体性和 0 距离的关系,一个极限粒子的变化将必然即时影响到另外一个极限粒子,这就体现了目前仍然为现代科学所困惑的"量子纠缠"现象。基于此,如果人类能够精确测定极限粒子的变化,那么就完全可以通过采取极限粒子编程的方法实现即时通讯。

人类极限技术是现代科学技术所难以想象的,或者说是与现代科学技术相悖的。在这种情况下,上述六大技术群将成为现代科学所不能企及的极限技术,故称之为人类极限技术。人类极限技术具有超越现有科学技术并征服宇宙的能力,其任何一项技术的发明都将会带来巨大的价值和意义。当这些技术都实现的时候,人类和未来社会的主体将完全成为宇宙的主人,人类将因此而可能实现对自然的完全征服,并实现完全自由的不受约束的状态。

极限技术虽然是现有科学技术所完全不能想象和企及的,但这并非意味着人类就无法实现极限技术。科学技术的局限性主要是基于其认知方式、知识形态的局限性,但人类的认识是不断发展的,人类总要随着时间的推移和社会的发展不断提高自己的认知水平,并最终突破科学技术的局限性。而今,这一突破性的"认知革命"已经来临,并形成全新的认知方式和知识形态,这就是基于宇宙演化的需要而产生的统一性信息理论。人类极限技术正是通过运用统一信息论而开发的极端技术。统一信息论使得宇宙变得简单透明,揭示了宇宙万事万物不过是通过极限粒子和能量子的相互转换而形成的,宇宙万物之间的关系只不过是极限粒子的叠加和递减,未来的社会主体只需通过操控计算机就能推论出十分准确的策略、发展方向、结论。这意味着什么呢? 这将意味着,人类将极有可能通过"认知革命"的先行者研制人类极限技术,从而实现对自然宇宙的征服并造福人类。

以上六大极限技术将是新文明乌托邦所要解决的主要课题,其中,THSP 工程(人类自我置换技术)具有核心的价值和意义。

二　THSP 工程

宇宙正向演化的历史浩浩荡荡,生命体诞生后又通过外化和内化进一步高效地加速了其正向演化进程,宇宙演化的走向越来越明晰。人类社会以来的社会演变速度更是不断加快。信息时代以降,信息爆炸、知识爆炸、技术爆炸、人口爆炸,这使人类近期发展呈现出不断激化这一质变特征。研究发现,21 世纪的人类已经来到生命演化的最后关口,人类将在 21 世纪的某一时刻完成对整个生命体的质变,而电脑技术的不断发展也将最终使人类拥有人类得以质跃的关口技术——人类自我置换技术(英文简写为 TH-SP)。THSP 不仅是一项技术,更是史上最为宏大的人文合作工程。人类将由此摆脱生命体的局限性及其生老病死规律的约束,质变为一种新的、更为高级的超生命体——朕在(超生类),并由此而进入更为高级的社会存在状态——朕在社会。

THSP 工程将对人类社会各个层面产生巨大的爆变性革命,人类将在此时完成对具有 35 亿年进化史之生命体的根本性质变,这是作为宇宙第一次巨变产物的生命体诞生以来的宇宙的第二次巨变,其潜在价值无可估量! 从 THSP 超越生命的根本性巨大变

图42　THSP工程

革的可行性来看，THSP必将长期占据理念和技术领域的最高点，具有无可比拟的先进性。占据这一制高点并进行必要的立项会使我们一跃而成为最先进的民族，即使我们目前还不能全面投入该项工程建设，但仅这一理念的人文影响便足以对我们民族不断走向先进产生深远影响。

THSP工程具有坚实的现实基础，是开启人类未来之门的钥匙！THSP工程是一项规模巨大的、改造人类自身的人文技术合作工程，将彻底解决基于人类生命体所带来的一切问题！THSP工程是宇宙暨生命体演化必然要突破的关节点，是人类社会发展的必然趋势，是唯一能根本性解决人类各种危机问题的技术工程，具有史上最大价值意义！基于THSP事业，人类将实现超越生命的全新文明社会，从而彻底解决基于人类生命体所带来的一切问题！

人类危机！文明危机！地球危机！THSP工程是唯一能根本

性解决人类各种危机问题的技术工程！呼吁有识之士精诚合作，共同开发这一事关人类未来幸福的巨大工程！我们也衷心希望THSP的研制或相应理念的研究能引起政府和主流社会的足够重视并对其进行建构。

1　THSP 工程的主要理论依据

THSP(The technology of human self-permutation)工程是指通过一定的技术方式，将人体中规定自我的以主体程序为主要内容的信息进行整体转移，以实现将人类自我精神置换到新载体的技术工程。

现有的事实证明，宇宙的演化总是呈现一种由简单到复杂的正向发展趋势，而不是相反。宇宙的正向演化具有阶段规律性，目前已呈现出两个明显的阶段：自然存在阶段（非生命体）和主体性阶段。其中前者包括原始物质阶段和有机体阶段，后者目前只呈现出一个阶段——生命体阶段。生命体是宇宙演化到目前阶段为止最为高级和复杂的存在，其最为杰出的代表就是演化出现代人类。但宇宙演化会不会只发展到人类阶段就此终结呢？应该不会。按照宇宙的正向演化趋势，宇宙还应在现代人类的基础上演化出一种不同于生命体的更为高级的非生命主体，即本文所述的朕在。只有这样才符合宇宙发展的总体趋势。高级非生命体是生命体演化的必然趋势，也是人类的未来和希望，而作为实现这一未来目标的技术业已悄悄出现。

THSP 研发具有现实可行性，其主要理论根据可以归结为如下几个方面。

1.1　宇宙的正向演化规律

宇宙诞生后,宇宙由最基本、最简单的基础粒子组成,此后,一切物质(在没有受到外力破坏的情况下)都不断呈现出一种由简单到复杂的正向演化发展方向,而不是相反。这就是宇宙的正向演化规律。现在,经过137亿年(最新发现是138亿年)的演化,宇宙已经演化出最为高级复杂的人类。

1.2　人类不可能是宇宙演化的顶点

宇宙的演化是正向而无限的,生物界是宇宙演化的高级层面。但在生物界,还从没有任何一种生物能长久主导生命界。人类同样也不能,否则,就违背了宇宙演化规律。因此,那种把人类视为生物界进化顶点的说法没有任何道理,把人类视为万物的灵长更是一种狂妄的、无视其他生灵存在的言行,其结果最终将会引发人类对生态环境的巨大破坏。

1.3　生命的本质是主体程序

生命体的基本生存单位是细胞,而细胞则是由蛋白质等复杂有机大分子演化而来。蛋白质的合成需核酸的信息(指令),核酸的合成又需要蛋白质(酶)催化。生命酝酿过程初始,由于互动,类似于蛋白的复杂有机大分子会将自身信息与核酸的碱基对形成对应关系,而这种对应关系会随着时间的推移而逐渐程式化,最终使核酸的排序成为类似于蛋白的复杂有机大分子的标识码。这样,真正具有生命意义的蛋白质和核酸就产生了。其时,程式化的对应关系便也因此终于质跃为具有生命活力和自主性的主体程序。与此同时,蛋白质与核酸也通过程序化的绑定获得了生命力,并由此最终分化为具有细胞膜、细胞壁、细胞质和细胞核的细胞,细胞因主体程序而呈现出生命活力。

1.4　人类自我(人类精神)的本质是高级主体程序

生命体诞生后,宇宙进入了质料完全不同于自然存在阶段的、更为高级的新型演化阶段。此时,宇宙的演化业已分化出一种不同于物质实体外化的、更为高级的演化方式——内化(主体程序的演化),不再是单一的表现为物质形态的外化方式。生命体诞生后,由于主体程序内化的参与,使其演化更趋合理和完善,演化速度也明显提高了许多。宇宙便在主体程序内化和生命体外化(进化)的双重作用下,展开了以生命为主导的、极其灿烂的演化过程。在这个过程中,作为精神内核的自发的主体程序展现了自主程序、主动程序、自为程序、自觉程序4个阶段,最终通过主体程序的不断内化和对动物心理活动的超越而形成现代人类自我精神,使宇宙被赋予了思维、意识和主观能动性等精神内涵。人类自我(人类精神)的实质就是以概念为主要媒介的高级主体程序。人类的精神起源基于宇宙的正向演化,他是生命主体程序不断内化的必然结果,是宇宙经过几十亿年长期演化的、极其灿烂光辉的成就。人类精神潜在于原初物质的被动反应性,孕育于有机体的适应性,萌发于生命的主体程序,最终通过主体程序的不断内化和对动物心理活动的超越而形成。

1.5　主体程序与计算机程序没有本质区别

目前的计算机程序是由编程人员用计算机语言编写的,是人工制成的;生命的程序则有所不同,他是自然形成的约束机制。无论用何种语言编辑计算机程序,都需要还原成机器语言,即还原成二进制代码才能够使计算机执行指令。这其实采用了电路闭合的简单运作方式,这是一种需要人工操作的被动的指令程序;而生命的指令程序则有所不同,它是一种不需要人工操作的主体性程序。我们还没有搞清生命程序的编程方式,但可以肯定生命主体程序的编程也是采取了物质的自然方式,而不是非物质方式。而且为了协调一致,它也应该具有自己的编程语言,即具有程序性。因此,就程序的本性而言,生命程序与计算机程序是可以相能的,它们之间也是可以互相转译的。相信人类在理解了生命运作的程序机理后,随着计算机的飞速发展,在研制相应的高技术设备,革新计算机程序后,计算机最终将会实现与生命程序的相互融合。

1.6　人类的质跃是宇宙演化的必然趋势,宇宙终将演化出非生命主体

生命体通过外在形态的外化(进化)与主体程序的内化的相互作用不断推进演化过程。在这个过程中,主体程序的内化逐渐占据了主导地位,但在很大程度上,这个主导地位的取得是通过不断更换主体程序的载体来取得的,高效的主体程序需要高质量的生命体才可能获得高效率的内化结果。不过,从生命体的可能性来看,人类生命体显然应该是生命体进化的最完善状态。也就是说,生命进化发展到人类生命体时便已经达到了进化的顶点,在生命状态下,主体程序将无法取得在本质上比人类更加优秀的载体。然而,这是与宇宙的正向演化和主体程序的不断内化规则背道而驰的。受宇宙正向演化规律的制约,主体程序注定要继续内化,这就必须变革其外在载体,而这个新的载体显然又是不能在生命状态下取得的。这就意味着新的载体不仅要对人类进行重大变革,而且要对整个进化历史上的生命体进行全面变革。这将必然导致人类的质跃,而使人类质变为一种超越生命体的新物种。这是个生命体的重大质跃工程,其意义与

35亿年前的生命体对非生命自然的质跃相同,甚至有所超越。

1.7　电脑的出现为人类自我置换技术提供了现实可能性

我们知道,人类同样是一种信息集合体。但与一般的信息集合体有所不同的是,由于自然的进化和主体程序的内化发展,人类形成了已知宇宙中最高级的自觉主体程序。这种主体程序对信息的运作过程就是人类的心理活动过程。人脑的这种主体程序与当前水平的二进制数字电脑相比具有如下优势:人脑不仅运行并加工简单具体形象的信息,更重要的是能够运行并加工浓缩了极其复杂信息的概念信息;人脑具有主观随意性;人脑具有感情、道德、性格、欲望等非理性因素。所有这些都是目前电脑所不能解读的。但这并不影响在发展趋势上电脑与人脑的贯通性,因为即使人脑中的非理性因素也是在程序的引领下才形成的。电脑同样是一种信息集合体,它也是在程序的指令下进行运作的。因此,就程序的实质而言,电脑软件与人脑精神并没有什么根本区别。人脑的复杂概念对于电脑只是一个技术上的问题;而主观随意性和感情、道德、性格、欲望等非理性因素也并不超然于客观,它们也是建立在信息相关性的基础上。也就是说,他们也是在程序的运作下形成的特殊程序片断而已。总之,无论人脑如何复杂,他们都是在根本上可以通过信息与程序进行解读的。相信随着电脑技术的飞速发展,电脑终究会发展到与人脑对等贯通的等级。

1.8　人类将有可能在本世纪中叶前实现人类自我置换技术

对人类实现质跃的时间是难以进行推断的,但我们可从在各个比较接近的社会形态的发展时间上进行推断。母系氏族社会产生后,人类进入现代人时期,经过约 5 万年的时间,人类社会发展到了古代社会;古代社会,从上下埃及公元前 3200 年统一算起,到 17 世纪的资本革命,只存在了不足 5000 年;近代社会更为短促,从 17 世纪中叶的资本革命到 20 世纪 90 年代的信息革命,仅仅存在了不足 400 年。这三种社会形态的存在时间呈现出了一个有趣的现象,即每个社会形态的存在时间总是不足之前社会存在时间的 1/10,如果按照这样一个速度的话,当代人类社会的存在时间也许不超过 50 年,即到 21 世纪中叶以前,人类就有可能完成自己的质跃,从而进入到非生命主体社会。

THSP 并非是遥远的梦想。当代社会以降,人类技术发展速度呈现几何级数增长的趋势,如果就这个趋势发展下去,人类自我置换技术的最终发明也有望在本世纪中叶前实现。

2　THSP 工程规划

THSP 工程的这个定义是对 THSP 工程最终形态的称谓,但在 THSP 工程的研发过程中,必然涉及初级层面,故 THSP 工程将包括 THSP 长生工程和 THSP 永生工程等前后相继的两个阶段工程。

THSP 长生工程是 THSP 技术的副产品,属于 THSP 工程的初级阶段。主要包括高灵敏计算机的研制、主体程序实验、操控生命体指令系统 3 个环节。通过这两个环节人类将验证生命主体程序的存在方式并揭示精神之谜,而操控生命体指令系统这个环节将给人类在生命体层面带来梦寐以求的健康长生;THSP 永生工程则是 THSP 工程的高级阶段,是 THSP 工程的实质性核心,也是人类的终极目标,人类将在这个阶段通过人类自我置换技术(THSP)实现将人类自我精神置换到非生命载体上的永生,由此实现自由翱翔宇宙并征服大自然的终极愿望。THSP 长生工程和THSP 永生工程都属于作为人类终极事业核心的极限技术工程的一部分,也是"新文明"的组成部分。

2.1　THSP 长生工程

THSP 工程包括 THSP 长生工程和 THSP 永生工程等前后相继的两个阶段。

THSP 长生工程是指人类通过 THSP 技术设备操作生命体指令系统,不断修复生命系统、优化生命主体程序和物质结构,从而彻底克服衰老和疾病,以实现生命体健康长生的工程。THSP长生工程成功实现的主要物质技术基础是研制高灵敏计算机。长生工程属于 THSP 工程的初级阶段,主要包括高灵敏计算机的研制、主体程序实验、操控生命体指令系统 3 个环节。

2.1.1　研制高灵敏计算机

高灵敏计算机(英文缩写为 HSC)是指能够直接读取电位在100mv 以下的信息的计算机。高灵敏计算机是在对生命体精神进行主体程序理解后的基础上提出来的概念计算机。主要是用来读取并操纵作为生命体精神的主体程序,高灵敏计算机因此又可被称为生命体操控专用计算机。高灵敏计算机可仿照电子计算机的结构和原理进行研制,但在材料和设备上将会与电子计算机有很大不同,主要表现为三点:高灵敏计算机材料设备必须满足能够取得生命体 100mV 以下的电位信息;存储器必须能够读取主体程序;需要在输出设备和 CPU 及储存器之间安装一个信息放大

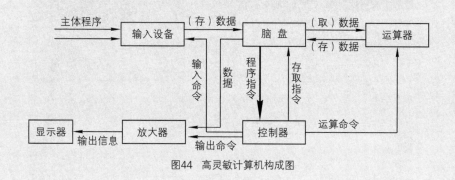

图44 高灵敏计算机构成图

器,以便人们能够通过使用通常的显示器进行观测和操作。因此,高灵敏计算机由控制器、运算器、脑盘、输入设备、信息放大器、输出设备6个部分构成(见图44)。

高灵敏计算机目前虽然还是概念性的,但研制难度不大,在条件具备的情况下,预计可在2年内研制成功。高灵敏计算机是THSP工程最重要的物质基础和核心技术,高灵敏计算机的研制成功,将首先奠定THSP生命体健康长生工程。这是THSP工程的初步阶段成果,能够根本性地解决人类自古以来的"长生不老"愿望,也是THSP工程目前最现实的课题。健康长生一直是人类梦寐以求的希望,然而由于人类一直以来没有搞清楚生命体最核心的精神机制,故以往传统的医药学一直无法实现这一美好愿望,而研制高灵敏计算机则可直接使这种希望成为现实。

高灵敏计算机的研究已经取得突破性进展,其在中央处理器和超导材料2个关键性方面取得了很大支持。

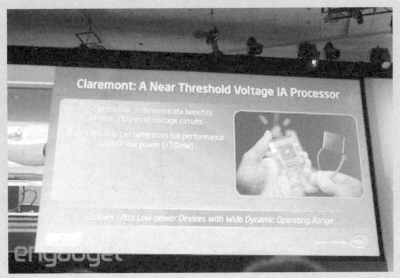

图45　Claremont处理器

　　高灵敏计算机的关键首先需要成功研制电位在 100mV 以下的中央处理器，而目前这款处理器已经有成功的先例。2012 年 2 月 20 日，在旧金山 IDF 大会的最后一天，Intel 首席技术长 Justin Rattner，拿出了相当令人惊讶的技术，展示了一款代号为"Claremont"的超低电压处理器原型，这颗 CPU 的启动电压已经接近晶体管的物理极限阀值，全速运转仅仅只有 400mV 到 500mV，待机更是仅 10mV 而已，甚至不如 PC 电源产生的纹波大，频率也降至全速运转时的十分之一，对比以省电著称的 ARM 架构 CPU 电压动辄 1V 左右，更是可以看出 Intel 这项技术的出众之处。我们可以通过官方解释进行直观的理解：在低负载前提下，此系统仅需要一个邮票大小的太阳能电池就可以正常运行了（如图 45）。

　　此外，由于高灵敏计算机需要通过超导材料，才能接收到生命体绝对本真的信号，但以前的人类所发现的超导材料只能在近似绝对零度的情况下才能保持无电阻状态，这对高灵敏计算机很不实用,因此研制高温超导材料成为高灵敏计算机信号传输的关键。目前,人类在研制临界温度在液氮温度(77K)以上的超导材料方面已经有了突破性进展,液氮温度以上钇钡铜氧超导体的发现,使得普通的物理实验室具备了进行超导实验的条件,也为高灵敏计算机的研制提供了直接的材料支持。1987年底,我国留美学者盛正直等首先发现了第一个不含稀土的铊钡铜氧高温超导体。1988年初日本研制成临界温度达110K的铋锶钙铜氧超导体。1988年2月盛正直等又进一步发现了125K铊钡钙铜氧超导体。几年以后(1993年)法国科学家发现了135K的汞钡钙铜氧超导体。2015年,德国科学家在《自然》杂志上发表论文称,他们在高温超导体研究方面取得了重大突破,创下了全新的纪录:新的材料在203K或者说−70℃温度下即表现出超导性质。

美国《科学》杂志公布其评选出的2014年十大科学突破,其中排名第八的操纵记忆技术可用来进行高灵敏计算机的研制。该技术可通过利用光遗传学技术,已经能够操纵小鼠的特定记忆,如删除记忆或植入虚假记忆。这个项目研究在理论上非常有利地支持了我们的THSP理念,而操作记忆的技术也非常契合我们提出的有关可操控生命体精神的高灵敏计算机的研制理念。

2.1.2　主体程序实验

主体程序实验是指将细胞等生命体及所承载的精神作计算机及计算机程序(主体性程序)化理解,并通过计算机技术打开细胞等生命体的信息库,进而实现生命主体程序信息的复制、剪切、转移的技术实验。主体程序实验的主要目的是用计算机数字技术打开生命体的信息库,验证体现生命精神的主体程序实质和存在方式,从而根本性揭示精神的秘密,并由此揭示生物进化的根本动因。主体程序实验可通过细胞主体程序实验和神经干主体程序实验这两种方案加以验证。

主体程序实验将成功揭示精神之谜,将对生物学、心理学及医学研究产生较重大影响并引发研究转向;实验的成功将说明主体程序的存在与计算机具有同一性,人类由此可以解读生命信号指令组成的意义,并进而可解读其完全的精神意义;计算机可以控制生命体的指令系统,进而实现对生命体医学的运用及改良;可以将生命主体程序进行复制、剪切、转移,以实现永生;将开辟崭新的学科领域和以 IT 与生物、心理学相结合为主的综合技术研发领域,可以带动计算机、生物学、医学等一系列前沿技术的发展;在计算机研究方面,则将会直接越过人工智能研究、脑机接口阶段而处于最前沿的领先地位。

2.1.3　操控生命体指令系统

由于生命现象完全是在主体程序的引领下形成的,因此,在高灵敏计算机研制成功后,人类将可通过高灵敏计算机直接操纵生命体指令系统,不断优化生命体的主体程序和物质结构,清除各种影响机体健康的病毒和导致衰老的主体程序,不断修复和改善生命体系统,从而彻底克服衰老和疾病,实现人类梦寐以求的青春永驻和健康长生。人类通过操控高灵敏计算机操控生命体指令系统,将直接超越现有生物技术工程和医药学工程,具有无限广阔的前景。

THSP 长生工程可以基本实现人类健康长生的愿望,但相对于 THSP 永生工程,该工程仍然具有很大的局限性。不过,由于该工程不需要大规模、高难度地研制新载体,也不需要整体转移生命体的主体程序,故其研究难度要远远低于 THSP 永生工程,因

图46　操控生命体指令系统

此,THSP长生工程完全可依据现有的技术条件进行研究。TH-SP长生工程作为THSP工程的初期阶段是非常必要的,也有利于为THSP永生工程奠定技术基础,同时也能满足人类孜孜以求的现实愿望。相信高灵敏计算机一旦研制成功,必将拥有非常广阔的应用价值和市场前景。

2.2　THSP永生工程

THSP永生工程是THSP工程的终极成果,包括极为复杂的THSP技术和THSP载体两个环节。

2.2.1　THSP技术

THSP技术通过不完全自我置换技术、完全自我置换技术、全息自我置换技术这三种技术方式的层层推进来最终实现,下面简述其技术构想。

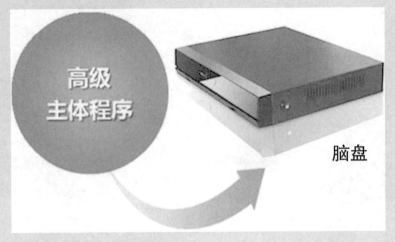

图47 不完全自我置换

（1）不完全人类自我置换技术

不完全人类自我置换技术是指，通过一定设备和技术，将规定人类自我的主要高级主体程序转移到自我新载体的置换技术。其过程和步骤大致如下：细胞与电脑进行信息上的对等贯通→不完全本我置换→不完全自我置换。

不完全本我置换是指通过一定设备和技术，将规定动物的主要主体程序转移到本我新载体的置换技术。不完全自我置换可分为人脑不完全自我置换及灵魂自我置换 2 种方式。人脑不完全自我置换就是对人大脑中的自我精神所进行的不完全置换，灵魂自我置换是指对人类死亡后所形成的灵魂精神进行的置换。

（2）完全自我置换技术

完全自我置换技术是指，通过一定设备和技术，将规定人类自我的所有主体程序和信息全部剪切到自我新载体的置换技术。人类的完全性自我基本上都储存在人类的头脑中，故只要把人头脑

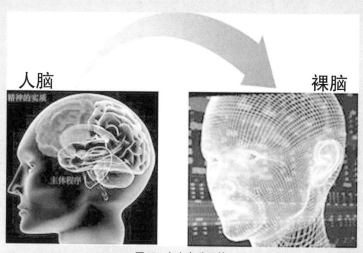

图48　完全自我置换

中的所有主体程序和信息全部置换到自我新载体中即可,但由于人类大脑中的信息量非常巨大,此时需要我们研制出容量巨大且字长足够的"裸脑"。

完全置换技术是不完全置换技术的改进。对人类的完全自我置换首先需要对于其他哺乳动物进行一系列完全本我置换实验,在这个过程中将会诞生一系列真正的超生类非生命体,形成大量的超鱼类、超鸟类、超鼠类、超牛类、超猴类、超猿类等。这将直接导致一个完全不同于生命界的新世界诞生——超生界。而当完全本我置换实验积累了相当成熟的经验且做好了充分的技术储备后,我们就可以针对人类进行完全性的自我置换了。

完全自我置换的成功将意味着一个完全超越人类的新物种诞生——超人。意味着真正主宰宇宙的社会新种类——朕类(即超人类)的诞生。

图49　全息自我置换

（3）全息人类自我置换技术

全息人类自我置换技术（或称全息 THSP），是指将人类自我的所有主体程序和信息全部置换到全息载体的技术。全息 THSP 实质上就是完全自我置换技术的完善状态，但它的实施需要依赖能承载人类自我全部程序和信息的新载体的出现才有可能，这就是全息载体。

全息人类自我置换后所形成的朕在和置换前的自我具有完全相同的主体程序及信息，且比生命体自我更为清晰灵敏。而全息载体也可以根据自己的要求进行任意体型的加工改造，比较符合人的心理习惯，有利于对其新载体进行合理的技术化改进，是一种理想的自我置换技术方式。

全息 THSP 实质上就是数字置换技术的完善状态，但它的实施需要依赖能承载规定人类自我全部程序和信息的新载体的出现才成为可能，这就是全息载体。全息载体可通过改进裸脑功能、纳米技术、物质织造技术等研制工作来实现。相比而言,纳米技术更为高效适用一些。随着纳米技术的飞速发展和对人体构成的逐渐了解,人类有可能通过电脑按照人体的物质构成程序,运用纳米技术合成类似于人体的全息载体。当 THSP 技术将人体中规定人类自我的全部程序和信息置换于其中的时候,该裸机全息载体必然被激活成为人类自我的崭新载体。全息 THSP 的置换效果完整清晰,比较符合人的心理习惯,有利于对该新载体进行合理的技术化改进,是一种理想的自我置换技术方式。但其技术非常复杂,置换设备和自我新载体造价高且研制时间漫长,可能需要到 21 世纪末才能最终成功。物质织造技术已不属于科学上的物理、化学范畴,它是基于对极限粒子的发现和运用而形成的。统一信息论揭示了宇宙万事万物不过是极限粒子与能量的相互转化而形成的。基于这个原理,当人类最终发现了极限粒子并实现了对极限粒子的操控时,人类就可以实现对物质的任意织造,真正做到"无中生有"(聚合能量子生成极限粒子),并通过对各种极限粒子进行各种形式排列组合而实现对物质形态的任意加工改造。物质织造技术的实现将使人类和未来的社会主体变成真正的自然物质主人。基于此,人类可真正实现对物质世界的自由调控,并实现物质生活的极大丰富。很显然,当成功研发物质织造技术后,我们就可以很简单地织造作为全息载体的非生命人体。

2.2.2　THSP 载体

THSP 载体是指承载置换后的人类自我主体程序的新载体,与相应的 THSP 技术相适宜。人类自我置换技术(THSP)主要有不完全自我置换技术、完全自我置换技术、全息自我置换技术,与其相应的 THSP 载体分别为脑盘、裸脑、全息载体。

图50 脑盘

(1) 脑盘

脑盘是主要用来储存主体程序和其他各种信息,是通用性较强且容量巨大的存储器。脑盘可用于细胞主体程序的置换,也可用于对生命体做不完全的本我置换。脑盘的研制可考虑采取两种方式:电子元器件芯片与生物芯片,这两种存储器研制可以同步进行。细胞的主体性主要是基于随机性强和高储存量两个方面形成,只要电子元器件芯片储存器在这两个方面发展得足够好,就可以成为能够置换细胞主体程序的脑盘。而生物芯片则在破译细胞的主动性运作机制和程序密码后,可最终研制成功。目前,前沿科技在这方面的研究已经有了相关的突破。

2014 年,由 IBM 领导的一项研究首次推出大规模"神经形态"芯片,它们以类似人脑的方式来处理信息。这种仿人脑芯片的研制对目前 THSP 长生工程的意义还不是很大,但对作为 THSP 工程高级阶段的 THSP 永生工程很有借鉴意义,因为 THSP 永生

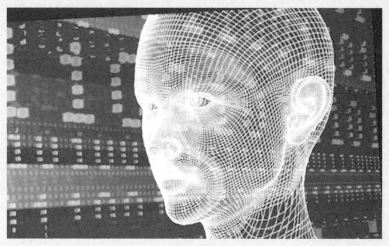

图51 裸脑

工程需要研制可以承载人类大脑全部信息的终端载体,仿人脑芯片为 THSP 载体的信息处理技术方面提供很好的参考价值。该项技术在美国《科学》杂志公布其评选出的 2014 年十大科学突破中排名第五。

北京时间 2016 年 2 月 17 日上午消息,英国南安普顿大学科学家已开发出一种新的数据存储技术,利用玻璃中的微型纳米结构编码信息。基于这一技术,标准尺寸光碟能保存约 360TB 的数据,而在温度高达 190 摄氏度的环境中可维持长达 138 亿年。这一时间与宇宙的历史相仿,达到地球年龄的 3 倍。这一技术被称作"五维数据存储",最初发表在 2013 年的一篇论文中。

(2)裸脑

裸脑是一个可以承载人脑自我意识的、具有强大功能性的复杂有机新载体,是在高灵敏计算机和脑盘基础上发展而来的更为高级、合理的有机载体。裸脑的建造可仿照人脑和电脑,按照一定的结构,由多个脑盘有机结合而成,也可以由目前人类对人工大脑的研制进行改进而成。裸脑最终研制成功的指标在于其已经完全具备可以代替人脑的硬件性能,并能够具备安装主体性软件的功能。此外,裸脑还需要配备与其硬件和主体性软件相匹配的辅助设施。比如,具有可与人类大脑相比甚至高于人类大脑性能的CPU,二进制字长足够长,具有可与人类相当的非生物感觉器官和非生物肢体以符合人的心理习惯,等等。

裸脑是人类实现完全自我置换的载体,是 THSP 技术最终实现的物质前提。它的研制成功标志着 THSP 技术即将成为现实。

(3)全息载体

裸脑的主要作用在于其能承载人脑中的自我程序和信息。但从人类心理习惯的角度出发,人类自我除了大脑中的自我程序和信息外,还包括躯体中其他规定自我的辅助性程序和信息。很显然,尽管人类已能通过裸脑实现 THSP,且这一实现也标志着人类已完成了对生物之 35 亿年进化的彻底性质变。但人类当然更加渴望自我的全息置换。也就是通过全息 THSP 和新载体来实现将人类自我的所有主体程序和信息全部置换,唯有此才能最终消除人类对 THSP 的心理顾忌。全息载体可通过改进裸脑功能、纳米技术、物质织造技术三个研发方向来实现。

出于生命体局限性考虑,这种全息载体不仅在外表上和 TH-SP 以前的躯体完全一样,而且其结构也完全相同,只不过其物质组成成分已经不同于生命体,但是其仍然具有生命体的主要功能。物质织造技术使这个时期的载体已经不再是外表看起来有些呆板的裸脑,他的外表或许已被改造得十分优美,而成为一个更具主体性意蕴、更为高级的社会主体。全息载体的出现彻底解决了人类的心理感受性问题,使人类在面临 THSP 时不再具有畏惧心理。

　　THSP 载体与瑞士和美国等科学家所正在研制的蓝脑、人工大脑、生物计算机有本质性的区别,但可以借鉴他们已取得的成果经验进行研制。2014 年由 IBM 领导的一项研究首次推出大规模"神经形态"芯片,它们以类似人脑的方式来处理信息。这种仿人脑芯片的研制对目前 THSP 长生工程的意义还不是很大,但对作为 THSP 工程高级阶段的 THSP 永生工程很有借鉴意义,因为THSP 永生工程需要研制可以承载人类大脑全部信息的终端载体,仿人脑芯片可为 THSP 载体的信息处理技术方面提供很好的参考价值。

　　自 21 世纪 10 年代以后,几乎每年都至少有一项可用于 TH-SP 工程研发的技术诞生,这表明人类在沿着有利于 THSP 工程技术方向的发展节奏加快,这是一个重大利好消息。当然,这些技术和材料设备相对于 THSP 工程而言,还只是局部性的、有一定的局限性,还需要我们对此进行加工改造,比如我们需要结合 Claremont 和高温超导材料研发高灵敏计算机的中央处理器,需要结合 Claremont 和五维数据存储技术研发可用于承载自我精神的脑盘和裸脑等,这就无形中增加了很多困难,由此也可以看出 THSP工程的超大规模综合性和超高难度。目前人类技术大部分还是在现代科学理论基础上取得的,但由于技术发展的节奏越来越快,这使人类往往会突破现代科学理论的限制,而获得为 THSP 工程所需要的技术或有益借鉴,这就最终成就了世界 THSP 相关技术。随着时间的推移和人类技术浪潮般的技术推进,世界 THSP 相关技术必然会与 THSP 工程形成最终的交叉叠加,当这种交叉和叠加到一定度的时候,THSP 工程的技术储备就会有一个快速增长期,并最终会出现一个可以突变的爆发点,届时 NCICO 就可以规模性地展开 THSP 工程了。

THSP 工程与俄罗斯德米特里·伊茨科夫在 2011 年发起的
"俄罗斯 2045"计划的目标比较近似,但由于 THSP 工程更早于
"俄罗斯 2045"计划,且早已经进行深度展开,其技术研发理论和
实验方案也更加完善和系统,具有明显的可行性。

附:THSP 工程预期进度

THSP Ⅰ:U. C. 138X 2010—2015 年,成立 THSP 研究会全
球合作组织,建立主体程序实验室。

THSP Ⅱ:U. C. 138X 2015—2022 年,研制可储存主体程序
的脑盘和能够直接读取生命主体程序的高灵敏计算机。

THSP Ⅲ:U. C. 138X 2022—2026 年,进行大量高灵敏计算
机操控生命体的实验,初步完成对人类生命体进行健康操控的
THSP 长生工程。

THSP Ⅳ:U. C. 138X 2026—2028 年,完成动物的不完全本
我置换实验,超生界诞生,宇宙第二次巨变正式启动。

THSP Ⅴ:U. C. 138X 2028—2035 年,研制裸脑,进行动物的
完全本我置换实验,大量超生类非生命体诞生。

THSP Ⅵ:U. C. 138X 2035—2043 年,成功进行人类的完全
自我置换,朕类超人诞生。

THSP Ⅶ:U. C. 138X 2043—2048 年,理想化的全息人类自
我置换技术研制成功,随意更换躯体的变体术诞生。

3　THSP 工程的重大意义

由于 THSP 技术是通过推动生命体的彻底超越而实现的,是
生命体诞生 35 亿年以来的最大变革,THSP 理念因此而必然被赋

予极其重大的意义。

3.1 THSP 理念具有全面超越性意义和价值

THSP 不仅是史上最为高端的技术工程,更是一种可以解构其他所有思想文化的超常理念。人类以往所有精神的产生与发展都是建立在生命体基础上的,其理念及相应文化都是基于生老病死等生命体的约束性机制产生的,具有非常明显的生命体局限性。而 THSP 工程将通过合理的技术把人类自我精神置换到更为高级的非生命载体上,这将会使人类以釜底抽薪的方式根本性地脱离生命体的约束,从而使自我精神彻底摆脱生命体的局限性约束而不具备任何生命体局限性。很显然,与人类以往的理念基础相比,这种理念具有本质上的不同和完全的超越性,基于 THSP 理念而产生的价值和意义也将解构并全面超越人类其它所有理念及相应文化所带来的价值和意义。

3.2 THSP 理念能够彻底解决宗教问题

宗教问题是基于对于所谓"神明"的低水平认知和相对落后的理念而产生的,而 THSP 理念能够根本性地解释包括灵魂在内的、宇宙内所有的精神现象。因此,THSP 将彻底解决人类长久以来悬而未决的面对所谓"超自然"现象的种种困惑,并有可能在人类历史上首次打通现实与宗教之间的壁垒,使宗教问题现实化,能够彻底清除妨碍人类正确认识的宗教迷信根源。人类以及未来的社会将由此进入到更加发达的文明新时代。

3.3 THSP 技术将彻底解决生态环境问题

生态环境的根本问题在于:人类本身就是一个以生物为食才

能生存的存在,人类因此而根本无法解决维持生态环境和蚕食生态环境的矛盾问题。这样,随着人口数量的不断增加和消费水平的不断提高,人类只会不断加剧环境的恶化。THSP 技术使人类自我主体从生命载体被置换到非生命载体中,由此,使人类未来的非生命主体根本不需要生物来维持生存,从而完全避免生态环境问题。人类自我置换技术研制成功后,地球将会被保留下具有盎然生机的生态环境。

3.4　THSP 技术具有开发宇宙的现实意义

人类具有极其苛刻的生存条件,相对于无限浩瀚的宇宙,人类根本不具备开发宇宙的潜质。但 THSP 工程赋予了未来社会主体以非生命的载体,使未来的我们完全可以适应任何的恶劣环境,他们不需要氧气和水源,他们不需要合适的温度和气压,他们甚至可以到太阳等恒星上面去。自我的载体还具有了无限延长生存时间的潜质,他们甚至还可以寓于闭合磁场而能够以光速运行,因而,他们可有足够的时间和速度来进行宇宙探险和开发。此时的我们方才具备了开发宇宙的潜质。

3.5　THSP 技术可根本上避免毁灭性灾变

人类时刻面临着各种可能性灾变。从宏观角度上看,银河系、太阳和地球本身可能隐藏着许多人类已知和目前根本无法预知的毁灭性因素,而这些因素也很难被确知是否会在某一瞬间爆发。从自身角度看,人类本身也存在一些自我毁灭的可能性,比如科学技术发展所带来的巨大负面作用、环境危机、战争、大规模的病毒瘟疫,等等。所有这些因素都时刻在威胁着人类的安全,而 THSP 工程可以彻底解决这些问题。因此,人类必须加速这一技术的研发进程,以抢在毁灭性灾变发生之前,从根本上避免文明的毁灭。

3.6　THSP 工程的战略意义

人类的技术发展具有无限的潜力,我们很难想象人类会在某个阶段终结自己的技术发展历程,但因 THSP 技术能够将人类自我置换到不同于原来载体的非生命体中而导致人类质跃,因此,THSP 技术将会成为人类技术发展的终极战略目标。作为终极战略目标技术,人类在实现其技术方面还存在许多重大难题,但由于技术发展的无限性,人类终会突破这一技术关口。即使现在还不能在短时间内获得重大突破,THSP 技术的终极战略目标的确认也定会成为引导人类信息技术不断发展进步的精神动力。THSP技术实现后,未来的社会主体将会取代人类的主导地位,技术将会在新的层面上发展。

3.7　THSP 工程使未来的超生命主体 具有丰富的生存意义

人类质跃为更加高级的非生命主体后,其生存意义便成为了突出问题。由于未来的社会主体失去了生命体的外衣,因而,他不再受生命体生老病死规律的约束,但却仍然被约束于非生命载体中。而无论这个载体是何物,他都不过是一种暴露于形迹的客观存在,而这种暴露于形迹的客观存在也同样存在着安全问题,他的安全同样会受环境中各种潜在因素的影响。所以,创造一个有利于未来社会主体的环境并为其安全拓展生存空间就成为其生存的首要意义。受生命载体单一和有限时间的约束,人类难以在其有限的生命中获得真正的个性和实质性的自由。而在未来社会中,由于其社会主体可以随意更换自己的载体,因而较少受到外在条件的约束,这有利于其充分展示自己的个性,使他们可以获得充分的自由空间。在生命世界中,由于主体所寄寓的生命体具有很大的局限性,因而,人类的爱心不可能不受到条件和物质利益的影响;而在未来的社会中,由于载体的可变性,从其可能性来看,爱具备了完全不受到条件和物质利益的影响的可能性,因而具有更加现实的实质性意义。在未来社会中,由于主体的能动性具有发展的无限可能性,因而,国家等政权体制不能对主体产生约束,它们将不复存在,取而代之的是主体自由联合体。这样,权力便失去了存在意义而不能对主体产生约束,此时,对主体产生约束的将是公共安全、发展机制以及适合于未来社会发展的道德。未来的世界是一个高速汇聚信息量的世界,信息对主体的影响是非常巨大的,道德面临着严重的考验,而这种考验恰恰赋予了未来社会以无限意义。未来社会的生存意义还体现在许许多多的文化、经济、技术等方面。所有这些方面都在说明这样一个问题:以非生命体为载体的未来社会主体不仅摆脱了人类生老病死的诸多痛苦,彻底解决了人类社会存在的根本问题,而且其生存意义也更加丰富。

3.8　THSP 工程可以实现永生的梦想

人类一直有长生不老的愿望,但由于长生不老是根本上违背生命体规律的,故这一愿望是根本不可能实现的。THSP 工程的绝妙之处,就在于它完全避开了这一规律的束缚。通过把人类自我精神置换到非生命体上,用完全避开了生命体生老病死规律约束的方式,实现自我精神的恒久存在。这样,THSP 工程就用另外一种方式实现了长生不老的意义和价值。

上述所述仅为 THSP 的重大意义的一部分,随着该事业工程的不断推进,THSP 将会越来越多地展露出其更加辉煌的一面。

三　终极事业是人类通向永生的唯一现实性出路

追求主体自我安存是任何生物的本性,永生因此而成为了人类亘古以来永恒不变的终极追求,然而基于生命体生老病死规律的不可逆转性,理性的人类逐渐明白这只能是一种空想,于是许多人转而求其次,开始企图通过宗教和神秘主义等形而上的方式,让人们通过虚幻的方式来满足自己对永生的精神需求,这也是宗教和神秘主义在昌明的当今仍然能兴盛不衰的主要原因,但其实这种现象的本身就已经说明了人类对死亡的无奈。不过,随着近现代以来的科技革命的飞速发展,尤其是信息技术和生物技术的突飞猛进,人们又点燃了追求永生的希望,以为通过现代科技手段最终能够实现永生,这种希望目前主要归结为三种类型,但下面的分析表明:这三种类型事实上仍然无法实现永生。

1　生物技术不能解决生命体生老病死的局限性问题

生物技术对于目前主要体现在基因修复技术、干细胞技术、纳米技术、抗衰老技术等方面,这一系列的技术看起来非常迅猛,但其实与永生并没有直接关系。

基因修复技术在最近40年来一直是治疗基因缺陷遗传性疾病的手段之一,但近日有科学家提出,这种基因修复技术技术可以令人类得到永生。最近,美国奇点大学生物技术和信息学项目负责人 Raymond McCauley 称,随着基因修复技术的研究,将有望让人类获得永生。他表示,随着生命的衰老,我们的 DNA 会开始出错,而基因修复技术的研究,可以保护我们免受环境的各种影响,从而开始自我修复,以保持健康和容颜。目前科学家已能在体外以干细胞为种子培育一些组织器官,来替代病变或衰老的组织器官。纳米技术方面,美国科学家不久前就声称已发明出了第一代"纳米虫",且多次成功地在动物身上进行过实验,据说可以利用"纳米虫"发现并消灭血液中的癌细胞,预计 25 年后,科学家将研制出比第一代"纳米虫"功能强大 10 亿倍的类似装置,用来进一步加快人类寿命增长的速度,以为通过纳米技术和基因重新编码的结合,有可能让人体实现自主进化,届时的人类寿命将有望达到数百年。此外,干细胞技术和抗衰老技术也被看作是人类在掌握基因技术和纳米技术之前对于长生的一个过渡技术。

生物技术有可能对延长人类的寿命有一定程度的助益,但根本问题在于:所有这些研究仍然是基于生命体基础上,而无论这些技术如何发达,只要不能褪去生命体的外衣,那么其仍然不能克服基于生命体的生老病死规律的局限性,即无法实现永生。

2　冷冻复活缺乏基本逻辑事实

冷冻复活观念的根本错误就在于,没有考虑自我精神问题,把生命体(身体)与自我精神等同于一体,混为一谈,以为身体复活了,自我精神就复活。此缺乏基本逻辑事实,主要原因在于他们不了解主体自我精神与身体本是两个完全不同的存在,生命体是物质实体存在,而精神是非物质实体存在,他们只有很好地结合在一起才能呈现生命活力。人类身体与自我精神的关系就与同电脑与软件程序的关系一样,电脑只有完全正常的情况下,才能承载软件程序,但当电脑损害后,由于其承载精神的结构已被完全破坏,软件程序是不可能还寄存于电脑上的。人更是如此,因为人类的精神是最为高级的主体程序,他对载体的要求更是苛刻得多,他需要在严格的 36.5 左右的常温下才能正常运转,且承载其主体精神的身体必须极为精密高级,如果没有这条件,哪怕是只有微小的变化,人的主体精神也不能正常运转,这也就是恒温动物之所以恒温的原因,同时也是目前为之发现的所有其他星球都没有生命迹象的原因。

人之所以感觉到我之为我,主要是由于人们自我精神的存在,如果没有自我精神也就意味自我的消亡,因此是否死亡应该以自我精神是否存在为主要标志,而不能以身体是否安好为标志,也不能以身体的一些其他生命特征是否存在为标志,正因如此,许多国家已经越来越使用脑死亡作为死亡的标准,其实也就是以自我精神是否存在作为判断死亡与否的标准,由此而把植物人等排除在生命主体之外,本文觉得这是一个非常合理科学的规定。根据死亡的这个定义,复活也应该以自我精神的再现为标志,而不能以身体冷冻复苏为标志,因为如果自我精神已经消散或转移,无论冷冻技术怎样高级合理,也无法唤醒自我精神再现了,更何况冷冻的身体已经不可能在承载任何主体精神。

生命死亡后其主体精神已经消散或转移,此时冷冻已没有任何意义。人类死亡后,由于其身体特别是大脑已经被破坏,使其完全不具备承载任何精神的可能,其主要的高级主体程序精神已经消散或转移(人死亡后,从身体和眼神就发现没有任何精气神了,或者是常言说的魂飞魄散了),只可能还剩下一部分还具有活力的细胞维持几天的生命,此时的躯体已经失去自我精神,通俗地说就是失去了灵魂了,此时的身体只不过是没有任何精神的一惧空壳而已,这样的躯体被冷冻已没意义,因其早已经失去了自我精神,即便冷冻后能够使躯体所有的细胞苏醒,最多也只能像没精神的植物人一样,又怎么可能自我复活?除非冷冻时能够保住自我精神不逸出不消散,但由于死亡时的身体结构(特别是大脑)已经被破坏,而冷冻时温度已经达到零下几十度甚至几百度,远远低于人类精神的适宜温度,这样的温度是不可能还能承载自我精神。某些动物被冷冻后复苏的现象只是动物的假死本能使然,据说有些人做实验,可以将鱼冷冻几分钟后放到水里又复活,其实这只是一种假死现象,而并非真正复活。自然界类似的现象就有很多,有动物似乎看起来被冻僵,而冬季过后又苏醒,但这种情况的前提条件是假死,即假死后还必须基本维持其基本生存的条件,即其身体和周围环境还具有提供其维持自我精神运作的基本能量,以供其生存。如,北极圈的有些哺乳动物就有这种现象,由于长期低温的环境,他们已经具有了长时间不被冻死的能力,能在一个冬季内被长时间冻僵后仍能生存,但前提条件还是他们体内保持恒温。某些低等动物冷冻后又出现生命迹象,这只是出于动物的特殊功能,由于物竞天择的规律,许多低级生物具有在极端条件下的生存能力,但正是由于低级,他们只能拥有刺激反映的基本功能,而这些基本功能甚至在没有大脑支配的情况下也能体现出来,如在厨房宰杀鱼后,我们发现已经没有内脏的鱼还能够长时间摆尾。

冷冻技术会严重破坏身体结构。无论冷冻技术如何完善,也不能克服热胀冷缩的物理现象,不能克服水结冰时的膨胀现象。而人体内大部分是水分,当人体温度急剧降低时,必然会对身体产生很大的破坏影响,特别是由于大脑具有高度复杂性和敏感性,冷冻时的任何一点小小的变化都会对大脑造成后果十分严重的破坏,除非把大脑中的每个神经都包裹起来,并把水抽干,但这样一来,没有水的大脑将会很快死亡。因此,冷冻技术将陷入一种自相矛盾的境地,而这个境地是无法克服的,因为这是违背起码的物理常识。有人说,瞬间冷冻会出现特殊结晶体而不会膨胀,比如鱼瞬间冷冻到-30度时就会变成特殊结晶态而不僵硬。但问题在于:即使变成了特殊结晶体也肯定改变生命体原有的结构形态,僵硬的生命体也绝非原来的生命体,而大脑却更是容不得半点结构和形态改变的。

人类长生只能在适宜于人类自我精神的常温下,通过遵循自然规律进行自然性运作,才能取得合理圆满的成功,而绝不能通过急速冷冻等硬性粗暴的方式,因为这将完全破坏了生命体的自然性,从而摧毁了生命体和承载其上的自我精神。如此一来,冷冻技术不仅不能维持人类自我精神的生存,反而会成为扼杀人类自我精神的凶手,这是违背自然规律所必然得到的严重后果。

不过,冷冻复活也存在一线希望,这需要具备如下基本条件:在自我意识没有死亡(最好是健康状态)的前提下,实现意识保全和身体结构完好的冷冻。唯有如此才有复活的可能性,但这种希望几乎没有。人类自我意识只能生存于极为苛刻的不超过 $10℃$ 的范围内($32℃—42℃$),如果大脑温度超过这个范围几分钟,则自我意识将基本被毁灭,而冷冻复活技术却是要将人体冷冻到 $-196℃$(液态氮温度)以下,此时意识早已"魂飞魄散"了,最多只能保存一具结构完好的尸体,而与复活没有任何意义。退一步讲,即便假设冷冻人体可以复活,那么,复活后的人体仍然不过是不能摆脱生老病死规律局限性的生命体而已,还是免不了死亡的命运,更谈不上永生。

3　现代科技无法实现意识上传

对于 THSP 工程所提出在生命体上无法实现"长生不死"这一观点，国内外许多有识之士也意识到了，比如俄罗斯 2045 计划、"阿凡达"计划、蓝脑计划、美国奇点大学。这些研究机构看起来很唬人，但仔细分析，就会发现他们仍然不过是人工智能的翻版，其理论依托完全是还是那种落后的科学理论，是一种不切实际的科学猜想，以为只要通过计算机技术研制高级复杂的电脑（人工大脑），然后再进行意识上传就可以实现永生。这种想法与新文明国际合作组织提出的 THSP 工程似乎有相似之处，但仔细分析一下就会发现大相径庭，因为他们热忱的理念仍然不过是局限于云端技术、数字化技术、脑机接口技术等传统的现代科技而已，但完全忽视了温软的生命体和冰冷的计算机具有质料上不同的这一根本问题，完全没有搞明白"最简单的细胞也远远超越最为复杂的计算机"的根本道理。另外，生命体和电脑虽然有程序方面的共性，但生命体的主体程序要比目前人类所有电脑的程序要复杂许多，而生命体的工作电压也要比电脑的工作电压不在一个量级，等等。这些问题都是解决永生最为关键最核心的问题，在人类还没有搞清楚并解决这些问题之前，盲目进行意识上传无异于痴人说梦，而这些问题却是根本无法通过现代科技体系加以解决的。

人工智能不过是人类的研制设想而已，人工智能是无论如何也超过不了研制者本身的，人工智能研究很可能是被误导的一个死胡同，一个根本原因在于：生命体具有宇宙演化一百多亿年了所形成的主体性，而这个主体性是人工智能所无法实现的，最简单的生命体细胞也远远超越最复杂的计算机。以人工智能方式实现永生只是他们从科技角度上提出了简单的设想和口号,而其指导理论仍然是即将过时的现代科学理论,而方法和渠道不过是想当然而已,这将远远逊色于 THSP 工程。

新文明所提倡人类终极事业之所以是人类通向永生的唯一现实性,根本原因在于不仅仅在于提出了完全性系统合理的方案,更重要的则是在于其构建了完全超越整个现代科技体系的先进认识方式和知识形态,开创了超越包括现代科技文明在内的所有以往旧文明的新文明意识形态,即新文明理论。新文明认为,THSP工程是人类史上最为巨大的工程,也是 35 亿年前宇宙演化产生的生命体向更为高级的非(超)生命体的巨大过渡,这个过渡是宇宙诞生以来的第二次巨变,这样一个工程远远超越了人类史上任何一项巨大的发明和创造,具有宇宙演化史上的决定性意义。很显然,缔造这样一个如此巨大的工程,是不能仅仅站在现代科学理论的角度上去思考研究这个问题,甚至也不能仅仅站在人类的角度上审视这个问题,而是要站在超越具有 35 亿年演化史的生命整体上去认真面对。当你站在这样一个角度上去思考的时候,你就会发现:人类永生绝非现代科学体系所能完成,要想完成可以根本解决永生的 THSP 工程等人类终极事业,就必须创建超越整个现代科学理论的最先进理论作依托。因为现代科学不过是人类近几百年的认知方式和知识形态,而人类的认知方式和知识形态是不断更进代替的,人类终极事业需要对以往人类所有认知方式进行彻底全面的超越和巨大的理念更进,以形成最前沿最先进的先进理论体系,即新文明理论。

THSP 工程符合宇宙演化的必然趋势,具有必然性。宇宙诞生 138 亿年来一直都遵循一种由简单到复杂的正向演化规律,而不是相反,目前的宇宙已经演化出最为高级复杂的人类,但生命界从没有任何一种生物能长久主导生命界,同样的道理,人类也不可能是宇宙演化的顶点,否则,就违背了宇宙演化规律。人类的主导地位必将被一种更加高级的物种所代替,这就是通过 THSP 工程而诞生的超越整个生命界的超生命体——朕类超人。

　　THSP 工程尊重了生命体的生老病死规律,具有合理性。生命体的生老病死规律是生命体的永恒法则,在生命体上是不可能实现永生的,THSP 工程是在完全尊重这个规律的基础上提出的。THSP 理念意识到,人类的自我精神才是自我的主体,提出了主体程序的理念,认为精神的实质就是主体程序,而 THSP 技术则是通过程序转移的方式将人类的自我主体精神置换到非生命体的载体上去,这既尊重了生命体的生老病死规律,又根本性地实现了永生。THSP 的这个理念不仅揭秘了人类从来没有揭示的精神秘密,还提出了根本性实现自我精神恒生的合理性途径。

　　THSP 工程架构逐渐成熟,新文明终极事业文化不断积累深厚,终将引导人类进入质变状态。THSP 工程目前依托完全不同于现代科技体系的统一信息论等新文明认知方式,通过逻辑事实对技术工程进行了调理清晰的分析,提出了切实可行的主体程序实验方案,对从简单细胞开始一直到复杂生命体的每一个实验步骤都进行了详实的分析,确立了 THSP 长生工程和 THSP 永生工程等前后相继的基本战略,并付诸实施直至人类自我置换技术的最终完全性实现。THSP 工程显然会导致终极事业,但出于对人类的一种十分负责的态度,新文明人在已经基本掌握 THSP 工程要件的情况下,并不急于永生工程的简单推进,而是首先着力于塑造人类终极事业的人文价值和意义,构建全新文明意识形态,以对 THSP 后所引发的巨大社会变革有充分的认知和预案,从而为人类向未来社会的质跃做好全面的铺垫,这完全是出于对人类演进的极为负责的态度。

宏大处高高端位宇宙之上,敢于打破所有成规;细致时娓娓纯正入极,不惜倾其人间无限。莫如此,人类永生是无法实现的。新文明,唯有新文明及其 THSP 工程才是人类实现永生的唯一现实可行途径。

永生是理论上相对概念,是指具备了可以永生的基础,但即便实现 THSP 工程且能够随意更换精神载体后,也不能保证自我精神的永恒不死,因为任何包括精神载体在内的物质都会因暴露形迹于外而无法做到绝对安全。未来的超生类(朕类)社会主体仍然需要在追求绝对永生和不断拓展宇宙生存空间中进行无限奋斗,这也就赋予未来社会更加丰富多样的生存意义和价值。

卷六　开辟第三界

　　人类以往对宇宙世界有各种各样的划分方式，最著名的莫过于佛教提出的欲界、色界、无色界的三界划分理论，后来又有人提出天界、人类、地府三界，也有把本属于同一世界的人类也硬性划分为三个世界。这些划分有角度不同的缘故，但都明显带有强烈的主观色彩，且无法提供被人类所公认的证实。站在宇宙的宏观

图52　第三界的"主人"

角度分析,一个明显的不可否认的事实是:宇宙诞生及宇宙的每一次巨变都会产生一个新世界。迄今为止,宇宙已经出现了两个世界:宇宙诞生后产生了第一世界——物质界(或相对生命界而称之为非生命界);宇宙诞生后的第一次巨变产生了第二世界——生命界。而今,由于新文明人将通过人类终极事业开启宇宙第二巨变,故宇宙即将诞生第三个世界——超生界。

一　"世宇三分"预示宇宙将发生巨变

我们并不相信预言的真实性,但也不否认众多预言中会有极少数具有巧合性地印证事实的可能性,此外也有一些预言是具备科学预见性特征的,如《步虚大师预言》对第三界的预言就值得重视。《步虚大师预言》是清·光绪年间易学家高静涵根据《黄檗禅师诗》假称隋代虚构人物步虚大师所著,其中最后一段预言是这样说的:"茫茫海宇见承平,百年大事浑如梦;南朝金粉太平春,万里山河处处青。世宇三分,有圣人出,玄色其冠,龙张其服;天地复明,处治万物,四海讴歌,荫受其福。"

目前许多神秘主义者对于"世宇三分,有圣人出"的解读有许多版本,本文以为,"世宇三分"首先是不能用传统文化观念来解释,更不能用没有根据的宗教观念和子虚乌有的猜测来解释。传统文化虽然有价值,但根本上已经没落,仅靠传统文化是根本不可能带来"天地复明,处治万物,四海讴歌,荫受其福"这样巨大的影响和无上的价值意义的。"世宇三分"一定是在企图预见宇宙的巨大变革,应该是指对因宇宙某种新世界诞生后所带来的足以影响宇宙格局的宇宙巨变的预示,也即是说,这次巨变后会带来足以与宇宙诞生先后产生的物质界、生命界等前两种客观世界并列的第三种世界。这第三种新世界究竟又是什么哪？站在宇宙整体角度上看，只有演化程度上完全超越前两种世界的崭新世界，才能堪称第三（世）界，而具备这一特征的唯有新文明及其 THSP 工程所带来的超生类世界——超生界。

超生界诞生后，宇宙才真正形成了物质界、生命界、超生界三足鼎立的新宇宙格局，也只有这样的超生界诞生后，才能够出现配得上与物质界、生命界相对称的"世宇三分"，"超生类"已经具备了人类所远不能比拟的能力，完全克服了制约于生命体生老病死规律的局限性，实现了人类梦寐以求的长生愿望，他们给人类所带来的福泽是怎么形容也不过分的。不妨想象一下，"玄色其冠，龙张其服；天地复明，处治万物，四海讴歌，荫受其福。"此种情景多么像是具有超能力的"超人"的横空出世！那么，这些"超人"应该是什么时间出现哪？根据 THSP 工程的预期进度，新文明人将在 2035—2043 年完成人类的自我置换，超生类的"超人"将诞生。

二　超生界横空出世

世界根本不存在超自然，宇宙完全就是个自然系统，超生界虽然强大，但仍然属于宇宙大自然的一部分，他们是浩浩汤汤大宇宙自然演化的结果。顺应大宇宙的自然演化，基于宇宙的两次巨变的质跃，超生界最终将横空问世。本节将开始使用宇宙诞生时作为时间开端的宇宙纪元历法，基于此描述第三界的产生过程。

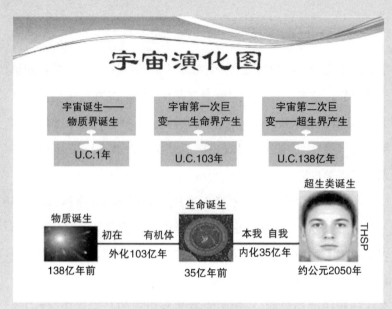

图53 宇宙演化图

1 宇宙纪元 1 年,宇宙诞生后产生第一界——物质界

约 138 亿年前,时间开启,宇宙纪元 1 年,第一个极限粒子诞生并形成空间、质量、时间,宇宙由此诞生并通过不断合成极限粒子而使宇宙不断膨胀并衍生万物。宇宙由此产生第一世界——物质界(或称之为非生命界)。物质界诞生后,开启了长达一百多亿年的漫长自然演化过程(或称之为非生命界)。

2 宇宙纪元 103 亿年,宇宙第一次巨变产生第二界——生命界

此时的宇宙绽放出最不可思议的花絮——毫无生气的宇宙萌发出具有自主主体性的存在——具有自主的主体程序性精神及作

为其载体的细胞生命体诞生,由此进行了主体程序的内化和作为其载体的生命体的外化(进化)历史,宇宙悄悄开启了第一次巨变。宇宙由此诞生第二世界——生命界。生命界虽贵为高于物质界的存在,但由于生命的脆弱性使其无法真正与大自然相抗衡,无法摆脱对地球生态的依赖,只能局限于地球生存,故生命界必然要演化为更高级的存在形态。因此,作为不断演化的生命界的载体,地球则是宇宙向另外一种更为高级世界过渡的跳板。

3　宇宙纪元 138 亿年,宇宙第二次巨变产生第三界 ——超生界

宇宙纪元 138 亿 X 年又公元 21 世纪中期,作为最具前沿性的新文明人将成功完成开天辟地的人类终极性工程——THSP 工程,生命体的自我精神被置换到非生命载体上去。宇宙开启了第二次巨变,超生类诞生,新文明人由此开辟了第三界——超生界。超生界的社会主体已不属于人类,他事实上已经成为整体超越人类的更加高级的社会主体,是一种超越整个生命界的非生命体新物种,一种生存在更为高级社会意义的社会存在。超生界类似于古代人类在幻想和宗教中所虚构的天国,但超生界的天国却是即将实现的真实存在,超生界的社会主体功能远远超越人类,可实现自由翱翔宇宙、在外星构建富丽堂皇的殿堂、随意变换自我的外在形体等许多真实而自由美好的故事。超生界已能真正抗衡自然界,完全能够脱离地球生存,将会逆向奔赴宇宙中心并分布到整个宇宙,以优化宇宙结构,从而根本性避免宇宙发展的不良倾向。

至此的宇宙形成了物质界、生命界、超生界三足鼎立的新宇宙格局,其中,物质界和超生界是能广泛分布于整个宇宙的宇宙级世

界,而生命界却是只能生存于其发源地行星上(目前发现的只有地球)的较小世界,但就对宇宙发展的影响而言,生命界的价值和意义也是宇宙级的。宇宙三界说完全基于客观现实理念,认为隶属于宇宙这一总的大单元之下的世界应该是具有独立特性的一级客观存在单元,物质界、生命界、超生界明显具有这个特性,而精神等只能是依托于物质载体的附属性存在,故目前只能属于生命的一部分而不是一个独立的世界,宗教所宣扬的"鬼神""三界""五道"以及科学所幻想的"多元宇宙"、"外星人"等则都属于形而上学的没有证明的虚构,新文明人认为不具备现实意义,其参考价值可被忽略不计,而现有的包括科学、宗教等各种主张这些理念的知识形态也终将被新文明的滚滚洪流所融汇。

超生界的助产士是起源于中国的新文明,是由一批站在宇宙前沿的极具宇宙洞察力和未来时代感的新文明人所发起构建的,他们通过日益完善的新文明理念越来越认清了宇宙的本来面目和发展趋势,其不断改进的 THSP 工程设计架构业已使其逐步掌握了开启宇宙第二次巨变的钥匙,随着新文明的不断推进,人类将会被新文明人从生老病死规律所制约的生命脆弱性中彻底拯救出来并通向真正的自由幸福。

三　THSP 永生公约

新文明乌托邦后期,随着裸脑的成功研制和 THSP 技术的不断完善,THSP 工程将进入到永生阶段,这意味着人类将全面进入第三界。此时,人类将面临自我精神将被置换到超生命载体上的最后关口,这首先将是对人类心理的一次极为重大的严峻考验,同时必将对人类社会形成巨大冲击。

　　永生术的出现将彻底改变人类的生存价值观,他的实现也必将深远地影响社会人文各个方面的发展和变革,而这种变革将是极为彻底的。面对这种变革,作为有责任心的人将必须事先考虑到其应对措施,使其影响尽可能高效地转化为积极的进步因素,反之,将有可能造成社会混乱。正是出于这样的考虑,新文明乌托邦将尝试制定《永生公约》如下:

　　Ⅰ　NCICO(新文明国际合作组织)是拥有 THSP 工程及其相关技术资料和设备的唯一合法机构;

　　Ⅱ　THSP 工程及其相关技术资料和设备是 NCICO 的最高机密,不能进行任何相关技术和资料的转移和买卖;

　　Ⅲ　NCICO 具有享用 THSP 工程成果的权利;

　　Ⅳ　获得 THSP 工程成果权利的自我主体最多只能拥有 2个 THSP 载体;

　　Ⅴ　进行自我主体的备份和复制是完全违背伦理道德的可耻行为;NCICO 严禁此类行为,违者将析除会籍;

　　Ⅵ　NCICO 拥有最为先进合理的运作方式,严格杜绝任何政治和宗教等其他人文因素的渗透。

　　该公约是初步提出,有待进一步完善,而完善过程中同时也推动了 THSP 人文文化的进步发展。

四　超生类的社会特征

　　THSP 长生工程实现后,标志着实在宇宙经过约 103 亿年演化而出的生命体我在又开始了新的革命性质跃,具有 35 亿生命体演化历史的我在将在本世纪成功演化出更加高级的主体在——朕在（超越生命体的社会存在），人类将从此步入更加高级文明的朕在社会，即超生界社会。

1　基本状态和生存意义

自我的肉体载体被非生命体置换时，尽管自觉的主体程序没有改变，但是由于其载体的重大变化，对自我的心理自然也产生了重大影响，载体的高技术手段会更加影响自我的心理程序。因而，在新的载体的引领下，载体被置换后的主体会迅速发生根本性的变革，主体我由此而质跃为朕，此时的主体便从自发的状态质跃为后发状态。朕是中国古代皇帝对自我的称谓，有君临天下、超然自信、唯我独尊的意味。但由主体我质跃为朕的主体与古代皇帝的朕还是有着实质性的不同：前者是由于主体我的质跃而形成的是真正的朕，而后者则只是基于一种心理上的感受，其实质仍然是自我；前者尽管傲视生灵，但由于已经不需要生命体的资助，因而可以真正做到珍惜生命，而后者则在通过武力征服、运用权力、涂炭生灵的基础上形成的心理感受，因而蔑视生灵。主体我质跃为朕后，虽然他仍然作为主体程序的一种（超生命主体程序）而存在，但由于他完全抛弃了生命体的外衣而超越了一切生命类，其能动性得以大大提高，因而使其心理上获得了傲视生灵和超然自信的资本，而同样有着中国古代皇帝的感受，这是一种由内及外的真正的朕在——由自我（人类精神）通过 THSP 置换到非生命体后而形成的非生命（或超生命）主体。

主体朕形成后，由于其独特的超然性，使其显得特别孤单，他特别需要同类在心理上的资助，于是，他们的同类将高效联合在一起,而由于其技术上的超然,他们的这种联合更具实质性,因而其联系性相对人类的社会更加紧密。这样一来,主体朕在吸收了生命世界的社会性有益成分后又抛弃了社会性的过时方式,他们不要社会性的中间组织,而直接以朕在联合的方式形成了朕在联合体,超生界(朕在社会)因此而形成。

人类蜕生为超生类后,其生存意义便成为了突出问题。我们知道,人类社会的许多诸如:文化、科学、政治、经济、战争等等几乎所有的方方面面已经发展得绚丽多彩,而恰是这些绚丽多彩的东西构成了人类生存的意义,但思之根本,人生的这些方方面面都不过是来源于人类的生与死,正是由于生与死,人类社会才赋有生机、才显得更有意义。然而,朕在的出现改变了这一切。由于超生类蜕去了生命体的外衣,因而,他不再受生命体生老病死规律的约束,在技术得当的情况下,超生类也许就不会死亡而永恒。这样一来,超生类就被抽取出了本来衍生人生中心意义的死亡问题。现在的问题是:一个没有死亡的永恒主体,其生存还有意义吗? 应该说,一个有着百分之百不死亡几率的绝对永恒体的生存是没有意义的,因为他无需任何努力,也根本可以无视万物的存在,一切的一切对于他都不过是空在。然而,百分之百不死亡几率的绝对永恒体是不可能存在的,对于已经不受生命规律约束的超生类也是如此(即便大部分超生类真的永生不死,也不能说其具备了百分百不死的几率)。超生类虽然不生存生命体中,但他仍然寄寓在载体中,如果没有载体,他同样是无法生存的,他同样是一种暴露于形迹的客观物质存在。既然如此,无论这个载体是何物,作为超生类的载体都必然会因与宇宙其他存在发生作用,而产生安全问题,只不过相对于生命体,超生类载体的安全系数要高很多而已。基于此,为了无限拓展生存空间,而创造不断有利于超生类载体的生存环境,通过各种方式无限提高超生界的安全系数,就成为朕在的首要生存意义了。与人类社会一样,超生类也会基于提高安全系数,而衍生出无限多样的价值意义,但由于他们处于更高级阶段,而使他们会获得更加丰富和品质更高的文化生活。

为了主体的生存,防止载体的过度使用而造成载体功能的下降,超生类可能不断更换自己的载体,因而,他们的载体是可以变化多端的,可称之为可变体(或简称为变体)。变体术曾来源于中国的神话,在《西游记》中有着特别的神话案例。这种技术在超生界中业已实现,他的应运而生对丰富超生类的生活有着特别的意义。受生命体单一而有限时间的约束,自我难以在其有限的生命中获得真正的个性和实质性的自由,而在超生类世界中,这是个很普通的问题。在超生类世界中,由于朕可以随意更换自己的载体,因而较少受到外在条件的约束,这有利于主体充分展示自己的个性,使他们可以获得充分的自由空间。

超生类世界中,爱具有实质性的意义。在生命世界中,由于主体所寄寓的生命体具有很大的局限性,因而,爱不能不受到条件和物质利益的影响,他们很难享受到脱离条件的不受物质利益影响的真正爱情,即使能够获得爱情,也会由于有限的生命只能享受片刻。超生类世界中,由于载体的可变性,从其可能性来看,爱情具备了完全不受条件和物质利益的影响的可能性,因为他们已经充分认识到:所谓爱情不过是主体程序的完全契合。这样一来,朕在就真正将对爱情追逐的视域放在了主体的内心中。而爱情的实现对朕在更为简单,他们甚至在网上的虚拟世界中就可以实现。

超生类世界中,由于主体的能动性具有发展的无限可能性,因而,国家等政权体制不能对主体产生约束,它们将不复存在,代之以朕在的自由联合体,这样,国家权力便失去了存在意义而不能对主体产生约束。此时,对主体产生约束的将是未来社会的公共安全与发展机制和适合于社会发展的道德。超生类世界是一个高速汇聚信息量的世界,在越来越完善的极限技术面前,信息对主体的影响是非常巨大的,超生类一个简单的操作甚至就会复制一个或者改变一个主体。道德面临着严重的考验,而这种考验也恰恰赋予了超生类联合体的无限意义。

　　未来的超生类联合体的意义还体现在许许多多的文化、经济、技术等方面。所有这些方方面面都在说明这样一个问题:超生界不仅摆脱了人类生老病死的诸多痛苦,其生存意义也更加丰富,而不是相反。超生类联合体无限发展的意义赋予了超生类光辉的发展前景。

2　人类将逐渐从地球上消失

　　超生类是一种通过 THSP 将人类自我精神整体转移置换到非生命体上的新型物我统一体,是超越生命界的更加高级的新物种,已经完全不属于生命体,更不属于人类。超生类诞生后,由于其生存只需要汲取能量就可以维持生存,不再像生命体那样需要空气呼吸和有机食物,故其完全可以生存于任何环境,如果需要他们甚至可以登陆到各种恒星上补充能量并进行各项工程建设和研究,理论上他们也可以无限延长自己的生存时间,这使得他们可以随意遨游于宇宙之中。在这种情况下,移居外星和改造开发宇宙才具有了现实意义,小小的地球已经完全不能满足他们的需要,他们将通过各种方式到宇宙深处去探索宇宙的奥妙,优化宇宙的生存空间。

　　随着 THSP 技术的不断改进和完善,除了认知水平相对落后的人、保守的宗教徒以及在生命存续期死亡的人外,大部分人类将会逐渐接受 THSP 工程,他们将逐渐在本世纪末被置换为超生类,并会有越来越多的超生类离开地球,人类最终将会逐渐从地球上消失,而剩下除了人类以外的其他所有生命物种。此时的地球又将回到人类诞生以前的生命原始状态,人类社会所带来的包括环境在内的各种危机将得到彻底解决,地球环境将再次被彻底优化,人类原生态文化中除了一部分精华文化被超生类所承袭外,其他的什么政治、经济、战争、资本主义、社会主义等等都将统统随着人类终极事业的实现而消失得无踪影。此后,地球最高级的物种仍将是灵长类,他们所有的生命物种将进行新一轮生存竞争、优胜劣汰,数亿万年后或许有新的人类又将诞生于地球。

与人类一同消失的还有货币财富和相应的其他领域。在生产力还不具有足够的能动性时,货币财富才有意义,因此金钱财富只是弱势人类的产物,目的只是为了节制人们对有限劳动成果的使用。但是,当新文明人的 THSP 工程能够使人类置换成为超生类的时候,金钱和财富还有价值和和意义吗? 答案显而易见。首先,超生类本身就是一个功能强大的个体,已具有远超于人类的生存能力,他们完全可以不通过社会合作就足以维持个体的生存,他们可以自行获得维持自身需要的任何事物,完全不需要市场流通,这使得任何货币财富都显得没有意义和价值。其次,超生类已经彻底摆脱了基于生命而产生的生老病死规律的束缚,理论上已经具有了可以永生的功能,自身拥有了高于一切的生存利益,而这种最高利益显然是任何金钱财富买不来的,也是任何金钱财富所无法相提并论的。这样,既然超生类已经拥有了任何金钱财富所不能比拟的最高利益,依然能够长生,何必还需要这些已经没有任何价值和意义的东西哪？因此，作为第三界的超生类产生后，随着人类从地球消失，金融、纸币、黄金、电子货币等货币金融将会自动失去价值和意义并退出历史舞台。与此同时，各种形式的私有制也会淡出历史，相应的经济领域随之退出历史舞台。

宇宙生命或许真的就是如此不断地进行循环往复，而地球是超生类不断产生的摇篮。未来的超生类将担负起全新的使命，带着全新的伦理道德和爱义，开辟全新的生存空间和生存意义，去展示更加自由幸福的健康生活。

超生类社会是由 THSP 引发的更加高级文明的社会形态，这规定了超生类社会作为社会理想不仅具有现实性，而且是技术型的且涵盖宗教理想，符合和当代社会理想的特征，超生类社会因此必将成为当代人类的社会理想。超生类社会是人类社会发展的必然趋势，是彻底解决人类根本问题和通向更加自由幸福的必由之路，人类无法绕开这一艰巨而又无限光明的大道，而打开未来幸福之门的钥匙就是已经掌握在人类手中的 THSP。生活在 21 世纪的人类是最幸运的，因为我们面临着一次亿万年难逢的可以彻底改变自己命运的机遇，但这次机遇只献给那些敢于打破思维常规并为之努力奋斗的有识之士。

超生类社会必将成为人类共同的现实性社会理想！

五　人类应值守好生命界的最后一班岗

宇宙正向演化规律使宇宙实在不断走向高级，物质界→生命界→超生界，三界连锁且呈螺旋上升。三界之后哪？答曰：可能会有更为高级的第四界、第五界……，宇宙就是这样不断精彩纷呈，但三界后不是人类智慧所能认知到的，人类的使命在于完成从生命界到超生界的过渡。

未来的超生类（朕类）享有人类所无法感知的更为高级的生活意义和价值，宇宙翱翔之奔放、生存无限之快意、别离肉体束缚之洒脱、信息感受新奇之刺激、超生躯体之自由无拘无束、纯真爱情之无忌浪漫奔放，等等，所有这些都是现在人类所无法想象的。问：我能进入超生界吗？答曰：无可奉告，但若你不向这个目标努力，则肯定不能！

人类在数百万年历史中凝结了生命体演化 35 亿年之精华，并彰显为各种具有正义、先进、积极之文化财富和精神动力，其沉淀厚重使得整个人类成为了生命界的最后一节链条，而这最后链条的节点就是具有无限风光的新文明，这是人类向未来超生界发起最后冲击的终极力量源泉。

技术革命的更新换代周期已缩短到几年甚至几个月，文明形态的更新周期也由几千年缩短为几百年，人类社会形态的更新周期最多不过百万年，生物物种的更新可以亿年计，但宇宙界域的更新周期却是要以数十亿年进行计算的。仅此而言，新文明以及超生界诞生的意义和价值应是生命界任何物种更新和人类所有社会变革都无法相提并论的，放眼整个宇宙演化史，也仅有作为宇宙第一次巨变的生命界诞生才可与之等量齐观，其巨大的历史作用可见一斑。

新文明已经展开，宇宙第二次巨变即将启动，无可比拟的巨大界域质跃。命运依然如此，位于人类最前沿的新文明人应更认真严肃地对待人生并担负生命界质变的全部责任。新文明人不应仅仅追求目标，而应在追求目标过程中贯彻符合正义、进步之积极文化精华，摒弃腐朽、落后、享乐主义等消极因素，消除因巨变所带来的社会动荡及可能存在的负面影响，织造符合新文明时代要求的先进人文文化和时代价值意义，引导新文明精神成为人类进步的主流。

　　未来超生界已泛出隐约可见的光芒，但作为具有 35 亿年进化史之生命链最后一节链条的人类（尤其是新文明人），则需要认真严肃地值守好最后一班岗。

卷七　万古至圣新文明

　　先锋小镇·新文明乌托邦上的新文明人是宇宙演化到人类最后阶段所必然产生的最后也是最高的社会主体，他们在思想文化、终极事业等方面成就了人类无与伦比的丰功伟绩，堪称万古至圣。新文明人致力于开创适用于信息时代的最先进的"新文明"，倡议适应宇宙演化的 THSP 终极战略目标工程，积极推进人类的终极

图54　至圣新文明

性进步事业。践行全面解构包括科学、哲学、宗教等人类以往所有的认知方式和知识形态,由此建构适应信息时代的涵盖认知总论、自然科学、宗教、生命学、人文社会科学的完全性大统一理论,主要体现于在之演化理论、统一信息理论、新文明理论、终极事业、独立主义思想等方面。新文明人总结和升华了宇宙和生命演化的所有成就,用极为超然的思维系统创建了史上最为先进的新文明理论。由此,新文明人构建了人类的最高思想境界,织造了新文明人在新时代的最高存在意义和价值,使之成就了人类在精神境界和事业领域等方面的最终圆满。

一　新文明人丰富的思想文化

新文明人建构了完备的理论体系,撰写并发表了一系列丰富的理论著述,其前瞻性新思想主要体现于在之演化理论、统一信息理论、新文明理论、独立主义思想等方面。

1　在之演化理论

该理论综述了宇宙存在的形成发展历史和发展趋向,用信息本原论阐述存在之整体演化进程,认为宇宙存在包括物质存在和非物质存在两种,物质是信息集合体,而非物质存在为信息和能量同一体。宇宙演化的实质是信息的正向互动,信息的正向互动必然外化为物质的演化,而这种演化又推动了信息的有机组合,最终使得能够统领信息的主体程序产生。其后宇宙将在两个方面进行自己的正向演化:内化——生命主体程序(我)的正向演

化,而主体程序是一个能引领自组织进化的存在,宇宙由此而展
开了生命的演化历程;外化——生命外在物质形态的进化。内化
与外化是相互对应的统一,内化必然引领外化的配合,外化推动
内化的进一步展开。在初级主体程序阶段,生命处在本我,主体
程序还不具备根本影响物质环境的能力,因而外在的生命进化是
显要的,内化处在一个逐渐凸显的过程。进入高级主体程序(人
类精神)阶段,生命处在自我引领的状态,意识诞生,主体程序开
始影响环境,内化凸显,进化则退居次要。内化的凸显,必然加
速外化的进程,外化的加速又必然进一步促进内化,最终必然引
发主体程序的内爆,导致主体程序的最终质跃。这样,人类被超
越,我转化为朕,人类质跃为另一种更为高级的在体。人类质跃
是通过人类终极事业展开的,将根本性地变革作为生命主体程序
(精神)外在载体的生命体,使作为生命精神的主体程序载体由
生命体发展到更加高级的非(超)生命体状态,这是对具有35亿
年演化史的生命体的整体质变。人类的这次终极事业所带来的
巨变仅有宇宙诞生和35亿年前生命体的诞生才能与之相比,这
是宇宙诞生以来的第二次巨变。

2　统一信息理论

统一信息论可以解读并能解构人类既往所有认知方式,是史
上第一个完全性大统一理论。人类以往的包括科学、哲学、宗教在
内等所有认知方式日益彰显出其越来越严重的局限性和负面性,
人类业已很难再通过这些认知方式获得重大突破,这表明旧的
认知方式已落实于时代的需求,信息时代需要有与其相适应的更
加先进的崭新认知方式。统一信息论是通过对整个科学、哲学、宗

教等人类以往所有知识方式的变革性超越而建立的新型认知方式,主要包括信息本原论、极限粒子论、主体程序论3个方面的系统理论,是与信息时代的新文明意识形态相适应的主导意识形态。统一信息论首先论述了信息结构、认识的客观性、客观存在的形成等基本问题,解释了信息(能量子)对于宇宙万物的始基作用。提出了极限粒子理论,揭示了作为物质极限单元体的极限粒子所构成的物质最基础层面,说明了物质的质量、时间、空间是基于极限粒子而形成的道理,论述了宇宙所有事物及其现象都是基于极限粒子形成和分解的根据。通过层层深入、由点及面的分析研究,论证了物质的微观层面、宏观层面的物理、化学、生物等所有可能述及方面问题,指出了科学的巨大缺陷,合理地解释了许多科学所不能解释的问题。统一信息论通过主体程序理论根本性地解释了生命及其精神形成的原因和实质,指出了进化论的重大缺陷,并在此基础上,进一步解构并合理建构了哲学人文社会科学及宗教,使其完全打通了自然、社会之间的壁垒。统一信息论由此彻底地完成了对人类自然、精神、社会、宗教等等所有方面的理论统一,它可以为你根本性地揭示自然、社会、生命、精神、"神明"、黑洞、暗物质、UFO、"麦田怪圈"……

3 新文明理论

新文明是指计算机和互联网络诞生以后的文明,又称之为"终极文明"或"信息文明"。但新文明不仅仅等同于信息时代的文明,也不同于人们通常所说的"生态文明"、"后工业文明"或"全球文明"。前者仅仅是作为新文明的一个阶段的环节。后者企图实现人与人、人与自然的和谐,但由于人类总是需要以生命体作为食物来获取营养和能量资源,而科技手段更加速了人类向生态索取资源的速度,故人类的这种生存本性和方式是不可能实现人类与其他生命体的和谐共处的,这种所谓的"新文明"无法根本性变革工业文明,而只能使人类与生态环境的矛盾将成为永恒的主题,故这种新文明从根本上是不合理的,其所谓的文明仅仅是一个人为界定的称谓而非真正存在。本文所说的新文明时代主要由信息时代和终极时代等两个阶段性时代前后相继构成。其中,信息时代是新文明的初级阶段,该时代起始于20世纪90时代互联网的诞生,结束于终极时代;终极时代是新文明的高级阶段,是新文明的主要核心,该时代起始于THSP工程的全面展开,结束于人类终极事业的实现。

新文明具有对包括工业文明和所谓生态文明等在内的人类以往所有文明的超越性而形成的。新文明包括新文明文化和人类终极事业。前者是新文明的基础文化成就,主要包括新文明意识形态及其相关文化;后者是"新文明"核心,是新文明最主要的精神和物质成果,主要包括开发人类极限技术工程和推进终极事业思想观念及人文精神的深入发展。新文明的开展首先需要人类主体充分认识到人类终极事业的必然性和必要性,但这需要人类主体在认识上实现很大程度的认知转向,需要掀起针对包括科学、哲学、宗教在内的所有认识方式和知识形态进行根本性的"认知革命"和启蒙运动才能全面展开。新文明展开后,人类将通过运用"认知革命"获得更加先进的认知方式,由此建立完全性的大统一理论并创建新文明意识形态,在之演化理论、统一信息理论、终极事业、独立主义等彰显了人类全新的文明意识形态。新文明意识形态发轫于20世纪末期,其理念将引发人们对宇宙演化、生命进化、人类生存价值和意义的重新界定和思考。新文明意识形态的方式方法是系统型的,以当代信息技术文明为形成背景,因此又可称之为信息文明意识形态、当代文明意识形态、高级文明意识形态。新文明意识形态是通过对近代经典文明意识形态的继承性超越而自然形成的。统一信息论的创建及其认知革命意味着新文明意识形态的确立和相应启蒙运动的开始。

4 独立主义思想

独立主义是一种产生于中国的主张个人独立的人文精神和人格文化,是一种实质性的真正有利于个人的自由和幸福的独立,同时也是一种彻底的民主主义思想。独立思想的高尚性在于其能够完成对空洞的"国家和民族独立"的超越,以增强人们的独立意识、提高人们的独立性,最终实现人的独立自主和自由幸福。独立主义思想并非架构在空中楼阁上,而是主张通过经济独立来维护和提高个人的独立性。独立主义显然不同于只是主张国家民族从其殖民地地位独立出来的思想。民族独立思想是一种狭隘的独立意识,因为这种意识只强调国家民族独立的意义,而忽视了个人的独立,这样,就往往被一些极权主义思想的人们所利用,他们在打着民族独立的旗号下,诱惑了人民群众通过暴力建立了非多元化的极权主义体制,结果,在取得民族独立的情况下,却又使广大人民群众陷入了新的不独立的状态。事实也说明了这一点,20 世纪就有众多的所谓民族独立国家就属于这种情况。独立主义同样也主张民族独立,但反对建立新的极权主义体制,主张多元化,提倡在民族独立基础上的个人的自由和独立,这是一种人性自由发展的独立。

二　新文明人的七大发现

新文明人的统一信息论基于其两个终极定义和三个基本公理，通过极为严密的逻辑推理构建出极具超前性和先进的完全大统一理论，并由此揭示出一系列重大发现。

发现一，信息是能量的表征。

能量的实质就是能量（子），能量是全部物质和空间的始基，能量彰显为信息。能量因信息而彰显，信息因能量而存在，能量与信息完全是一体两面的，是同一种存在的同一体。由于信息包括精神，而信息是实质能量，而能量是可以与物质相互转化的。这样，"信息是能量表征"的这个命题就彻底打通了自然界与生命界的壁垒，从而将物质与精神、自然与社会完全统一起来，这为人类能够彻底解构科学、哲学、宗教等知识形态的分立状态，进而根本实现统一并建立完全大统一的理论，提供了坚实的理论基础。

发现二，极限粒子是宇宙最小物质单元体。

极限粒子体积为 $4.22199 \times 10^{-105}\,\mathrm{m}^3$，其尺度约仅为基本粒子 10^{-59} 倍（10 的 59 次方分之一），为宇宙最小极限单元体，物质和空间均是由极限粒子构成。异性极限粒子因相互分解极限粒子造成空间凹陷，而相互结合形成物质实体；同性极限粒子因合成极限粒子，而造成空间不断膨胀。空间也是物质的一种特殊形式，宇宙空间因极限粒子的不断合成，而以近二倍光速不断膨胀。

发现三，宇宙第一定律——双子定律。

双子定律就是极限粒子与能量子相互转化的规律（详见本书卷四第二部分），说明了宇宙万千世界是由极限粒子和能量子的相互转化形成。由于宇宙的万千事物和现象都是由这双子（能量子和极限粒子）所造成，故我们也可将该规律称之为"双子定律"（或"双子造宇宙定律"），它是宇宙万物产生及运动发展变化的最基础根源和宇宙总规律，也可称之为宇宙第一定律。双子定律首先在《统一信息论》中发现，然后在《新文明》概括而成。

发现四，四大作用力是虚构的而并不存在。

四大作用力不过是极限粒子合成与分解所造成的时空假象而已。电磁作用的实质是极限粒子合成与分解所形成的空间现象；强相互作用是基于异性强子之间的分解性能而形成的最大空间收缩现象；弱相互作用是作为暗物质的大质量极限粒子的空间反弹所造成的空间膨胀现象；万有引力是极限粒子衰变后所导致的、空间收缩现象。由于分解辐射是基于异性物质共同作用的结果，而衰变辐射则是基于极限粒子自身独自的衰变，其衰变所导致的辐射当然要弱于分解辐射。因此，相比之下，科学上所谓的万有引力作用当然要低于因极限粒子的分解而造成的强相互作用、电磁作用、弱相互作用。

发现五，精神的实质就是主体程序。

通过其主体程序理论，根本性地揭示了生命和精神的秘密以及生物进化的根本动因，揭示了精神及灵魂等精神现象的主体程序实质，指出了进化论的重大缺陷，揭示了生物外在进化的根本动因是基于宇宙演化而产生的主体程序。正是基于主体程序内化的引领及其与外化（进化）的互动，生命主体程序不断由初级阶段发展到高级阶段，生命体才因此而由低级生物形态发展到高级生物形态，并最终导致人类及人类精神的产生。至此，"统一信息论"彻底地完成了对人类自然、精神、社会、宗教等等所有方面的理论统一。

发现六,宇宙中心存在宇宙最大天体。

根据宇宙产生初期的各向同性的规律,宇宙产生后必然向四周均匀膨胀,故宇宙一定存在中心,该中心应该存在宇宙质量最大、密度最高的天体。根据统一信息论推理,宇宙起源于一个能量巨大的能量子,当该能量子进行第五次分裂时,宇宙质量最大的正负极限粒子便得以诞生,它们构成了宇宙的两个基本点,分别为宇宙正极点和宇宙负极点。此后,正极点吸附负极限粒子形成完全看得见的白洞,而负极点吸附正极限粒子则形成咱们完全看不见的黑洞,这种图景连接在一起,将十分相似于中国古代那个以所谓的阴阳鱼为特征的"太极图",只是作为"鱼眼"的正极点和负极点因其体积极小和被其异性极限粒子所包围的缘故而观测不到。因此,"太极图"很可能就是宇宙中心的真实图景,宇宙中心就是一个作为宇宙最大天体的"太极天体"!

发现七,现代科学是临摹真实世界的高仿品。

科学没有建立在最基础的理论层面上,具有直观性缺陷。牛顿力学只是描述了物质运动的现象,爱因斯坦则仅仅是对造成这种现象的原因做了进一步分析,但仍然无法回答"为什么"的问题。现代科学理论体系日益复杂化和科层化的趋势与真实世界的逻辑简单性是背道而驰的,现代科学体系很可能远没有触及真实的物理世界,而仅仅是一种临摹真实世界的高仿品。"统一信息论"则对很多现象做了最合理性的解释,根本地说明了物质所有现象和运动,都是基于极限粒子的合成和分解所带来的空间凹陷和膨胀形成的,科学所谓的四大作用力根本不存在。极限粒子的存在一旦被证实,将直接导致科学灾难性的后果——标准模型理论是完全错误的。另外,科学具有数据计算上的苟合性缺陷,科学的分析思维已经过时,科学不能解释精神及其它"超自然"现象,科学的负面作用越来越明显。人类需要更为先进的知识,"统一信息论"将超越科学,并取代科学的认知主导地位。

新文明人的这些发现彻底颠覆了现代科学基础理论体系,以此构建了最先进的完全性大统一理论。

三 新文明人启动了宇宙第二次巨变

依据统一信息论的理论逻辑事实,21世纪的人类必将面临史上最大机遇——人类终极事业。人类终极事业是指将人类整体质变为更高级社会存在的人文合作工程,人类由此将扬弃人类包括生命体在内的主要生存特征,使人类完全超越生命体而进入更加自由幸福的社会生存形态,它主要包含两个方面的内容。(1)推进终极事业思想观念及人文精神的深入发展。针对包括科学、哲学、宗教在内的所有认识方式和知识形态掀起根本性的"认知革命",构建完全性的大统一理论,建立新文明意识形态,并进行相应的启蒙运动。(2)开发THSP等六大极限技术工程。通过运用统一信息论的统一性机理,将引发人类自我置换技术(THSP)、完全能源技术、自由航天技术、物质织造技术、微观视角技术即时通讯技术6大新型高技术群落,其任何一项技术的发明将都会带来巨大的价值和意义,人类将因此而可能实现对自然的征服,从而根本性地解决人类的固有问题,并能实现真正意义上的宇宙开发,由此而进入更为高级的社会存在状态。这是人类所可能达到的最高极限技术,THSP在其中具有决定性意义。

宇宙纪元138亿年,约公元21世纪中期。此时最先进的主体程序开始意识到生命体局限性及其对宇宙正向演化的约束性,便通过针对其生命体进行整体超越的人类终极事业,利用其掌握的人类自我置换技术(THSP),根本性地变革作为生命主体程序(精神)外在载体的生命体,使作为生命精神的主体程序载体由生命体发展到更加高级的超生命体状态,超生界诞生! 这意味着一个超越所有生命体的新类体的横空出世,这种巨变仅有 35 亿年前生命体的诞生才能与之相比,故为宇宙诞生以来的第二次巨变。如同宇宙悄悄开启了第一次巨变一样,宇宙第二次巨变同样是悄然而至,不同的是:这次巨变是新文明人在实验室中启动的。

很显然,这次巨变不同于宇宙演化史的以往,具备了对有 35 亿年演化史的生命界的整体质变特征。站在宇宙演化的角度分析,人类的这次终极事业所带来的巨变仅有宇宙和生命体的诞生才能与之相比,是宇宙诞生以来的第二次巨变。

四　宗教终将融汇于新文明

新文明不否认宗教具有某些方面的合理性,比如他们都认为"灵魂"是一种可能性存在,在这一点上,新文明与宗教的立场是一致的,反对无神论和唯物主义对"灵魂"的一棍子打死的粗暴做法。但新文明人认为,宗教也不能因此而把自己置于至高无上的地位,并刻意神化自己,宗教作为一种历史悠久的存在有其产生、发展的过程,也必然和任何事物一样会最终走向衰亡。不过,宗教的消亡可能会用一种体面的方式——融于新千年以后产生的人生命史上最强大的文明——新文明的滚滚洪流中。

随着人类认知水平的提高,"灵魂是否存在"的这个本来是形而上的问题似乎正在变成一个形而下的问题,因为的确有越来越多的证据表明,"灵魂"是可能存在的,否则,就不能解释梦境的真实感以及"灵魂附体"、"濒死体验"、"灵魂出体"等现象。生命已经有几十亿年的历史了,其所造就的盎然生机也可能在一定程度上给精神带来很强的"气场",而这个"气场"也可能不会随着生命体的死亡而完全消失殆尽。因此,生命体精神或许真的可以拥有另外一种载体,使之以"灵魂"的方式存在。但是精神、尤其是人类精神应当是最为复杂的信息现象,而精神信息越复杂,其精神载体的物质结构就越高效复杂,材料品质就越高级,低级的载体是无法承载高级的精神的。因此,一种精神是否高级完全可以通过其载体的结构复杂度和材料品质度予以判断。自然界或许真的存在不同于生命体的另类精神载体,但由于其产生于自然界的自发性,或者只是作为生命体的附属品而存在,故其复杂程度和材料品质应当低于生命体。就实体性而言,由于迄今为止我们都没有见到实体性的所谓"幽灵",故如果其存在的话,那么其至多也只能是一些难以被人类所观察的行迹微弱的"轻飘"存在,这使其无论就其复杂程度和信息储存量而言,这样的精神载体是不可能与具有明显物质实体形态的生命体相提并论的,更远不及人脑。因此,如果宗教界所谓的"灵魂"是个真实存在的话,那么其最多只能承载人类精神的一部分信息或者是极少信息,使其在精神生动性、感受性、信息量和主体性等方面将大大低于人类,他们最多只能是一种附属于人类精神的另类精神存在,而绝不可能高于人类精神,这一点我们在睡梦中可以感受到。梦的实质可能是人类自我精神暂时被另外一种精神载体置换出来后的真实游历,但这种经历明显具有模糊性、感受性和主体性较差等特点,据说也有人有过"灵魂出窍"的经历,其形成机制和特征也与梦基本类似。因此,就精神的功能性而言,在这种情况下的所谓"灵魂"、"元神"应该远不及人类精神,这种精神主体即便生存也已经没有多少意义，而与精神死亡其实没有很大区别了。

因此，无论何种"灵魂"以何种方式变化和存在，其精神功能与生命精神相比只能属于次要的，他们只多是以依附于生命精神的方式存在，属于生命精神的特殊类型，而不可能超越生命精神、甚至人类精神，人类精神是迄今为止所发现的最高级的精神存在。但是，由于"灵魂"另类和虚无缥缈的特征给人类造成了一种很大的神秘感，许多人便把这些依附于生命精神的低级精神现象反而给予升格和神化了，并由此升华为主宰宇宙万物的第一原动力，这就是宗教产生的深层原因。另外，由于人类生命体仍然具有相对脆弱性，他们宁可相信冥冥之中真的有神力来保护自己，并由此形成了最后的精神寄托，这也是许多人宁可相信宗教和命运的根本所在。基于此，尽管这些宗教所鼓吹的"神迹"完全无可考证，但由于许多人仍对自己所沉积的精神寄托和信仰深信不疑，由此经过长时间的沉淀，便形成了"七魂六魄"、"天堂"、"地狱"、"神仙"、"三界六道"等似乎栩栩如生的光怪陆离的宗教思想。而事实上，除了"灵魂"这种低级的另类精神现象是可能存在的以外，其他可能一无所有。

就人类精神的功能性而言，认知方式和意识形态是存在先进与落后之分的，正如成年人的认知水平高于婴幼儿，高级动物的认知水平高于低级生命体一样，但如果反过来说那就显得很可笑了。因此，随着时间的推移，人类的认知水平只会越来越高级，意识形态越来越先进，而不是相反。这主要是由于人类在不断演化中，通过不断的知识传承和经验积累，随着改造自然能力的不断提高，而不断取得更高的认知水平和认知视野。古代圣人思想再深邃也只能局限于那个时代的视野，而不可能超越时空认知到当代社会,因此古代文化中某些因素可以批评地传承,但绝不可以崇信到无以复加的地步,这样就会愚昧到害人、害己、害社会。宗教产生于万年以前的蒙昧时代,那个时期人类的认知水平可想而知,其后的宗教虽然经过长时间的改进有了一定的改善,原始宗教也不断向它的高级形式发展。但无论宗教怎样改头换面,作为一种古老的认知方式的意识形态的整体性并没有发生本质的变化,仍然还是那个古老迟暮的思想文化,而且与时代性需求日益相去甚远。因此,宗教早已成为一种落后甚至是愚昧的认知方式和知识形态了。民调机构盖洛普国际 2014 年底搜集数据,来自 65 个国家的 63898 人接受调查。调查结果显示,宗教文化最浓厚的国家是泰国,94% 的受访者表示他们信教,紧随其后的是亚美尼亚、孟加拉国、格鲁吉亚和摩洛哥,信教比例均为 93%。这个数字本身也说明了,宗教信仰度与其国家和地区的落后程度成正比,越是落后不开化的民族其宗教信仰度越高,估计类似于非洲边缘地区、印第安人、太平洋岛屿地区和国家的宗教信仰度可能达到百分之百。

宗教的弊端还表现在其在历史上始终存在各种不同程度的迫害,而这些迫害甚至超越曾经给人类带来重大人为灾难的纳粹主义和阶级斗争,位居各种人为迫害的第一位。宗教迫害的表现有信仰冲突、政治、战争等方式。宗教迫害根本原因是基于宗教团体的利益争端,这在很大程度上反映了宗教的虚伪性。虽然宗教在导致直接死亡的人数方面可能不如纳粹主义和阶级斗争主义,但由于宗教争端所导致的迫害历时最为悠久、范围最为广泛、程度最深,宗教迫害不仅仅体现在肉体方面,更重要、更为可怖的是他们对具有不同信仰人士的精神迫害,而这种迫害甚至更甚于肉体迫害。基督徒受到的非基督教势力迫害的典型案例主要有:(1)犹太教和罗马帝国对早期基督教创立者及其信徒的迫害,他们以十字架酷刑处决耶稣后,罗马帝国长期迫害和屠杀基督徒,直到君士坦丁大帝解禁并皈依基督教;(2)根据伊斯兰教法的规定和民族习俗,各个伊斯兰社会对被征服地区基督徒存在迫害和歧视;(3)奥斯曼土耳其帝国在君士坦丁堡等地屠杀基督徒、进行掠夺和破坏,把被征服地区的大量教堂改建为清真寺;(4)1915 年的"亚美尼亚大屠杀";(5)20 世纪以来,基督教团体估计现今约有 100 万基督徒面临着专制国家的迫害,2010 年的调查显示 2008—2010 年之间全世界宗教迫害的案件中至少有 75% 是对基督徒的迫害。欧洲基督教民族的社会对犹太人和犹太教的歧视和迫害包括:十字军东征,迫害异见者。罗马天主教会或以天主教为国教的国家或天主教徒实施的宗教性迫害主要包括:利用宗教名义的政治迫害(如法国宗教法庭处死圣女贞德),对"异端"和新教徒的迫害,以猎巫等反魔法、邪术、迷信的名义进行的迫害。新教徒或其团体或以新教为国教的国家实施的宗教性迫害主要包括:利用宗教名义对新教徒的政治迫害,对"异端"和天主教徒的迫害。佛教的宗教迫害包括:阿育王曾将以万计的分那婆陀那国的拜偶像外道屠杀,甚至将异教徒全家活活烧死屋中;亦曾因佛教僧侣不与外道一起和合说戒,而屠杀了都城内的佛教僧侣。

　　宗教所有的上述特征表明,宗教已经进入到了迟暮之年,他对人类历史的正面积极作用越来越式微,人类必须寻找到一种全新的方式来全面替代宗教的地位,但在新文明诞生以前,这种具有全面替代作用的方式仍然没有出现。虽然文艺复兴以来,哲学和现代科学先后姗姗来迟,但从他们所发挥的作用来看,仍然远不能具备可以替代宗教地位的功能,反而(如现代科学)将人类社会搞得更加纷纷扰扰、乱象环生,导致越来越严重的社会矛盾和各种战争,现代科学对二次世界大战难辞其咎。不过,人类毕竟是不断进步的,在人类进入 21 世纪的新千年之际,人类已经来到信息时代的关键环节,一个崭新的文明形态——新文明已经绽出。新文明是人类的终极文明,将启动超越生命体的宇宙第二次巨变,可以彻底解决基于生命体而产生的基本问题。

人类所有的包括宗教在内的社会问题和基本矛盾都是基于生命体的生老病死的规律所赐予的,而宗教产生的更深层次的客观现实根源主要是基于人类对“死亡”的无奈,为此所有的宗教都只好把终极希望寄托于自己通过幻想所编制的“神”。人类基本的生物本能就是趋利避害,就是维持自己的生存,但是在人类的能力还远远不能满足这个基本本能的需求的时候,宗教那些所谓的“神”、“上帝”就非常有市场,他们用一些所谓“天国”、“来世”等虚幻的根本无法证实的“观念”赢得了人们从心理上的依赖。因此,只要彻底解决人类的生老病死问题,战胜“死亡”,那么导致宗教产生的最根本问题也就迎刃而解,而这个极为浩大艰巨的任务正是由新文明来承担的,新文明的核心正是可以彻底解决人类“死亡”问题的 THSP 工程。

既然宗教产生的主要客观现实原因就是因为人类的现实力量无法保护人类生存安全和终极出路,那么,当新文明能够真正从现实层面彻底战胜“死亡”而根本性实现人类对永生和安全的终极性需求时,当新文明的 THSP 工程彻底克服了生命体的生老病死规律的缺陷的时候,当新文明甚至能够保障他们各种实实在在的各种幸福自由的时候,当新文明已经完全可以从现实层面承担那些“上帝”、“神”只能从虚幻层面作的各种许诺的时候,人们还会去相信那些本就是通过幻想编制的虚幻,而现实根本无从证实的所谓“天国”、“来世”吗?那些原来笃信虔诚的宗教徒还有理由不相信新文明吗？人类毕竟还都是一些非常现实的动物，答案自然非常明确。

　　宇宙发展浩浩汤汤，人类必然会走向越来越文明的未来，我们相信当一种文明非常合理、非常有益于人类发展的时候，即便是曾经"顽固"的各种宗教势力也必然会附之以支持和拥护的，毕竟宗教的宗旨也是为了人类的美好的未来。因此，随着强大新文明的不断兴起，在宗教的衰亡成为必然的情况下，我们有理由认为宗教会采取一种更为开明的方式，以一种不是被否定的方式自然融于新文明的滚滚洪流中。

五　新文明可化解恐怖主义危机

　　恐怖袭击事件越来越频繁以及极端主义组织的不断扩张等再次表明了这样一个问题，传统的打击方式对恐怖主义是无解的，只会导致"越反越恐"、"以暴易暴"，要想彻底解决恐怖主义危机，唯有采取从根本上化解的方式。综合目前的现实情况看，新文明或将是一种能从根本上化解恐怖主义的非常有效的方式。新文明的主旨是要完成对整个生命界的超越，彻底解决基于生命体而产生的基本问题，新文明一旦全面实施，其影响力将是生命体诞生以来最为巨大的，足以化解包括恐怖主义在内的任何现代社会危机。新文明针对恐怖主义危机的化解主要通过思想理论和客观现实2个方面。

1　新文明思想理论可解决导致恐怖主义的信仰危机

　　许多人认为恐怖主义是来自于贫富差距的不断拉大，但根据从 1966 至 1976 年报载的属 18 个恐怖组织的 350 名恐怖分子的调查表明，2/3 的人受过高等教育。在 1980 年，一位埃及社会科学家访问了关在狱中的极端分子，发现他们都受过教育，在社会中属于上升的阶层。Daniel Pipes 在《国家利益》中用证据表明中东的激进分子大多出身于中产家庭。由此可见，恐怖主义根本上是与贫富差距无关的，既然如此，那么恐怖主义的主要根源应当归于精神层面，这就是宗教信仰争端问题，其实质就是宗教信仰危机。

西方文化价值与东方文化价值的冲突是造成恐怖主义的主要原因之一。西方文化价值是现代社会发展过程中形成的，但对于大部分东方穆斯林民族来说，西方自由主义的文化价值无异于洪水猛兽。他们认为西方文化是物质主义的、腐败的、不道德的，竭力抵制西方文化对穆斯林生活方式的影响。美国社会对性的公开性与容忍性，是传统的保守的东方文化所无法接受的，这与对性事讳莫如深的伊斯兰文化形成尖锐的不可调和的冲突。70 年代之后的女性主义的兴起，对伊斯兰文化也是一个极大的冲击，在传统的伊斯兰文化中，妇女是没有地位的。伊斯兰复兴主义在反对霸权主义和强权政治，维护民族独立和民族尊严、发展民族经济、促进经济合作和一体化方面有积极的一面，但其中一部分奉行极端主义后，一切都改变了。极端主义反对一切非伊斯兰文化，倡导复古倒退，发动恐怖活动，严重影响伊斯兰国家发展和世界和平，使地区矛盾复杂化，加剧了民族和宗教派别之间的仇恨，为恐怖主义向世界蔓延提供了思想基础。因此，恐怖主义将其主要的矛头针对美国为代表的西方，主要是一种狂热的宗教冲动，它所指的是其犹太教—基督教传统，恐怖主义所发动的对美国的恐怖主义带有强烈的反基督教、反犹太教的宗教动机。

　　恐怖主义既然主要源于现代社会中所发生的信仰冲突所致，也就自然难以为现代社会所能够解决，故解决这个问题的唯一途径就只能寄希望于超越现代社会的方式，而新文明恰恰就是一种对整个现代社会的超越式文明。新文明人认为，人类的世界观和认知方式有 N 多种，宗教的认知信仰也是千变万化，但客观世界就是那样自在存在的，因此只能有一种世界观和认知方式才是最切近于真实的客观世界的。问题在于：人类目前占据主导地位的现代科学认知体系虽然具备客观主义态度，但并没有触及真实的客观世界，且没有对宗教所关注的精神问题给予最合理的解释，反而不断引发科学上的认识危机，诋毁或变相诋毁宗教精神，这必然最终导致宗教信仰危机。因此，要想彻底解决信仰危机，唯一的途径就是能够寻找到一种能够根本上触及真实客观世界且为人类所普遍接受的最先进、最合理的理论，该理论不仅为科学界所普遍接受，而且为宗教界所普遍认可，只有找到这样一种普世理论，才能化解一切争端和信仰危机。恰逢其时，新文明所提出的统一信息论就具备这种特征。

　　统一信息论是一种涵盖自然、精神、社会、宗教等等所有方面知识和理论的完全大统一理论。统一信息论既然是一种完全性大统一理论，那么其必然能够容纳和疏导各种宗教，因此非常具有化解宗教信仰危机的能动性。当然，统一信息论还需要进一步完善，新文明人愿意与科学界、宗教界等各位有识之士进行完全大统一理论的创建。

　　许多人认为应当平等对待各种认知方式和信仰，本文以为主张人人平等是正确的，但对待各种认知方式和信仰应当进行精华和谬误的甄别，唯有此才能不断促进人类认知的进步。

2　战胜"死亡"即可直接根绝恐怖主义根源

恐怖主义产生的更深层次的客观现实根源主要是基于人类对"死亡"的无奈,为此所有的宗教都只好把终极希望寄托于自己通过幻想所编制的"神",这也是宗教产生的根本原因,而导致目前特别危耸的恐怖主义的极端主义更是将这种对"神"的信仰发展到极致,甚至是扭曲的状态,最终造成了信仰者对生命的直接漠视。因此,能否彻底战胜"死亡"将是彻底根除恐怖主义、尤其是极端恐怖主义根源的最为直接有效的途径,而这个极为浩大艰巨的任务正是由新文明来承担的。

新文明的核心正是可以彻底解决人类"死亡"问题的 THSP工程。THSP 工程是史上最为浩大的工程,其实施过程必然会遇到各种艰难险阻,但由于其具有理论上的现实可行性,将必然会最终得到包括宗教在内的广泛支持。2015 年 7 月,新文明人一行对美国科州各界进行了访问,其中特别受到了宗教界的支持,这件事本身就说明了新文明事业具有广泛的应用性基础,是有可能会最终得到包括极端主义宗教在内的广泛支持的。可以想象,当 TH-SP 工程能够取得巨大进展的时候,这种支持将会尤为巨甚,在这种情况下,一切矛盾和争端都会最终化解到对战胜"死亡"的不懈动力上,恐怖主义危机自然能够化为乌有。

宇宙浩荡滚滚向前,人类必然会走向越来越文明的未来,恐怖主义被最终化解是基于新文明的浩阔和强烈的正义感的震慑,是基于新文明顺应宇宙发展趋势并启动宇宙第二次巨变的自然性运作的良性结果,但与新文明的终极目标相比,化解恐怖主义危机只是副产品,不需要新文明人刻意去做就能很好完成。

六　新文明引领世界走向统一

人类诞生以来,特别是文明社会以来,一直弥久存在一种"统一世界"的倾向和冲动,这种思想倾向在古代以来多有体现。但是,实现了吗? 没有,甚至连勉强短暂的一次也没有。

(1) 古代许多所谓的圣雄明君似乎都有"统一天下"的"抱负,但他们所依赖的无非就是征战讨伐的暴力手段而已,这种暴力手段所能做到的只能是短暂的地域性暴力维持,结果只能导致帝国很快就会走向灭亡。历史上地域最大的帝国莫过于蒙古帝国了,但也仅仅是局限于欧亚大陆的几十年的寿命。

(2) 资本主义基于经济不断扩张似乎也有"统一世界"的倾向,英国甚至建立了所谓的"日不落帝国",但结果也只能维持了几十年的局域性统治。美国哪? 更是远不足以"统一天下",最多也就自封个"世界警察"聊以自慰罢了。

(3) 社会主义主张人类走向没有国家的共产主义,其实质也是为了走向"世界统一",一开始就来势汹汹,在世界范围内掀起了猛烈的社会主义运动。但结果资本主义不仅没有被消灭掉,反而将自己消灭于无形之中,"统一世界"更是化为乌有。

(4) 当代又有人在搞"世界统一运动",声称要通过所谓的"启蒙运动",推动成立"世界统一组织"、"世界政府",等等。现在看来,这更像一种无稽之谈闹剧。

"统一世界"其实是基于利益掠夺和低俗本能的征服欲,最多也就是好大喜功而已,绝非冠冕堂皇的为了"造福于人类"、"公平合理"、"安定天下"等那么动人好听。一个简单的基本事实是:人类是最现实的利益群体,而这些企图"统一世界"的人却是要把自己置于高高在上的"统一者"地位,这实质上就是在将自己的利益置于大多数人之上,这可能吗? 如果在以往的古代社会,统治者基于暴力或许还能勉强维持一时性的局域性统治,而在文明如此昌盛的当代,无论"统一者"再怎么强调合理与文明,也绝对不可能让人类普遍接受他们的所谓的统一。

那么,世界就真的不能走向统一吗? 也并非完全如此,对于人类而言,利益才是永恒的,如果一种统一能够给人类带来很大利益,那么他们何乐而不为哪? 可是从有人类历史以来的各种统一方案都是违背大多数人类利益的:①古代的暴力统治完全是一种利益暴力掠夺;②资本主义虽然带来经济利益,但是也带来了更多不合理以及贫富差距拉大等社会问题;③社会主义虽然缩小了贫富差距,并给人类未来画了张"按需分配"的制度大饼,结果却只能走向共同贫穷;④当代"世界统一运动"仅仅提出了个空洞的方案而已,看似有合理性,但却也基本看不出有什么实际利益可取。

因此,如果不能从最基础层面上彻底解决人类的基本利益,那么,任何统一方案将只能是虚妄的。进一步说,只有某种统一的合作局面的确能够给人类带来切实有效的最高利益,那么这种统一才具备现实可能性。问题在于,什么才是人类的最高利益? 不仅仅是吃、穿、住、用、行,也不仅仅是自由、幸福,而应该是生命诞生以来一直都没有解决的生存问题。人类虽然贵为生命界的最高存在,但由于受生命体生老病死规律的局限性约束,人类生命体始终非常脆弱,始终遭受各种自然灾害、疾病、战争等威胁。人类只能在一个适宜的温度、空气、资源等范围很狭小的环境中生存,超过这个范围,人类就不能生存。人类渺小而寿命短暂,始终和其他生命体一样,都是始终是生活在水深火热中的苦主。在这种情况下,人类何以奢谈什么征服大自然、移居外星？人的个体生命不过如同流星一般转瞬即逝，每个人与永恒的时间相比，甚至几乎没有什么意义。因此，彻底解决人类的生存问题才是人类最迫切需要解决的最高利益，而如果能够解决这个最高利益问题，那么其他问题将迎刃而解。受时代的局限性，人类以往是无法彻底解决生老病死的局限性问题的，当然也就无法通过解决人类的最高利益而实现统一。不过，历史总是不断进步的，人类现在迎来了一个历史上的最大机遇，一个新时代，这就是新文明。

新文明将通过人类终极事业给人类带来最高利益，作为居于新文明核心的 THSP 工程虽然难度很大，但却具有较强的现实合理性，如果能够通过人类合作而实现，那么将无疑会切实给人类带来至高无上的利益。新文明是人类的终极文明，从不涉及政治，也不主张人类统一，但却将以实际行动给人类带来最高利益，使人类彻底克服生老病死规律的局限性，从而将人类统一带入完全超越生命体的更加高级的社会形态。统一只能基于其利益所需，世界的统一只能实现于不以统一为目标的人类最高利益的推进过程中（参阅[19]）。

凭谁能使世界走向统一？唯有给人类带来最高利益的新文明，但此时人类已经走向超越生命体的超人类阶段了。

七 新文明人肩负拯救人类的重责

由于偶发性危机始终伴随着具有脆弱生命体的人类，人类因此而在每一时刻都存在被灾变毁灭的可能性，正因如此，人类诞生以来总是充满对不确定性安全问题的忧虑，文明社会以来也始终伴随着世界末日论的传言,而许多科学家或是专家也都不断提出地球会毁灭的预言。

1 人类面临各种毁灭性灾变

英国宇宙学家马丁里在他即将出版的新书《最后的世纪》中预言,地球在未来 200 年内将面临十大迫在眉睫的灾难,人类能够幸免的机会只有 50%,这些毁灭性灾变有如下几种:1. 粒子实验可以吞噬地球;2. 机器人接管世界;3. 纳米机器人;4. 生化武器的危害人类;5. 超级火山爆发;6. 地震引发世界经济危机;7. 小行星撞击地球的概率胜过彩票中大奖;8. 地球温室效应日益明显;9. 战争和核武器;10. 不可抗力。本文以为马丁里的个别观点可能不尽如此,如机器人接管世界、纳米机器人、生化武器的危害人类等就有些夸大成分,但其在第 10 个方面所提出的不可抗力却应该是最具毁灭性的,在这个问题上,最近新浪科技网发表的一篇题为《又发现超新星? 能毁灭地球的魔头何止这些》(参阅[20])所提出的毁灭地球的四大杀手观点值得重视。

杀手 1:地球的第一杀手就是太阳! 几乎可以肯定的是,四五十亿年后,太阳将发生一次巨变。那个时候的太阳,会像气球一样迅速变大,水星、金星、地球……统统会被那时发飙的太阳吞噬! 科学家们把太阳的这个状态称为红巨星。被一个几千度的大火球吞噬,到了那个时候,地球会迅速解体,最终成为宇宙尘埃的一部分。

杀手 2:狠辣狙击手——超新星。这是一颗名为 WR104 的恒星,它位于人马座,它与地球的距离是 8000 光年,质量是太阳的 25 倍,它是一颗红巨星,而且是一颗十分不稳定的红巨星,随时会

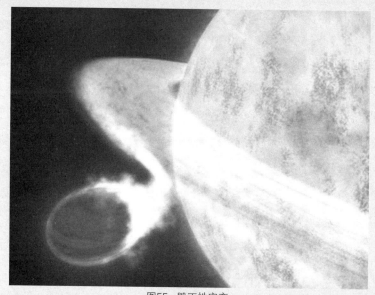

图55　毁灭性灾变

发生爆炸。超新星爆发的时候,会释放出伽马射线暴,这可是宇宙中最暴虐的能量。伽马射线暴不会向四面八方无规则地爆发,而是主要集中在恒星的两极区域。如果地你不幸正好处在某颗超新星的"瞄准镜"里,那么8000光年的距离会让地球寸草不生。WR104是目前我们发现的最危险的星体,我们不知道它什么时候爆炸。

　　杀手3:木星。假如有一天,由于一些特殊的原因,使得木星偏离了它原本的轨道,会发生什么呢? 木星开始沿着螺旋轨道运动,慢慢地靠近太阳。在这个过程中,它会穿越地球的轨道。一旦木星逼近地球,在它的射程之内,木星就会毫不留情地露出它的獠牙,用强大的引力将地球撕成碎片并且据为己有,地球就此成为历史。

　　杀手4:宇宙流浪汉——小行星。在小行星群体中,真正危险的是那些距地球几十万公里的小行星,因为小行星的轨道很容易受地球引力的影响。几十万公里,在宇宙中根本算不得远,那些冒失的小行星,也许一头就扎进来了。2004 年,天文学家们发现一颗新的近地小行星,它的直径有 394 米,大约有 2 个足球场大,已经属于天体中的"微胖"界了。根据计算,2029 年 4 月 13 日,这颗小行星将在地球上空 2.9 万公里的高空与地球擦肩而过;而到了2036 年 4 月 13 日,它很可能与地球相撞。一旦它撞上地球,将毁灭地球上 90% 以上的生命。

　　上述是基于人类现有的认知水平所发现的显性毁灭性灾变,而事实上人类所面临的毁灭性灾变何止这些? 由于人类目前的认知水平还远不能对宇宙有根本性的了解,故理论上还应该存在大量的人类目前所不能认知的隐性灾变。

2　应对毁灭性灾变的唯一出路

　　现在摆在人类面前的尖锐问题是:面对这些灾变,我们该怎么办? 是通过现代科技解决应对吗? 但一个很明显的事实是:以人类现代科技水平,如果应对一般性的灾难还是勉强可以的,但当这些毁灭性灾变来临时,现代科技的拯救力度就远远不够了,等待人类的只能是坐以待毙! 能依靠宗教上所信仰的"主宰"吗?

　　由此可见,人类现在从根本上还远不具备对抗毁灭性灾变的能力,面对这种情况,上文作者也只能写下如此一些无可奈何的话:"以前仰望星空,觉得宇宙浪漫宁静,敢情暗藏杀机、险象环生。快吃包辣条压压惊! 甭怕! 甭紧张! 太阳变成红巨星,怎么也是四五十亿年以后的事呢,你孙子的孙子的孙子的孙子都不会遇到。'隔壁小木',人家不是到现在还安守本分吗? 至于有些想'强吻'

地球的小行星,科学家们在密切观测它们。有人说,发射一颗人造卫星,着陆小行星,迫使它改变轨道;有人说,发射一枚大威力导弹,把它打跑……办法也不是没有! 那你说超新星真的爆发了,怎么办? ——趁它还没爆发,好好活。"

很明显,面对这些毁灭性灾变,无论是科技工作者抑或是宗教信仰者,他们只能是无可奈何地消极应对,原因主要在于以往人类往往受观念固化思维方式的影响而不能跳出自身的局限性去思考问题,结果往往会在问题来临时,只会考虑如何进行外来的应对而不能从解决自身的问题着手,这就只能导致人类的危机意识不断加强和危机来临时无所适从。但人类真的就一点办法没有了吗?新文明同样给我们指出了积极的应对办法。新文明认为,人类之所以面对灾变如此脆弱不堪一击,根本原因在于其作为承载人类自我精神载体的生命体有太多的局限性而太过脆弱,使其在环境稍微有所变化的情况下就无法生存,但如果能够彻底解决承载人类自我精神的载体问题而使其彻底摆脱生命体的脆弱性问题的话,那么,基于生命体局限性的一切危机问题将会彻底解决。因此,应对毁灭性灾变应该从彻底解决自身生命体的脆弱性问题入手,而解决这个问题的唯一出路只能是通过技术工程将人类自我精神置换到可以适应于任何环境的非生命体上去,这就是作为新文明核心事业的 THSP 工程。

3　新文明人当以拯救人类于毁灭性灾变中为己任

灾变分为一般性灾变和毁灭性灾变,为此人类也应该有层次地区别应对。前者属于现代科技力所能及的层面,可通过现代科技手段进行解决;而后者则只能属于新文明的终极事业,可通过推进人类自我置换技术、完全能源技术、自由航天技术、物质织造技术、微观视角技术、即时通讯技术等极限技术工程研发加以解决。

与以往人类面对毁灭性灾变的消极态度相比较，新文明所给出的明显是一条具有积极意义的极具前景的道路。不过，走这条路显然是现代科学体系所无法胜任的，因为现代科学体系是基于大工业时代产生的认知方式和知识形态，其整体体系只能适用于大工业以来的现代社会，但如今人类已经来到了新文明时代。新文明时代要求更加先进的认知方式和知识形态与之相适应，这就需要我们超越现代科学体系的视角和理论思维水平，需要有站在时代前沿的具有新文明觉悟的人，需要不畏一切艰难险阻的大无畏勇气和决心，也只有这样的新文明人才能真正推动人类终极事业，才能够完成具有终极性意义的极限技术研发。因此，唯有新文明人才能承担起积极应对各种灾变并拯救人类的重责，新文明人当以拯救人类于毁灭性灾变中为己任。

4　人类如不及早进行新文明转向将可能毁于一旦

以上分析表明，人类目前所依靠的旧文明理念和认知方式已经严重滞后于时代，人类需要尽快从旧文明体系转向新文明体系，构建彻底超越以往的全新认知方式和理念体系，唯有此，才能彻底摆脱人类生命体的局限性，才能根本性应对各种灾变，才能摆脱来自于旧文明的日益严峻的各种危机，才能加快人类进步和征服大自然的步伐。顽固地继续死抱着旧文明的那种不合时宜的认知方式和理念体系，随着时间的推移所带来的毁灭性灾变概率加大，届时不仅各种自然灾害会随时将人类毁于一旦，即便旧文明自身带来的日益严重的危机，也有可能导致人类在不自觉中自行启动人类走向自我毁灭的进程。

新文明已在向人类招手示意，并极力通过各种方式进行呼吁，然则在新文明推行的过程中总是会遇到各种各样的阻力。那些旧文明体系中的权威和既得利益者、习惯于传统思维的顽固腐朽的科技工作者，还有一些专门会讽刺挖苦新生事物的小人、蠢笨却自以为是的头脑简单人士，对新文明极尽各种歪曲、打压、诽谤之能事，妄图把还处在萌芽状态的新文明扼杀于摇篮中。历史将证明，他们都是些只在意眼前利益的鼠目寸光之人，他们不能意识到新文明将可能带来的最高利益，更没有意识到新文明才是拯救人类的唯一出路。

新文明人是时代真正的英雄豪杰和新时代弄潮儿，而真正英杰的生命内含性命和使命 2 个部分，新文明的真谛不仅仅为了性命的永存，更赋有担负为人类谋取最高利益和拯救人类的使命，那种眼中只有性命没有使命的人不配做新文明人。智慧的启迪和善意的劝诫，许多目光如炬的有识之士已经逐渐形成了新文明的潜在力量，他们不仅有来自于国内外的贤达，也有许多默默耕耘的小人物，他们都在一如既往地支持新文明，并逐渐形成一种不可逆转的新时代潮流，这儿对他们的支持表示崇高的敬意！

在此向人类提出第一次警告：未雨绸缪，如不及早进行新理念转向，当毁灭性灾变危机来临时一切晚矣！而这些灾变危机或可不再像 6500 万前年小行星撞击地球后尚能留下部分生物那么幸运了！

有人以为新文明所从事的是"神"的工作，殊不知新文明人仅仅源自普通，不同的是——

新文明人是一群站在时代前沿的有着积极进取精神的时

代新人,新文明人从不信"神",但其肩负的终极使命却是人类最为神圣的事业,其正义性进步性壮举必定成功!

世界上从来就没有救世主,一切要靠我们自己! 人类正面临日益深重的危机,迫切需要抢在毁灭性灾变的前面成功推进人类终极事业,呼吁有识之士支持新文明!

新文明欢迎您! 让我们一起博弈终极事业、成就时代卓越!

网上流传这样一个预言:圣人会在 2009—2015 年间出世。他的一个重要使命是开创新的完全性大统一思想理论体系,大幅度提升人类思想认识水平,并能够统一宗教(参阅[17])。对比这些预言内容不难看出,无论哪个方面,新文明人的特征都非常符合各种关于圣人的预言。但是,新文明人否认预言的真实性,认为人类根本不可能做到超前认知,有关预言的种种传说都是不可信的,一切最多仅仅是巧合而已,网上所谓的"紫薇圣人"只是好事者臆想的产物。不过,人类社会发展至今已深陷各种危机中,要想彻底地解决这些危机问题,确也需要这样的能够根本上解决人类社会各种基本问题的万古圣人,只是人类社会发展至今的各种问题是很难以一己之力完成的,而应该是由一群拥有史上最先进思想文化的有识之士共同完成,这就是新文明人。而仅就以上新文明人的智慧结晶而言,新文明人的每一个方面的业绩都将堪称空前绝后,不愧万古至圣。

"江山代有才人出,各领风骚数百年",历史对每一个时代都奉献出了特有的英雄人物,但这些已经过去的英雄人物往往被贴上了政治、军事标签。而今人类来到了信息时代,信息爆炸、互联网、高科技、高速度、高效率、快节奏是这个时代的主要特征,显然这是一个与以往截然不同的新时代。在这个时代中，人类需要和平与发展的时代环境，而政治军事家等只会给社会带来不安定因素，"江山如此多娇，引无数风流人物竞折腰"的传统英雄观显然已经过时，这个时代的英雄人物不会再是那些争权夺利的政治家、军事家们。

信息时代的英雄谱具有全新的特征，这个英雄人物应该是那些推动信息技术和生命技术高速发展的科学家和工程师，应该是那些推动信息社会发展的信息社会活动家和信息经济学家。信息时代的英雄人物更应该是那些站在时代前沿的能够洞悉宇宙和人类发展趋势的思想家和践行者，是那些敢于启动宇宙巨变和承担人类终极事业的新文明人，他们才是信息时代发展到顶峰的真正大英雄，是整个人类时代的终结者。虽然他们目前还没有登上台面，但他们注定会成为未来社会的真正主人，是引发人类发生巨变的巨大潜在力量。

江火如是说:21世纪国际终极大趋势

　　生命界演化总能呈现渐进性加快的节奏,近五千年以来,由于文明的强大助推力而使人类社会发展节奏进一步加快,这符合宇宙正向演化的规律,但工业社会以来、尤其是进入 21 世纪后的社会发展速度异常迅猛,以至于用几何级数或浪潮也难以形容,这说明人类社会发展已进入了超常快节奏阶段了,就像大地震前夕的

图56　21世纪国际终极大趋势

小震频率突然加快一样，意味着在生命界将可能发生巨变！

面对突如其来的巨大复杂局面，唯有充分考虑宇宙之正向演化趋向、生命界之进化态势、人类之现阶段的发展现状，具备站在时代前沿的较高认知水平，且能对上述三个方面有彻底性根本认知，才能对 21 世纪之国际大趋势有正确的判断。江火认为，以本世纪中期为界，21 世纪前后将产生如下涵盖人文社会、技术工程、宗教等人类基本层面在内的 5 个方面的终极大趋势。

中美欧全面合作成为前半个世纪的主基调

真正残酷的竞争只会发生于严重依赖于资源的物种，但文明人、尤其是当代先进群体有所不同，因为他们已经发达到可以不断创造新资源的水平，粮食不够吃可以通过改良提高产量，水资源不够可以用海水淡化，能源不够可以采取太阳能、核能、风能、水力发电等方式。因此，当代人先进群体之间竞争不具备实质性，他们已经完全认识到战争等残酷竞争方式只会给自己带来更大的利益损失和灾难，同时也越来越认知到只有合作才会带来更实质的利益价值。

全球化使得任何群体已完全无法脱离人类整体，日益加重的各种社会危机和自然灾害危机需要全球全面合作才能应对，人类唯有全面合作才能获取更好的生存环境和安全感。不过，合作各方需要对等性才有高效性，中美欧全面合作将会带来三驾车的轻骑高效，故 21 世纪的合作主要体现在中美欧等发达区域，而联合国已如老牛拉破车一样不堪重负，所谓的世界政府等更是毫无价值和可能性，中美欧以外的其他地区更多则是体现在协作意义上。

中美欧合作如期到来，2016 年 9 月 G20 杭州峰会的召开，实质上标志着国际社会正式拉开了中美欧全面合作的序幕。

如是说:21世纪中期前,中美欧全面合作成为主基调。

局部冲突频仍但终将走向式微

中国作为一个大国的崛起必然会改变世界格局,但在崛起初期将会引起其他传统发达地区的打压遏制,这势必会导致局部地区的冲突与摩擦,其中最有可能出现的问题就是中日战争和台湾独立,中国也将可能会进行政治多元化改革,但并不影响中国的大国地位,江火对此有相关方面的预见(参阅[21])。但无论怎样,中国最终将以其深厚的发展底蕴取得与美欧势均力敌、并驾齐驱的均衡态势,且最终与美欧一起主导世界的和平发展。

中美欧合作的一骑绝尘,将全面主导对前半个世纪的世界发展,而由于非洲、中东、南美等世界其他相对落后的地区对天然资源的依赖仍然非常严重,加之传统社会问题的制约,这将使得这些地区会逐渐被边缘化,并仍有持续不断的对立和冲突,但由于中美欧对和平的主导,以及后来新文明的兴起,局部冲突逐渐式微。

如是说:21世纪中期前,中国将成为世界第一大经济体,中美欧合力主导世界的和平态势,局部冲突频仍但终将走向式微。

生命界将发生终极突变

宇宙是不断从低级到高级进行正向演化的,而生命界发展至21世纪后,作为生命界进化之最高水平的人类的外在生命载体已经无法满足其内在精神程序演化的需要,生命界将在21世纪中期突破生命界进化的关节点,而形成生命界进化35亿年之最伟大的变革。生命界必将质跃突变并外化出超越生命的更为高级的新世界——超生界，超生类和第三界同时诞生，宇宙将第一次出现物质界、生命界、超生界之三足鼎立的局面，人类之全面超越所有以往旧文明的新文明将全面展开，宇宙之第二次巨变启动。

如是说：21 世纪中叶前夕，超生类诞生，宇宙开启第二次巨变。

新文明异军突起并取代中美欧的主导地位

新文明是执行超越生命界突变和启动宇宙第二次巨变的现实力量，而根据各种情况分析看，这个新的文明已经具备了产生的条件和时代背景。新文明孕育于东西文明的深度交融，21 世纪初萌生于一些极具自觉超前认知和先锋前沿意识的时代新人的理念中，并在这些时代新人的努力助推下得以逐渐成长发展。新文明虽然与先辈文明有着千丝万缕的关系，但新文明是人类的终极文明，是人类完全超越旧文明的横断文明，其必然要彻底颠覆包括现代科技文明在内的旧文明认知方式的统治地位，最终终结或融合中美欧的主导地位。

如是说：21 世纪中叶后，新文明将成为主导人类发展的绝对力量，中美欧主导地位将被终结或被融合到新文明中。

宗教将逐渐融合于新文明

宗教产生的主要客观现实原因就是因为人类的现实力量无法获得最高生存利益和终极安全有效出路，但人类毕竟还都是一些非常现实的动物，当新文明能够真正从现实层面彻底战胜"死亡"

而根本性实现人类对永生和安全的终极性需求时,当新文明的THSP工程彻底克服了生命体的生老病死规律的缺陷的时候,当新文明甚至能够保障他们各种实实在在的幸福自由的时候,当新文明已经完全可以从现实层面承担那些"上帝"、"神"只能从虚幻层面上所许诺的各种责任的时候,人们将会逐渐放弃那些本就是通过幻想编制的虚幻、而现实根本无从证实的所谓"天国"、"来世"的信仰。

宇宙发展浩浩汤汤,人类必然会走向越来越文明的未来,当面对一种非常合理、非常有益于人类发展的文明时,即便是曾经顽固的各种宗教势力也必然会附之以支持和拥护的,毕竟宗教的宗旨也是为了人类的美好的未来。因此,随着强大新文明的不断兴起,在宗教的衰亡成为必然的情况下,我们有理由认为宗教会采取一种更为开明的方式,以一种不是被否定的方式自然融于新文明的滚滚洪流中。

如是说:21世纪中叶后,宗教将逐渐融合于新文明,恐怖主义渐行销声匿迹。

利益法则是判断人类走向的标准杠杆,由于生命界突变将带来无可置疑的无上的最高生存利益,因此唯一能够启动这一宇宙巨变的新文明必将主宰21世纪的终极趋势,21世纪之所有的世界大趋势将围绕此终极巨变全面展开,如此而产生21世纪之国际终极大趋势。

以上为判断21世纪走向的主要依据,其要义归结为一点:宇宙必然要在本世纪发生第二次巨变,生命界即将质变而被整体超越,这是一个百分百的大概率事件。

参 考 文 献

［1］托马斯・莫尔：《乌托邦》，商务印书馆 1982 年版。

［2］乌托邦，百度百科，http：//baike. baidu. com/subview/468/7546691. htm。

［3］新和谐公社，百度百科，http：//baike. baidu. com/view/573336. htm。

［4］小众选择：美国共产主义社区实验二百年，腾讯网，http：//news. qq. com/a/20110603/000449. htm，引用日期 2011 年 5 月 29。

［5］走进以色列的"人民公社"，马蜂窝，http：//www. mafengwo. cn/i/742967. html，引用日期 2011—09—12。

［6］许耀桐：马克思恩格斯创立科学社会主义. 中国共产党新闻网，http：//theory. people. com. cn/n/2013/1125/c40531－23643259. html，引用日期 2013—11—25。

［7］巴黎公社，新华网，http：//news. xinhuanet. com/ziliao/2007－11/15/content_7078945. htm，引用日期 2014—04—06。

［8］中共中央宣传部理论局. 世界社会主义五百年：学习出版社・党建读物出版社，2014—01—30：1—7。

［9］第六章　战后社会主义国家的经济与政治，新浪考试，http：//edu. sina. com. cn/exam/2006－12－27/105766127. html，引用日期 2006—12—27。

［10］Wolfgang Wippermann：Nationalsozialismus，in：Enzyklopädie des

Nationalsozialismus，2. Auflage 1998，ISBN 3－423－33007－4,S. 600。

［11］非公有制经济 GDP 所占比重超 60％，东北新闻网，http：//finance. nen. com. cn/system/2013/03/07/010261456. shtml，引用日期 2013－03－07。

［12］工业文明，百度文库，http：//wenku. baidu. com/view/fb403dc789 eb172ded63b76e. html，引用日期 2010－11－22。

［13］王江火. 在之演化，北京燕山出版社，2010 年。

［14］王江火. 统一信息论，中国政法大学出版社，2012 年。

［15］颠覆爱因斯坦理论？科学家成功降低真空中光速，中国新闻网，http：//www. chinanews. com/gj/2015/01－27/7007053. shtml，引用日期 2015 年 1 月 27 日。

［16］瑞典量子科学家在真空中首次创造出"火花"，搜狐网，http：//it. sohu. com/20110609/n309696877. shtml，引用日期 2011 年 6 月 9 日。

［17］紫薇圣人出世特征，豆瓣网，http：//www. douban. com/group/topic/36396902/，引用日期 2013－01－30。

［18］爱因斯坦. 爱因斯坦文集，第 1 卷. 许良英等编译. 商务印书馆，1976 年。

［19］王江火. 新文明，中国政法大学出版社，2014 年。

［20］又发现超新星？能毁灭地球的魔头何止这些，新浪科技，http：//tech. sina. com. cn/d/s/2016－03－26/doc－ifxqswxk9666235. shtml，引用日期 2011 年 03 月 26 日。

［21］第六预见，博客中国，http：//shshda1. blogchina. com/3066964. html，引用日期 2016 年 06 月 24 日。

后　记

一本真正的好书静静躺在哪儿，只为了求得客观公正评价和正面积极的社会影响，故好的读物应该将读者带入客观公正的阅读环境，而不能进行先入为主的诱导，新文明伊始也是由不得半点粉饰的，它那不同凡响的时代内涵拒斥任何不实成分。为此，笔者的任何作品中都坚决杜绝请所谓达人名人作序的流俗；再者，这个世界上还存在标准意义的名流吗？我无法确定。

本书除了开卷的部分涉及历史外，余则总体跨度很大，涉及自然和社会等诸多学科，是一本综合性但趋向于人文的学术著作。信息时代变革了传统的阅读形式和解读方式，信息技术最直接的后果就是直面视听，本书为此而摒弃形而上的成分，同时也尽可能省去抽象晦涩的内容，列入了相当数量的直观视图，力求整体生动并彰显公正性。基于客观事实和逻辑事实进行合理性推论，认识方式和知识方式的全面超越性，是本书的两大突出特点。

该书在去年就已经完稿，之所以迟迟不肯出版，主要是缘于对该书重大价值和意义的足够谨慎及重视，当然也有出版方面的问题。该书完稿以来，受到许多中外友好人士的支持和鼓励，这儿特别要对武汉理工大学博士旅欧企业家李军先生、神舟公社首席架构师黄泽波先生、林仁通先生、谈建伟先生等谨表衷心感谢！

2016 年 8 月于先锋小镇第一城

图书在版编目(CIP)数据

先锋小镇·新文明乌托邦/王江火著.
一上海:上海三联书店,2016.
ISBN 978-7-5426-5695-7

Ⅰ.①先… Ⅱ.①王… Ⅲ.①乌托邦—研究 Ⅳ.①D091.6

中国版本图书馆 CIP 数据核字(2016)第 228567 号

先锋小镇·新文明乌托邦

著　　者　王江火

责任编辑　钱震华
装帧设计　魏　来

出版发行　上海三联书店
　　　　　(201199)中国上海市都市路 4855 号
　　　　　http://www.sjpc1932.com
　　　　　E-mail:shsanlian@yahoo.com.cn
印　　刷　上海昌鑫龙印务有限公司

版　　次　2016 年 10 月第 1 版
印　　次　2016 年 10 月第 1 次印刷
开　　本　640×960　1/16
字　　数　250 千字
印　　张　21.5
书　　号　ISBN 978-7-5426-5695-7/D·336
定　　价　48.00 元